はじめてでも600点取れる!
新TOEIC®テスト リーディング 完全攻略

CD2枚付
CD講義＆
倍速音声!

CA合格＆TOEIC200点UP塾 塾長
中尾享子 著
Kyoko Nakao

TOEIC is a registered trademark of Educational Testing Service (ETS).
This publication is not endorsed or approved by ETS.

フォレスト出版

はじめに

　数あるTOEIC本の中から、この本を手に取っていただき、ご縁に感謝します。この本は、「TOEICリーディングPART7を学習するだけで、TOEICテストで600点を取る」という本です。ですから、「短期間で絶対にTOEICの点数を伸ばす!!」と切実に望まない方は、絶対に読まないでください。

「リーディングはPART5、6、7の3つなのに、PART7だけを学習して600点を超えるなんて、そんなことできるわけない！」
「テクニック本なんて信用できない！」

　あなたはそう思っているかもしれませんね。
　しかし、私が提唱したいのは、「TOEICリーディングで600点以上を取るには、PART5、6は必要ない！」ということなのです。

　特に、10年ぶりにアップデートされる「新TOEICテスト」は、TOEICリーディングのPART 5、6のテストに占める割合が半分以下になりました。そもそも旧TOEICリーディングにおいてさえ、PART7のみの学習で800点以上をGETした生徒さんが続出したのです。

　新TOEICテストにおいては、なおさら「PART5、6はTOEIC600点超えには必要ない」のです。
　もしあなたが、TOEICリーディングの点数をUPさせるために、

「文法の勉強を必死でやっている」
「TOEICリーディングPART5＆6の勉強も必死でやっている」
「TOEICリーディングPART7の長文の勉強で、単に単語を覚えたり、問題を解くことだけをやっている」
　というのなら、赤信号がともっています！

　私は「TOEIC200点UP塾」の塾長をやっています。実際に、この本でご紹介するTOEICリーディング学習法で、中学生から退職者まで、たくさんの受験者に高得点を達成させてきました。

何回も受けているけど、なかなか点数が伸びない……。テクニックなんてわからない……。出てくる順に問題を解き続けていたら時間切れ……。
私もその1人でした。TOEICは英語の基本ができても、そうでなくても、「テクニックを知らなきゃスコア100〜150を簡単に逃してしまう」ことを体感できた1冊です。実際に学習1カ月後の受験ではスコアを100点前後伸ばすことができました。

仲眞花織さん　20代　855点

英語を自分のものにするために必要な要素が、これでもかというくらい詰め込まれています。だから何度読み返しても面白く、毎回新たな発見があります。この本は「マスターしたぞ」と思っていても、しばらくしてから読み返してみると、やはりそこには新たな発見があります。最初は気がつかなかったさまざまな発見を繰り返すことで、英語の感覚が身体中に浸透していくような感覚を覚えました。

深谷篤史さん　獣医師　30代　獣医学部合格

この本では、日ごろ疑問に思っていたことがたくさん載っていて、「そうだったんだ!」って何度も思いました。

北村太郎さん　高校生　10代　910点（GTEC723点）

なんと！　たった2カ月で725点→840点に上がりました！

笹原綾乃さん　外資系航空会社CA　20代　840点

講義はわかりやすく、英語の成績が上がりました！　もともと私は英語に苦手意識がありました。しかし、中尾先生に会ってから英語に興味が湧いて、好きになりました。

恒松亮平さん　高校生　10代　640点（GTEC544点）

> 英語全般の勉強法にも応用できるものが多く、勉強のコツが身につくので、英語学習者にはお薦めの1冊です！
>
> 小枝めぐみさん　会社員　30代　680点

> わかりやすい解説とかわいいbono☆のイラストから、中尾先生の温かい人柄を感じ、リラックスして勉強することができました。そして、テキストに忠実に勉強することで「絶対に、点数が上がる」と自信がつきました。結果、4年ぶりのTOEIC受験にてスコアが30点上がり、860点を取ることができました。
>
> 齋藤久美子さん　外資系航空会社CA　20代　860点

> 私は、この本なくしては、ここまで点数をUPさせることができませんでした。この本のポイントとテクニックに沿って勉強すれば、必ず点数がUPします。ていねいでわかりやすい説明は、どのレベルの人にも学ぶものがあり、TOEIC勉強本の最善の本だと思います。
> 　TOEICを勉強するすべての人に手にしてほしい本です。私はこの本を使い込んで、次は900点を目指します。
>
> 金古美紀さん　介護関連会社勤務　40代　870点

　なぜ、このように誰にでも高得点を取ることができるのかというと、「**正しい勉強方法を行っているから**」です！
　「本当にそんなに容易にTOEICリーディングの点数が伸びるの？」
　と、あなたは不安に思っているでしょう。しかし、**この本にある正しい勉強方法で学習すれば、必ず点数は伸びるのです**！

　TOEICリーディングの学習は、同じ20時間をかけても、非効率に勉強する場合や、勉強方法が間違っている場合は、リスニングと違ってまったく点数が伸びません！
　そして、TOEICリーディングの点数が伸びない！　と言っている人は、**勉強方法を知らないために、貴重な時間をムダにしている**のです。

　実はTOEICテストは国際的なものではありません。世界的なテスト製作機

関ETS（Educational Testing Service）に日本が作成を依頼してできたものです。今や世界60カ国以上で実施されていますが、受験者の多くはいまだに日本人。出題傾向は限られています。
　だから、**頻出問題と正解を出すための正しい勉強方法を知ること**が、TOEICテストで高得点を取る秘訣です。

　短期間で100点UPしたくないですか？
　この本は、冒頭のSTEP1からCDを流して、その指示通りに学習を進めていくだけで、効率的に自然と力がつくようになっています！

「面倒くさがりな人」
「英語が苦手な人」
「初めてTOEICテストを受ける人」

なども、迷いなく学習を進められるでしょう。
　転職や就職や進学を目指す、あなたの切実な気持ちに答えるために、1点でも多く点数を獲得できるように渾身の力を込めて書きました！

　さあ、一緒に始めてみませんか？　まずは、気軽な気持ちでSTEP1の冒頭ページをめくってみてください！

　　　　　　　　　　　　　　　新TOEICテストへ　2016年3月　中尾享子

この本で達成できること

①初めての受験でも600点クリア！
　リスニングの点数が伸ばしやすいTOEICテストですが、「リーディングがさっぱりダメ」では不安ですよね。たとえ、学生時代に英語がまったくできなかったとしても、必ず600点を超える秘訣を体得できます。

②CDをかけるだけ！　最小の労力で最大の効果が得られる！
　TOEICリーディングの点数をUPするために、「文法」を必死で勉強し、単に長文を解くことに終始していませんか？　それでは、TOEICリーディングの点数は伸びません。この本では最小の労力で点数が伸ばせるように、STEP1からCD講義を聴くだけで、段階的に600点超えの実力が身につきます。

③本番で出る確率がきわめて高い予想問題が解ける！
　この本にある「読者推薦の声」で、その指導力の高さがわかる通り、過去問題を分析しつくした著者が、「次に出るのはこの問題！」という問題だけを厳選して掲載しています。

④TOEICリーディングの勉強に迷いがなくなる！
　この本は、ていねいに「勉強の仕方」を解説しています。そのため、この本を終えたあとも、TOEICリーディングにどのように取り組むか迷いがなくなります。

⑤リスニングの点数が上がる！
　この本では、類書にない特徴としてネイティブ録音のCDがついています。また、STEP7では復習用の音読英文があります。この2つを活用することで、リスニングの点数UPにもつながるように構成されています。

⑥語彙力が身につく！
　リーディングに語彙力は必須です。しかし、単語集を短期間に覚えるのは大変です。この本のCDや音読用英文を指示通りに活用することで、無理なく語彙力が身につきます。

⑦リーディングに自信が持てる！
　この本は、単に問題と解説を掲載している問題集ではありません。問題を解くテクニック・実践問題・CD講義・復習音読用の英文と、全方向からあなたのTOEICリーディングをサポートする1冊です。この本を終えれば、TOEICリーディングに必ず自信が持てるでしょう。

この本でTOEICテスト点数UP達成！ 読者推薦の声

TOEICは正しい勉強法で勉強すれば、時間に比例して点数がアップする。これは本当です。私はそれを身を持って体験しました。その結果、1カ月で105点アップしました。
PART7での点数アップにつながったと感じる勉強法は、3つあります。
1つ目は、1設問1分を守って解く練習です。時間を守って解き、捨てる問題は潔く捨てる。捨てた時間分を確実に解ける問題にあてると、600点未満のスコアでも2分時間を残してPART5〜7まで解き終えることができました。
2つ目は、冒頭・末尾・部分・全体設問のどの設問かを見きわめる練習です。1設問1分を守りながら設問のタイプを分類します。練習を重ねるうちに、どの設問が得意なのか苦手なのかがわかるようになり、TOEIC本番では落ち着いて戦略的に問題を解けるようになります。
3つ目は、本番同様、通しで問題を解く・復習・復習の音読・一度解いた問題をまた時間を計って解くという勉強です。
復習の際に必ずノートに設問の種類、間違えた原因を記すと、自分の苦手な問題が視覚化され、TOEIC本番前の復習に役立ちます。
引き続きこの本を活用して、最終目標スコア900点を取りたいと思います。
（村田夏美さん（2児のシングルマザー）30代　545点）

たくさん出ているTOEICの参考書の中から何冊か買って勉強していたのですが、あまり点数が上がらず悩んでいたところ、目標点をクリアされた方に先生の参考書を薦められました。
『たった4時間でTOEICテストリスニング完全攻略』では、シャドウイング、ディクテーションとこれまで勉強方法に取り入れておらず、新鮮な気持ちで、通勤時間＋寝る前の30分程度勉強し続け、3カ月ほど経ったころにリスニングの点数が上がり、最終的には相乗効果でリーディングの点数のほうが伸びていて驚きです。
これほど短期間で効果がある参考書に出会えたことに感謝しています。
（中村裕子さん　会社員　630点）

勉強嫌い。参考書はいつも買って満足し、開かずに終わってしまう。そんな私が繰り返し使っている本です。
初めて中尾さんの著書、『たった4時間でTOEICテスト完全攻略』を見たときには驚きの連続でした。常識を覆すとはまさにこのことかと思ったほどです。
これまで様々なTOEICの参考書に目を通してきました。ひたすら問題を解くパターンのものやパートごとに解説してあるパターンのものがほとんどだと思いますが、中尾さんの著書では短期間で点数をUPするためのポイントが満載です。
例えば、リスニングのパートではほとんどの参考書の解説は、似た発音の単語や例文が紹介されていて、聞き間違いに注意しましょうと記されていますが、中尾さんの著書ではそれだけではなく、「この音声が流れているときにはこの問題文や選択肢に目を通す」と具体的にコツが記されています。実際にその通りに解いてみたところ、リスニングパートの点数UPにつながりました。これらはほんの一例ですが、他にもたくさんの驚くようなコツが記されています。
また、今回はパンダのボノに加えてカチカチさんが仲間入りしていて、2人の会話が面白く、かつためになる内容でスラスラ読んでしまいました。わかりやすいだけでなく、とても読みやすいことも特徴だと思います。短期間で点数UPを目指す方はもちろんですが、勉強が苦手、参考書を買っても最後まで解いたことがない方には特にお薦めしたい1冊です！

（菊地藍さん　国内最大手航空会社CA　20代　810点）

中尾先生には1年間お世話になりました。週1回だったけど毎週楽しかったです。いろいろな表現を学ぶことができたし、リスニングの練習のコツも教えてもらいました。また機会があれば教えてもらいたいです。ありがとうございました！
本書はパンダのbono☆（めっちゃかわいい）が毎ページに出てきて優しく誘導してくれるので、すごく読みやすいです！　お薦めできる1冊です。

（内藤圭吾さん　高校生　10代　820点（GTEC662点））

「なるほど！　こんなふうに勉強すればよかったのか！　と気づかされる1冊です。しかもBono☆のパンダがかわいくて勉強も継続してがんばれる！　このテクニックでスコアUPは間違いありません！
（明石有美さん　教諭　元外資系航空会社CA　30代　805点）

確実でムダがなく、最短コースで目標点を目指す勉強方法は、目からウロコの奥義が惜しげもなく、びっしり詰まっています。
脇目を振らず、中尾先生の本だけに集中すれば必ず道が開けます!!
（平石久子さん　会社員40代　665点）

私が点数UPのためにしたことは、まずは同シリーズの本でリスニングの点数をできる限りの力で上げることが大前提で、リーディングはこの本に書いてあることを徹底的に守ることです。
また練習は数をこなすことも大事ですが、それと同等以上に、解き終えた問題の熟読と音読が大事だと先生に教わりました。
以前は「解き終わった問題と同じような問題が本番で出る確率は低いし……」と、解き終えた問題の間違えた箇所と理由を確認するだけで復習を終わらせていましたが、先生から「解いた問題は音読しながら日本語訳なしでスラスラと読めるようになること」とご教示いただきました。その通りにすると、わからない構文・文法・単語などを調べなくてはならなくなり、結果的に熟読も真面目にする流れに。
結論を言うと、まったく同じ問題は本番で出てこないですが、ある程度似た頻出ワードで、似たような内容と展開の問題は出てきます。ですので、熟読と音読の中で覚えたことはムダじゃない、むしろ大事なことばかりでした。
最後に一番大事なことは、プロが書いた本に書かれた通りの教えを守り、やろうと決めたらあとはやり切ることだと思います（プロとはTOEICのプロであり、教えるプロのことです）。そうすれば必ず点数は上がるんだと実感しました。
まずは一歩踏み出してやってみることが大切だと思います。
（小竹美貴さん　会社員　20代　595点）

書かれた本でTOEIC試験への対策をさせていただき，大変勉強になっています。この本を完成させるのに大変な情熱を注がれたであろうことが文面から伝わってきます。パンダもなかなかかわくていいですね。
1作目『たった4時間でTOEICテスト完全攻略』STEP6の部分を勉強している際に，中学・高校で習ったはずの文法をかなり忘れてしまっている自分に気づかされました。

（横田貴史さん　医師　40代　910点）

中尾先生の『たった4時間でTOEICテスト完全攻略』シリーズを愛用しています＾＾
『たった4時間でTOEICテストリスニング完全攻略』では、シャドウイングの仕方などが詳しく書かれていて、実践していくうちにどんどんリスニングができるようになってきて、すごくうれしくなります!!
今後はリスニングだけではなく全体的に点数が取れるように、リーディングを実践してがんばっていきます(*^^*)

（石原美紀さん　20代　外資系輸入車ショールーム内定）

『たった4時間でTOEICテスト完全攻略』シリーズにより、1カ月30.5時間でスコアが645点から820点に上がりました。長期留学経験なし、子育て中で時間がなく、本に書いてあることを必死に100%実行することのみ心がけた結果、短期間で高得点に結びつきました。
既婚、子育て中の30代の今、820点を取得したあとの履歴書の通過率は格段に上がりました。自信を持ってお薦めします。

（細川真理さん　主婦〈2児の母〉30代　820点）

声を出して英文を読むことを習慣化することで、TOEICテストにおいてネイティブの英語がクリアに聞こえてくるようになりました。
特にシャドウイング方法については目からウロコで、今まで「聞こえなかった音」が次第と聞こえてくるようになりました！
TOEICのスコアアップはもちろんのこと、「聞こえる音」が増えたおかげで、実業務でも"自信を持って英会話できているな！"と実感を得られるようになりました。

（大久保理絵さん　国内最大手航空会社CA　20代　820点）

新TOEIC® テストリーディング完全攻略
CONTENTS

はじめに —————————————————— 1

この本で達成できること —————————————— 5

この本でTOEICテスト点数UP達成！読者の推薦の声 ———— 6

CONTENTS ———————————————————— 10

この本の使い方 ——————————————————— 14

CDトラック一覧 —————————————————— 16

STEP1 おっと危ない、誤解が読解の行く手を阻む！
これで必ず600点超え！

1. 誤解が読解の行く手を阻む！ ——————————————— 19

2. 文法の勉強をしてはいけない？ —————————————— 19

3. NG！「時間を計らずに、十分時間をかけて解いている！」 ———— 21

4. これでOK！ TOEICテストPART7！ ———————————— 22

STEP2 ドコ見る？ ココ見て！ 長文制覇！
TOEIC600点突破の鍵、PART7！

1. 身体と耳！（「全体設問」と「部分設問」）・
   頭としっぽ（「冒頭設問」と「末尾設問」）！ ——————— 27

2. TOEICテストPART7を解くポイント ——————— 27

3. TOEICテストPART7の設問を解くポイントに関するQ＆A ——— 31

4. 練習！ 練習！ また練習！ ——————————————— 32

STEP3 無視時間アカン！
時間切れストップ！ 600点超え！

1. 無視時間アカン！ ——————————————————— 38

2. TOEIC 600点超えの秘策 ——————————————— 39

STEP4 頭隠してしっぽ隠さず！「冒頭」「末尾」で600点超え！

1. 頭としっぽ！ ──────────────────── 44

2. 時間のリズムに乗って!! ──────────── 45

3. 頭としっぽ、ばっかり!! ──────────── 48

4. これで一生ばっちり！ TOEICテストPART7の練習手順！ ── 51

STEP5 「部分設問」はミニマルキラー 最小限の労力で最大限の点数を！！

1. 振り返る！ 駆け出す！ ───────────── 122

2. 捨てる!! 「全体設問」 ──────────── 123

STEP6 実はやさしいライオンハート 必ず印象が変わる！ 恐れるなW&トリプルパッセージ！

1. 推定力と捨てる力 ──────────────── 186

2. イチかニかどちらか?? ──────────── 188

3. 恐れるに足らず！「トリプルパッセージ」──── 189

STEP7 ヨンドク? オンドク? やり方を間違えている? 復習の音読なし?

1. 本当に大切?? 音読への誤解 ———————————————— 324

2. ゼロからイチが!! ———————————————————— 326

BONO★パンダと音読を「習慣」にしよう!〜毎日5分音読する表〜 388

あとがき ——————————————————————————— 389

この本の使い方

　覚悟しましょう!!「この本で必ずリーディング300点以上取る」と!!

1．この本1冊に「まず！」集中する！
　　やる気が出なくても講義CDを聴いてみる！

　TOEICは"時間との戦い"。つまり、スピードが勝負の決め手です！　この1冊もノロノロとやらずに、まずは、

『STEP1→STEP2→STEP3→STEP4→STEP5&6&7の解説』

と進めてください！　やる気が出ない場合でも、**まず講義CDをかけてみましょう。道は開けます！**

　STEP7の解説を読み終われば、「TOEICリーディングの点数UPの方法」が明確になります。

　TOEICテスト本番2週間前までは、この本1冊に集中して学習し、テスト本番2週間前～3日前までは、それまでに学習した問題を総復習します。テスト2日前は、本番の時間感覚をつかむため、新TOEICテスト対応の模試問題集を本番と同じ時間配分で解きます。

『**TOEICテスト前日にやること・TOEICテスト当日にやること**』は、**この本の巻末、読者限定無料プレゼントで詳細に解説**しています。その解説の通りに行動し、TOEIC会場に向かえばOKです。

2．この本の指示通りに勉強する

　「赤シートとマークシート用のエンピツを出してね」と書いてあれば、赤シートとマークシート用のエンピツを出すというように『丸い箱には丸いものを入れる、四角い箱には四角いものを入れる』ように正確に指示通り勉強することで、この本は600点取得という効果を発揮するように作られています。

3．赤シートを使いこなす

　この本は赤シートを使うことで効果的に勉強できます。この本の赤字以外を赤シートで隠したい場合は、市販のチェックペン（緑）を塗ってもいいでしょう。オレンジ色の0.3mmのペンで覚えたいことを書き込んで、赤シートを載せると書き込んだ文字も消えます。この本を「あなた色」にカスタマイズしてください！

4．"タイマー"と"本番で実際に使うエンピツ"を準備する

　TOEICリーディングの点数UPに、絶対に欠かせないのが「タイマー」です！もし、今まで**タイマーを使わずTOEICリーディングの勉強をしていたなら、それが点数が伸びない原因です。**

　携帯電話のタイマー機能でも、100円ショップのタイマーでも、何でもOKです。私は、キッチンタイマーと、リスニング用にはHBエンピツ、リーディング用には3Bエンピツかマークシート用のシャープペンシルを使っています。本番と同じもので練習することが大切です。小さなことですが、200問もあるTOEICテストでは、こういう少しの差で、すぐに30点差くらいになってしまいます。

5．カタカナ読みでオッケー！

　この本の『STEP7』をご覧ください！　**CDでネイティブが読む英文とこの本のカタカナを有効活用してください。**復習がしやすいように、音読用のカタカナの記載があります。ぜひ活用してください。カタカナで英語の発音を正確に表せないのは当然ですが、読み方がわからないからと自己流の間違った発音を覚えるよりは、カタカナでもネイティブに近い発音を知ったほうがいいのです。リスニングではありませんから、CDは気楽な気持ちで聞いてオッケーです。英語のリズム自体を楽しみましょう。

　TOEICは、リスニングの点数のほうが伸ばしやすいので、リスニングを並行して強化したい場合は、まずは拙著『たった4時間でTOEICテストリスニング完全攻略』（フォレスト出版）のSTEP1を読んでみてください。

CDトラック一覧

STEP1
おっと危ない、誤解が読解の行く手を阻む！
これで必ず600点超え！

トラックNo	ページ	内容
1-1	18	ポイント！
1-2	19	文法の勉強をしてはいけない？
1-3	21	NG！「時間を計らずに、十分時間をかけて解いている！」

STEP2
ドコ見る？ ココ見て！ 長文制覇！
TOEIC600点突破の鍵、PART7

トラックNo	ページ	内容
1-4	26	ポイント！
1-5	27	身体と耳！ 頭としっぽ！
1-6	28	TOEICテストPART7を解くポイント（Fototek Store）
1-7	28	TOEICテストPART7を解くポイント（解答解説）

STEP3
無視時間アカン！
時間切れストップ！ 600点超え！

トラックNo	ページ	内容
1-8	38	無視時間アカン！
1-9	39	TOEIC600点超えの秘訣

STEP4
頭隠してしっぽ隠さず！
「冒頭」「末尾」で600点超え！

トラックNo	ページ	内容
1-10	44	頭としっぽ！
1-11	45	TOEICテストPART7点数UPのための練習手順
1-12	48	頭としっぽ、ばっかり!!
1-13	51	練習問題1（Fototek Store）
1-14	59	練習問題2（Gomez Walking Group）
1-15	67	練習問題3（Floor Lamp）
1-16	79	練習問題4（Fenway High School Memorandum）
1-17	88	練習問題5（LAN Setup〜）
1-18	98	練習問題6（Wishart Port Sightseeing Boat）
1-19	109	練習問題7（Join us on Friday, January 12〜）
1-20	120	STEP4のまとめ

STEP5
「部分設問」はミニマルキラー
最小限の労力で最大限の点数を!!

トラックNo	ページ	内容
1-21	122	振り返る！ 駆け出す！
1-22	123	捨てる！「全体設問」
1-23	133	練習問題1（Donation for Kids!!）
1-24	144	練習問題2（Warranty Certificate）
1-25	159	練習問題3（Covent House SUMMER CLOTHING）
1-26	171	練習問題4（Dandlion Apartment Handbook）
1-27	182	STEP5のまとめ

STEP6
実はやさしいライオンハート
必ず印象が変わる！ 恐れるなW&トリプルパッセージ！

トラックNo	ページ	内容
2-1	186	推定力と捨てる力
2-2	190	練習問題1（Autumn's best）
2-3	206	練習問題2（Carlos,）
2-4	221	練習問題3（Newly Published Book for Booklovers）
2-5	237	練習問題4（Terra Art Museum）
2-6	255	練習問題5（Dolphin Watching Tour）
2-7	271	練習問題6（Taitan Inc. June Meeting Room A Schedule）
2-8	286	練習問題7（Free Fun Saturdays!）
2-9	304	練習問題8（NOTICE CARPET CLEANING）
2-10	320	STEP6のまとめ

STEP7
ヨンドク？ オンドク？
やり方を間違えている？ 復習の音読なし？

トラックNo	ページ	内容
2-11	324	本当に大切?? 音読への誤解
2-12	326	ゼロからイチが!!

★倍速音声でリスニング力を鍛えよう！

トラックNo	ページ	内容
2-13	51	練習問題1（Fototek Store）
2-14	59	練習問題2（Gomez Walking Group）
2-15	67	練習問題3（Floor Lamp）
2-16	79	練習問題4（Fenway High School Memorandum）
2-17	88	練習問題5（LAN Setup〜）
2-18	98	練習問題6（Wishart Port Sightseeing Boat）
2-19	109	練習問題7（Join us on Friday, January 12〜）
2-20	133	練習問題1（Donation for Kids!!）
2-21	144	練習問題2（Warranty Certificate）
2-22	159	練習問題3（Covent House SUMMER CLOTHING）
2-23	171	練習問題4（Dandlion Apartment Handbook）
2-24	190	練習問題1（Autumn's best）
2-25	206	練習問題2（Carlos,）
2-26	221	練習問題3（Newly Published Book for Booklovers）
2-27	237	練習問題4（Terra Art Museum）
2-28	255	練習問題5（Dolphin Watching Tour）
2-29	271	練習問題6（Taitan Inc. June Meeting Room A Schedule）
2-30	286	練習問題7（Free Fun Saturdays!）
2-31	304	練習問題8（NOTICE CARPET CLEANING）

おっと危ない、誤解が読解の行く手を阻む！

これで必ず600点超え！

おっと危ない、誤解が読解の行く手を阻む！

これで必ず600点超え！

ポイント！

1. なぜ、「TOEICリーディング」で得点がUPできないのかを理解する。
2. 正しい「TOEICリーディング」攻略法を理解する。

CD 1-1

Nice to meet you! TOEICリーディングの点数UPがなぜできないかを、まずは把握しましょう！

リスニングは、正しいシャドウイングを学んだおかげで、TOEICリスニングの点数がとても伸びたよ！
でも、TOEICリーディングは、時間も足りないし、点数がまったく伸びないんだよね。

TOEICは「リスニング」が圧倒的に点数を伸ばしやすいので、「リスニング」に特化して、リスニング力でTOEICの点数UPをしたのは正解ですね。

うん、でもね、もっと点数を伸ばしたいよね。実は、友達も連れて来たんだ。カチカチさんだよ。よろしくね。カチカチさんにも、正しいシャドウイングを薦めて一気に点数UPしたんだけど、リーディングはなかなか点数が上がらないんだよね。だから、連れて来たの。

カチカチさん、初めまして。

カチカチさんは、恥ずかしがり屋さんなんだ。

大丈夫ですよ。カチカチさん、一緒に点数UPしましょうね！

1. 誤解が読解の行く手を阻む！

TOEICリーディングの点数が伸びないということですが、以下の3つに当てはまっていませんか？

① 一生懸命、文法の勉強をしている。
② 高校受験や大学受験の単語集を覚えている。
③ 時間を計らずに、十分時間をかけて解いている。

え〜っ、全部当てはまってるよ〜!!　何が悪いの??

では、1つひとつ解説していきましょう。

2. 文法の勉強をしてはいけない？

CD 1-2

「一生懸命、文法の勉強をしている」

どこが悪いの？　わからないよ〜。

　TOEICリーディングの点数が伸びない人の特徴として、「文法」を必死に勉強している、があります。
　文法を勉強しているボノちゃんは真面目なんですね。好感が持てます。きっと、「基礎から勉強しよう」と思っているんですね。

「文法語彙問題」はTOEICでは、PART5とPART6に当たります。TOEIC600点超えをするには、**ここは無視して今までの自分の文法の実力で解いてもかまいません**。なぜなら、PART5＆6の点数を上げるために20時間を「文法」に割いたとしても、実際、点数はほとんど上がらないからです。それよりも、同じ20時間かけるなら、PART7に絞って点数を取る訓練をしたほうが、よほど効率がいいのです。

そうなの？　ムダだったの？

　勉強したことはムダになるわけがありません。勉強したことは、ボノちゃんの実力として必ず蓄積されていますよ。
　この本では、「ゆっくり3年でTOEIC600点超えを目指す！」のではなく、「**最短でTOEIC600点超えを目指す！**」ことを目標としています。だから、PART7に集中するのですね。

　PART5とPART6は、この本では「ばっさり！」切り捨てています。どうしても気になる方、PART5やPART6に当たる「文法問題」に取り組みたい方、余裕のある方は以下のようにしてください。
　拙著『たった4時間でTOEICテスト完全攻略』の「STEP6」とその「巻末の読者限定無料プレゼント」に「TOEICパート5＆6にはこれが出る！」という問題が掲載してあります。ですから、600点超えには、赤いシートを載せて、それらの問題を繰り返し完璧に覚えてください。

オッケー、今回はPART5と6はバッサリ捨てて、PART7の点数UPに集中するね。

　「**高校受験や大学受験の単語集を覚えている**」も、最短でTOEIC600点超えを達成できない原因です。

TOEICに出てくる単語は受験に出てくる単語とは違います。受験時代に使った単語集をせっせと引っ張り出してくるなら、PART7の問題を解いたときに、不明だった単語を覚えましょう。それが近道です。この本でも巻末プレゼントに単語集があります。各問題のあとにもWords & PhrasesでTOEICに出る単語がまとめられています。それらの単語を覚えて、効率的に勉強しましょう！

3. NG！「時間を計らずに、十分時間をかけて解いている！」

　ボノちゃん、TOEICリーディングは「時間をタイマーで計って、なんとか時間内に解く練習をする」は、拙著『たった4時間でTOEICテスト完全攻略』のSTEP5「時間貯金法」にも書いていたんだけど、忘れたの？

そうだったね。リスニングの点数を伸ばすのに集中していて、リーディングのことは忘れていたよ。

　やっぱり、真面目なのね。**真面目できっちりした人ほど、PART7の問題を十分時間をかけて解いてしまいます。しかし、それでは永遠に「高得点を取れるモード」には入れません。**なぜなら、TOEIC800点台の人は、全員！「読まなくてもいいところは読んでいない」からです。
「全部、ていねいに1文1文を読む」ということを続けている限り、「読まなくてもいいところを見つける感覚」を身につけることができません。
　TOEICテストPART7で得点できる秘訣は、ズバリ！
「**『設問を読んだだけで、正解が本文のどの箇所にあるかを推定する能力』を磨くこと**」です。

そうなの？

そうです。「本文を最初から最後までくまなく読む」というよりは、**「設問を見たとたんに、本文中の該当箇所を推定して探す」**感覚です。

設問に関連する本文の該当箇所がわかれば、全部読まなくても正解できる、ってことなんだね。

4. これでOK！TOEICテストPART7！

本文を最初からゆっくり読んで、設問と照らし合わせて解いているけど、それじゃダメなの？

　もちろん、TOEIC800点以上の人で、速読できるから、ボノちゃんのように本文を最初から読んで設問と照らし合わせて解いている人もいます。しかし、これから600点超えしよう！　リーディングの低い点数を高くしよう！　という人には、お薦めしません。

じゃあ、ポイントを教えてよ〜。

TOEICテストPART7を解くポイント

① 本文を全体的に眺めたあと、設問を見て、設問の種類を分類する。
　（A：全体設問　B：部分設問　C：冒頭設問　D：末尾設問）
② 「A：全体設問」以外の設問＆選択肢の中の「キーワード」を本文中で探して解く。
③ 「A：全体設問」は最後に解く。
④ 「捨てる設問」を見きわめる。

捨てる設問？

　そうです。TOEIC600点超え程度なら、「捨てる設問」は捨てて、「解ける設問」に時間を回したほうが良い場合が多いのです。

あの……。A：全体設問　B：部分設問
C：冒頭設問　D：末尾設問
とは、それぞれ何でございますか？

あっ、恥ずかしがり屋のカチカチさんがしゃべった‼

　カチカチさん、良い質問ですね。
　それをこれから、この本で徹底解説していきますよ！　STEP7に到達したころには、PART7の設問分類マスターになっているはずです‼

楽しみでございます。

STEP1のまとめ
・文法（PART5＆6）を勉強するのは時間対効果の面で効率が悪い。
　PART7に集中する。
・TOEICに出る単語は受験の単語とは異なる。
・本文を最初からゆっくり読んで、設問と照らし合わせて解くのはダメ！

 このSTEPを読み終えたら、耳を描いてね☆

ドコ見る? ココ見て! 長文制覇!
TOEIC600点突破の鍵、PART7!

ドコ見る？ ココ見て！ 長文制覇！
TOEIC600点突破の鍵、PART7！

> **ポイント！**
> 1．「全体設問」「部分設問」「冒頭設問」「末尾設問」の違いを把握する。
> 2．TOEICテストPART7を解くポイントを理解する。

では、早速CDを出して始めましょう。

> オッケー。CDを聴いてなら始めやすいね。

STEP1で、PART7の問題を解くポイントは以下だと言いました。

TOEICテストPART7を解くポイント

① 本文を全体的に眺めたあと、設問を見て、設問の種類を分類する。
　（A：全体設問　B：部分設問　C：冒頭設問　D：末尾設問）
② 「A：全体設問」以外の設問＆選択肢の中の「キーワード」を本文中で探して解く。
③ 「A：全体設問」 は最後に解く。
④ 「捨てる設問」を見きわめる。

> そもそも、A：全体設問　B：部分設問
> C：冒頭設問　D：末尾設問
> が、何だかわからないと、分類もできないよね？

その通り、ボノちゃん。

じゃあ、早く解説してよ！
待てない、待てない。

CD 1-5

1. 身体と耳！（「全体設問」と「部分設問」）・頭としっぽ（「冒頭設問」と「末尾設問」）！

まず、TOEICテストPART7のサンプル問題を見てみましょう。

まず、設問から見るんだよね？

その通り！

A：全体設問　B：部分設問
C：冒頭設問　D：末尾設問
の違いは何なの？？

実際に、サンプル問題を使って、解説してみましょう。

2. TOEICテストPART7を解くポイント

設問を見て、以下の4つに分類してみてください。最初なので、できなくてもまったくかまいません。

TOEICテストPART7の設問の分類

A：全体設問	設問を解くとき、本文全部（か、広範囲）を読む必要がある設問。
B：部分設問	設問を解くとき、本文の一部のみ見て解く設問。
C：冒頭設問	本文の冒頭あたりを見て解く設問。
D：末尾設問	本文の末尾あたりを見て解く設問。

※この問題は再びあとのページで解きます。和訳と解説もあります。ここでは CDを聴いてください。

Questions 1-4 refer to the following advertisement.

Fototek Store

**40% OFF any service at Fototek ONLINE Store!
The Next Generation Photography Lab**

・Film processing
・Machine & Custom Printing
・Scanning
・Canvas Printing

To take advantage of this discount, enter the code FOTO324 when you get a service from our website.
www.fototek.com

*Discount code not valid after August 27. To be used for services on the website only.

Q1. What is the purpose of the advertisement?
　　(A) To provide a special offer
　　(B) To invite the reader to a photogra
　　(C) To offer film processing
　　(D) To request photo service

Q2. To what service does the discount NOT apply?
　　(A) Film processing
　　(B) Scanning
　　(C) Services purchased

(D) Services purchased online

Q3. To get the discount what does the customer do?
(A) Mail in a form
(B) Use a code
(C) Purchase at least 2 items
(D) Visit a local store

> 「部分設問」。discountが「キーワード」です。discountを本文中で探します。discountを含む文や、その前後の文に正解のヒントがあるはずです。

Q4. When are customers unable to use this discount?
(A) April 25
(B) April 27
(C) August 28
(D) August 26

ポイント① 「本文を全体的に眺めたあと、設問を見て、設問の種類を分類する」

（Q1）「この広告の目的は何ですか」は「冒頭設問」。第1設問でWhy was the e-mail written?（なぜ、このEメールは書かれたのですか）など、**「理由(why)」「目的(purpose)」**を問う場合は、「冒頭設問」です。本文の冒頭あたりに正解を探します。

（Q2）「この割引はどのサービスに対しては適用されませんか」は「全体設問」。NOTが入っているものは、**「NOT問題」**と呼ばれます。「NOT問題」は、**消去する3つの選択肢をすべて本文と照らし合わせる必要があるので、全体（あるいは広範囲）を読む必要**があります。

（Q3）「割引を得るために、顧客は何をしますか」は「部分設問」。discountが「キーワード」です。discountを本文中で探します。discountを含む文や、その前後の文に正解のヒントがあるはずです。

（Q4）「いつ、顧客はこの割引を使うことができませんか」は、「末尾設問」。選択肢を見ると、日付があります。本文の中で日付は「＊」の右側の文中に含まれます。「＊」「Note（注意）」「Warning（警告）」「Caution（注意）」「詳

細情報」「追加情報」「割引や特典を受ける方法」は、本文の末尾あたりに出てきます。

ポイント②　「全体設問」以外の設問＆選択肢の中の「キーワード」を本文中で探す。

　Q1、Q3、Q4の設問が「全体設問」以外です。Q1、Q3、Q4、から「キーワード」を見つけて、「キーワード」を本文で探します。

「キーワード」になる語句は、

　固有名詞・数字・場所・時期・人名の姓・語句のみの選択肢（短い選択肢）、設問の最後の部分、選択肢中の名詞などです。

　Q1は「第1設問で『目的』」を聞かれているので、「冒頭問題」です。「キーワード」を見つけるまでもなく、本文の冒頭あたりから正解を探します。

　Q3は「discount」「customer」が「キーワード」です。customerは見つかりませんが、discountは本文に存在します。「40% OFF」は「discount」を言い換えた言葉です。このように、TOEICでは「換言」が正解になることが頻繁に起こります。キーワードである「discount」を含む文あたりに正解が含まれています。

　Q4は「August」が「キーワード」です。キーワードである「August」を含む文あたりに正解が含まれています。

ポイント③＆④　「全体設問」は最後に解く、「捨てる設問」を見きわめる。

　「NOT問題」は、消去する3つの選択肢すべてを本文と照合する必要があるので、時間を要します。全速力で本文の英文を読んで照合します。しかし、TOEIC 600点超え程度を目指すのであれば、「あまりにも時間がかかる」と判断した場合、「捨てる設問」とします。

3. TOEICテストPART7の設問を解くポイントに関するQ&A

29ページのQ4の「末尾設問」は、設問を見て「末尾設問だ！」ってわからないよね？

そうです。
まず、本文を全体的に眺めたときに、「＊」があることに気づきます。

「＊」「Note（注意）」「Warning（警告）」「Caution（注意）」「詳細情報」「追加情報」「割引や特典を受ける方法」は、本文の末尾あたりに出てきて設問で問われる場合が頻発するという法則を知ったうえで、

Q4を見たとき、本文「＊」の右側に「August 27」があり、Q4の選択肢にも「日付」がある、と確認し「末尾設問」と判断します。現段階では「慣れて」いないので、分類できないかもしれません。
しかし、何度も出てくるので、この本を終えるころには、必ず分類できますから安心してください。

説明されたらわかるけど、自分で設問を分類できる気がしないよ〜。

たった今始めたところなので、当然です。この本を終えるころには「PART7の設問分類マスター」になっていますよ。新しく物事を始めるとき、最初は何事でも大変です。だから、最初はあせらないでいいですよ。

「キーワード」も見つけられる気がしないよ。
「キーワード」が見つからない場合はどうなるの？

「キーワード」が見つかったのか、これが「キーワード」なのかということも最初は慣れないのだから、確信できなくて当然です。しかし、必ず慣れますか

らこの本を少しずつ進めていってくださいね。

オッケー、そうだね、TOEICリスニングも最初はシャドウイングが大変だったよね。でも今はできるもん。がんばるよ。

がんばれる気がしてまいりました！

4. 練習！ 練習！ また練習！

　では、STEP4で実際の問題演習に入る前に、
　A：全体設問　B：部分設問　C：冒頭設問　D：末尾設問に分類する練習をしてみましょう。
　実際は、選択肢や設問の順番も関連づけて考えるのですが、まずは軽くウォーミングアップです！

え〜〜！　できない気がするよ。

　不正解でもかまいません。解説を聞いて「そういうことだったのか！」と理解できれば十分です。

オッケー、わかったよ。
赤シートを準備して次の問題を解いてみてね！

設問を分類してみよう！

A：全体設問	設問を解くとき、本文全部(か、広範囲)を読む必要がある設問。
B：部分設問	設問を解くとき、本文の一部のみ見て解く設問。
C：冒頭設問	本文の冒頭あたりを見て解く設問。
D：末尾設問	本文の末尾あたりを見て解く設問。

(問題)　以下の設問を上の表のA ～ Dに分類してください。

設問に答える前に、**設問中に "most likely" "probably" があったら、無視**してください。
つまり、

"Who most likely is Ms. Hernnandez ?"であれば、"Who is Ms. Hernnandez?"と考えてOKです。
　PART7の問題は、設問中の"most likely" "probably"を無視してもまったく支障ありません。

では、分類しましょう！

1. What is mentioned in the brochure?　(全体設問)
和訳　パンフレットの中では何が述べられていますか。
解説　brochure (パンフレット) で述べられていることは、パンフレット全体を読まなければならない。
＊mention「〜について言う」　＊brochure「パンフレット」

2. In what section of the shop would summer dresses be found?　(部分設問)
和訳　その店のどの場所で夏用のワンピースが見つかりますか。
解説　summer dresses という「キーワード」を本文の中で探せばよい。

3. What do students need to get a discount?　(部分設問)
和訳　学生は割引を得るために何をする必要がありますか。
解説　discount (割引) という「キーワード」を本文の中で探せばよい。
＊need to V原形「Vする必要がある」

4. Why does the customer access this website?（冒頭設問）
和訳　なぜ顧客はこのウェブサイトに接続しますか。
解説　これが第1設問なら、ウェブサイトは通常、冒頭に何を目的にしたウェブサイトかが書かれてあるはず。
　　　第1設問で「目的」「理由」を問われるときは、まず本文の冒頭から正解のヒントを探す。
＊customer「顧客」　＊access「～に接続する」

5. Where most likely can a LANZO message be found?（部分設問）
和訳　LANZOというメッセージはどこで見つかると思われますか。
解説　LANZOという「キーワード」を本文の中で探せばよい。

6. According to this notice, what is being conveyed?（冒頭設問）
和訳　このお知らせによると、何が伝えられていますか。
解説　これが第1設問なら、お知らせには通常、冒頭に何を目的にしたお知らせかが書かれてあるはず。
＊according to ～「～によると」　＊convey「～に伝える」

7. For whom is this sign most likely intended?（冒頭設問）
和訳　この表示は誰に向けられていますか。
解説　これが第1設問なら、表示には通常、冒頭に何を目的にした表示かが書かれてあるはず。
＊sign「表示・標識」　＊intend「～を意図する」

8. According to the sign, how should someone arrange to watch dolphins?（末尾設問）
和訳　この表示によると、どのようにイルカを見ることを手配すべきですか。
解説　「チケット購入方法」「問い合わせ先」「登録先」「申込み先」は末尾を見るのが鉄則。
＊should　V原形「Vすべき」　＊arrange「～を手配する」　＊dolphin「イルカ」

9. What is NOT true about the information?（全体設問）
和訳　この情報について何が当てはまっていないのですか。
解説　NOT問題は、消去する3つをすべて本文と照合する必要がある。
＊true「当てはまる」　＊information「情報」

10. What is indicated about the information?（全体設問）
和訳　この情報について何が示されていますか。
解説　情報で示されていることは情報全体を読まなければならない。
＊indicate「～を示す」

11. According to the information, how can audience members register?（末尾設問）
和訳　この情報によると、どのように観客は登録できますか。
解説　「チケット購入方法」「問い合わせ先」「登録先」「申込み先」は末尾を見るのが鉄則。
＊audience members「観客」　＊register「登録する」

12. According to the advertisement, what most likely is System Neo Company's main business?（冒頭設問）
和訳　広告によると、システムネオ会社の主要な業種は何だと思われますか。
解説　「広告」は冒頭に広告したい主題がくる・広告の情報が凝縮されているはずなので、冒頭で推定可能な場合が多い。
＊advertisement「広告」　＊main「主要な」　＊business「業種」

13. Where can a ticket for the lecture be purchased?（末尾設問）
和訳　その講演のチケットは、どこで購入することができますか。
解説　「チケット購入方法」「問い合わせ先」「登録先」「申込み先」は末尾を見るのが鉄則。

14. According to the ticket, what most likely is prohibited for a ticket holder?（末尾設問）
和訳　そのチケットによると、チケット保持者に禁じられていることは何ですか。
解説　「禁止事項」「詳細情報」「追加情報」「割引や特典を受ける方法」「note, caution（注意）」「warning（警告）」は末尾を見るのが鉄則。
＊prohibit「～を禁じる」　＊holder「持っている人」

15. How did Ms. Gupta evaluate how long she waited to place her order?（部分設問）
和訳　注文をするために待った時間の長さについて、グプタさんはどう評価し

ていますか。
解説　how long she waited to place her orderと詳細な部分が設問に入っており、本文中でその詳細部分を探すことで正解が出ます。
＊evaluate「～を評価する」　＊wait「待つ」　＊how long「どれくらいの長さ？」
＊place one's order「注文する」

16. Who will come to restore the systems when a breakdown takes place?（部分設問）
和訳　故障が起こったとき、誰がシステムを元に戻しに来ますか。
解説　restore the systems when a breakdown takes placeと詳細な部分が設問に入っており、本文中でその詳細部分を探すことで正解が出ます。
＊restore「元に戻す」　＊breakdown「故障」　＊take place「起こる（=happen）」

STEP2のまとめ
- 問題の設問をまず読み、「全体設問」「部分設問」「冒頭設問」「末尾設問」に分けよう。
- 設問の分類は慣れればできる。分類できれば「捨てる設問」を捨てよう。

このSTEPを読み終えたら、口を描いてね☆

STEP3

無視時間アカン！

時間切れストップ！
600点超え！

> STEP3 無視時間アカン！

時間切れストップ！600点超え！

ポイント！

1. PART7は時間制限を設けて訓練を積む重要性を理解する。
2. 「捨てる設問」を見きわめる重要性を理解する。

1. 無視時間アカン！

🔴 CD 1-8

> PART7は「時間を計らずに、十分時間をかけて解いている」はダメ！と言われたけど、どうしてなの？

　十分時間をかけて解くと、STEP2で解説した「部分設問」「冒頭設問」「末尾設問」のような本文の一部を読めば正解できる設問に対しても、本文全部をくまなく読んでしまって、TOEICの制限時間内に解く感覚が身につかないからです。
　TOEIC800点後半以上の方で、自己最高点が取れたという人は、「本文を全部くまなく同じスピードで読んでいる」のではなく、「**設問に関連ある箇所で『全体設問』に当たる部分はゆっくり読んで検証するが、その他はさっさと読み飛ばす**」のです。そして、「**設問に関連する本文中の箇所を、首尾よく推定できたときに自己最高点が取れた**」と言います。
　「設問に関連する本文中の箇所を首尾よく推定する力」は、時間を計らずに身につくことはありません。
　「**もう残り2分しかない！　時間がないけど何とか正解を出したい！**」と必死になることによって、「**推定力**」が身につくのです。

> TOEICリーディングって、本当に時間が足りないんだけど、実際、どれくらいの速さで解くのがいいの？

38

TOEICリーディングを解く時間の目安

PART5	30問	1問30秒で15分
PART6	16問	1問30秒で8分
PART7	54問	1設問1分弱が目安

> PART5&6の設問数は、リーディング問題の約半分を占めるよ。それでも、文法・語彙問題のPART5&6を勉強するよりもPART7を勉強したほうが効率がいいの?

そうです。「文法」は勉強が広範囲に及びます。

時間をかけて、特定の文法分野を習得したからといって、TOEICテスト本番で、その文法分野が出題されるかはわかりません。

PART5&6の出題の多くは「語彙」です。「語彙」はPART7を勉強することでも力がつきます。また、PART6は長文の中の文法問題です。PART7の長文に慣れてきて、**語彙力がつけば相乗効果として、PART5&6の「文法語彙問題」の点数も上がる**のです!

> 納得でございます!

2. TOEIC600点超えの秘策

TOEICテストPART7の問題形式

短いシングルパッセージ	視覚的に見やすい本文+設問2問程度。	
長いシングルパッセージ	「広告」「フォーム」「お知らせ」「アンケート」「短いメール」のように視覚的に見やすい本文もあれば、「記事」「手紙」「仕様書」「長いメール」のように視覚的に見にくい本文もある。設問は3～4問。	合わせて10題
ダブルパッセージ	文書が2つ(難易度は様々)+設問5問	2題
トリプルパッセージ	文書が3つ+設問5問	3題

TOEICリーディングの問題を見たことがないなら、この本の該当ページを開き、ざっと眺めてみてください。

・短いシングルパッセージ　51ページからの問題の設問数が少ない形式。
・長いシングルパッセージ　144ページ〜
・ダブルパッセージ（Wパッセージ）　190ページ〜
・トリプルパッセージ　255ページ〜

　どうですか？　TOEIC600点超えのためには、

> ①　短いシングルパッセージは必ず得点する。
> ②　長いシングルパッセージとダブルパッセージについては、
> 　・「部分設問」「冒頭設問」「末尾設問」は得点する。
> 　・「広告」「フォーム」「お知らせ」「アンケート」「短いEメール」のような視覚的に見やすい本文の設問中、「全体設問」を得点する。
> 　・「捨てる設問」を見きわめる（「記事」「長いEメール」「複雑な仕様書」の「全体設問」は「捨てる設問」）。
> ③　トリプルパッセージは、
> 　・設問や選択肢に存在する語句の「同一語」や「同義語」を本文中で見つける。慣れてくると、設問と選択肢を見て、どの文書に正解のヒントがあるか推定できるようになる。
> 　・長いシングルパッセージやWパッセージで「捨てる設問」を意識して見きわめれば、トリプルパッセージでも「捨てる設問」を見きわめることができる。

　TOEICリスニングが300点程度取れている場合、**PART7の本文をまるま
る3つ無視した生徒さんでも、600点は超えている**というケースがほとんどです。

「解く設問」と「捨てる設問」の見きわめが大切、ってことだね？

　そうです。そして、「**捨てる設問**」の時間を「**絶対解ける設問**」に回すことで正解を確実にするのです。

そうかぁ

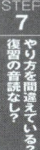

だから、まず、どの設問が「全体設問」「部分設問」「冒頭設問」「末尾設問」かを理解しなきゃいけないし、時間を計ることで、設問1問につき1分というリズムに慣れることが大切なんだね？

その通り！

W＆トリプルパッセージは複数の文書がございます。これをすべて「捨てる設問」にすればいいのではございませんか？

　そう考えると楽ですよね。W＆トリプルパッセージは一見、難解に見えます。
　しかし、実はWパッセージの設問を例に挙げると、「部分設問」「冒頭設問」「末尾設問」は簡単に！正解が出るものが多いのです。
　反対に、長いシングルパッセージの設問の中には、「全体設問」が多いもの、視覚的に難易度が高いものがあり、Wパッセージよりも正解を出すのに時間がかかることがあるのです。

なるほどね〜。

　この本を終えれば、「自分の得意な設問」を見きわめ、「捨てる設問」を捨て、解ける設問に確実に正解する「リーディングマスター」になることができます！

じゃぁ、早速始めようよ！
どうすればいいの？？

この本では、「短いシングルパッセージ」は無視します。なぜなら、PART7で短いシングルパッセージの設問だけ解くことができてもTOEIC600点超えにはつながらないからです。**長いシングルパッセージやW&トリプルパッセージの設問に正解する訓練をすれば、自然と短いシングルパッセージも解くことができます。**

> え〜、いきなり、長いシングルパッセージからなの？嫌だよ。つらいつらい。

　わかります！　でも、それが絶対に効率的ですし、**人間は慣れる生き物ですから、必ず慣れてきますよ。**
　長いシングルパッセージに慣れたら、短いシングルパッセージは軽い軽い！**やる気が出ないときは、まずCDをかけてください！**

> オッケ〜。がんばるよ。

STEP3のまとめ
- TOEICテストPART7の設問解答時間の目安は1問につき1分。
- たとえWパッセージであっても「部分設問」「冒頭設問」「末尾設問」は短時間で正解できる。
- 長いシングルパッセージの「全体設問」が多いもの、視覚的に難易度が高いものはWパッセージよりも正解に時間がかかることがある。
- トリプルパッセージは、設問や選択肢に存在する語句の「同一語」「同義語」を本文中で見つけるのが正解への近道。

> このSTEPを読んだらしっぽを描いてね。

STEP4

頭隠してしっぽ隠さず!

「冒頭」「末尾」で600点超え!

STEP4 頭隠してしっぽ隠さず！
「冒頭」「末尾」で600点超え！

ポイント！

1. 「冒頭設問」「末尾設問」について理解する。
2. PART7の設問で「聞かれる」パターンを把握する。

1. 頭としっぽ！

CD 1-10

このSTEPでは、「冒頭設問」「末尾設問」について、集中して学習します。

TOEICテストPART7の設問の分類

A：全体設問	設問を解くとき、本文全部（か、広範囲）を読む必要がある設問。
B：部分設問	設問を解くとき、本文の一部のみ見て解く設問。
C：冒頭設問	本文の冒頭あたりを見て解く設問。
D：末尾設問	本文の末尾あたりを見て解く設問。

じゃあ、早速始めようよ〜。

おっ、ボノちゃんやる気ですね〜。素晴らしいですよ。
PART7を解くポイントを復習してみましょう。

TOEICテストPART7を解くポイント

① 本文を全体的に眺めたあと、設問を見て、設問の種類を分類する。
（A：全体設問　B：部分設問　C：冒頭設問　D：末尾設問）
② 「A：全体設問」以外の設問＆選択肢の中の「キーワード」を本文中で探して解く。
③ 「A：全体設問」は最後に解く。
④ 「捨てる設問」を見きわめる。

2. 時間のリズムに乗って!!

　この本でこれから出てくる実践問題や、さらに練習を積み重ねるためにTOEICテストPART7形式の問題集、『TOEIC新公式問題集』『TOEICテスト公式プラクティスリーディング編』（国際ビジネスコミュニケーション協会編）に良問があります。今後、実践問題を解く場合も、**前述の「TOEICテストPART7を解くポイント」**を守り、以下の手順で解いてください。

TOEICテストPART7点数UPのための練習手順

① タイマーをセットする（本番ではPART7は1設問1分が目安。実践問題を見て、設問が「5問」あるなら「5分」セットするのが基準。この本では解答時間が設定されています）。
② 設問を解く（解くときは、前述の「TOEICテストPART7を解くポイント」を実行する）。
③ 時間を計って設問を解いたあと、時間切れのために考える時間がなかった設問については、十分に時間を使って解いてみる。
④ 答え合わせをし、不正解の設問について「なぜ不正解か」の原因を追究して書き出す。
⑤ 復習の音読をする。

　「TOEICテストPART7点数UPのための練習手順」について解説しますね。

①タイマーをセットする

　この本には制限時間が設けられています。本番での基準は「PART7は1設問1分」です（厳密に言うと、1設問50秒くらいが望ましいのですが、練習の段階では、わかりやすくするために1設問1分とします）。

> 1問1分!?　無理だ〜。

そうですね。最初は「あと30秒しか残っていないのに設問が1問まるまる残っている」という状態でも、**なんとか直感でもかまいませんから、解答を出してしまってください。**

　TOEICは「時間のリズムをつかむ」ことが何よりも大切です。

　タイマーで計らずに**「ゆっくり解く状態」から、何としても脱出することが高得点への道**なのです。

> ヤマカンでいいの？　直感でいいの？

　かまいません！　まず、**時間のリズムに慣れる**のです。

②設問を解く

　PART7を解くポイントである、

1．本文を全体的に眺めたあと、設問を見て、設問の種類を分類する。
　（A：全体設問　B：部分設問　C：冒頭設問　D：末尾設問）

2．1の「A：全体設問」以外の設問＆選択肢の中の「キーワード」を本文中で探して解く。

3．「A：全体設問」は最後に解く。

4．「捨てる設問」を見きわめる。

　に沿って解きます。「捨てる設問」は、TOEICテスト本番では捨ててしまいますが、練習時は解きます。

③時間を計って設問を解いたあと、時間切れのために考える時間がなかった設問については、十分に時間を使って解いてみる

　「TOEICテストPART7を解くポイント」に沿って解答していくと、「全体設問」にあたる設問を解くとき、**時間切れになり、直感で解答を出す**はずです。時間切れとなった設問は、今一度解いてみてください。答えが変わった場合は最初に書いた答えも消さずに残しましょう。最初に書いた答えが正解なら、自分の

考え違いを振り返ることもできます。

④答え合わせをし、不正解の設問について「なぜ不正解か」の原因を追究して書き出す

「時間が十分あれば正解した」のか、「時間が十分あっても正解しなかった」のかを見きわめてください。

「時間が十分あれば正解した」のなら、今後、PART7の問題に慣れて、**解答時間を短縮することにより、正解できます。**

「時間が十分あっても正解しなかった」のなら、何が原因だったのかを見きわめてください。

「語彙力」がないための不正解なら、今後、**この本の勉強を進め、語彙力がつくと正解率が上がります。**

「勘違い」「見間違い」「考え違い」でしょうか？　では、**どこをどのように「勘違い」「見間違い」「考え違い」したでしょうか？**

上記のような不正解になった理由を、頭の中で考えるのではなく、**必ず「書き出して」**ください。書き出したものを、TOEICテスト本番の直前に見ると、「**あなた固有の注意しなければならないポイント**」がわかります！

それがTOEICテスト本番での得点UPにつながります！

⑤復習の音読をする

この本のSTEP7が「復習に最高の音読セクション」になっています！

赤いシートを置き、声に出して音読してください。同時に頭の中で英文の意味や映像を浮かべてください。

音読によって、一度解答した問題が頭の中に定着します。それが**語彙力UP**や**テスト本番での得点UPに直結**します。

> オッケー、単に設問を解くだけじゃダメなんだね。なんだか面倒くさいよ〜。

PART7の点数が伸びない生徒さんの特徴として、**「設問を解くことを単に繰り返すだけ」**があります。

TOEIC900点前後の高得点の方なら、設問を解くだけでも意味があります。
しかし、**TOEIC初習者は、**単に問題を解いても点数は伸びません。たくさんの問題を解きながら、**同時に、**ていねいに復習をしていくことが点数UPの秘訣です。この本で学習を進めるとその秘訣を体感することができます。

3. 頭としっぽ、ばっかり!!

　CD 1-12

このSTEPでは、「冒頭設問」「末尾設問」について、集中して学習します。
STEP2の問題は覚えていますか？　復習しましょう。

オッケー。赤いシートを本に置いてね！

以下の設問を「冒頭設問」か「末尾設問」に分類してください。
　設問に答える前に、設問中に"most likely""probably"があったら、無視してくださいね。

1. Why does the customer access this website?（冒頭設問）
和訳　なぜ顧客はこのウェブサイトに接続しますか。
解説　これが第1設問なら、ウェブサイトは通常、冒頭に何を目的にしたウェブサイトかが書かれてあるはず。
　　　第1設問で「目的」「理由」を問われるときは、まず本文の冒頭から正解のヒントを探す。
＊customer「顧客」　＊access「〜に接続する」

2. According to this notice, what is being conveyed?（冒頭設問）
和訳　このお知らせによると、何が伝えられていますか。
解説　これが第1設問なら、お知らせには通常、冒頭に何を目的にしたお知らせかが書かれてあるはず。
＊according to 〜「〜によると」　＊convey「〜に伝える」

3. For whom is this sign most likely intended?（冒頭設問）
和訳　この表示は誰に向けられていますか。
解説　これが第1設問なら、表示には通常、冒頭に何を目的にした表示かが書かれてあるはず。

＊sign「表示・標識」　＊intend「〜を意図する」

4. According to the sign, how should someone arrange to watch dolphins?（末尾設問）
和訳　この表示によると、どのようにイルカを見ることを手配すべきですか。
解説　「チケット購入方法」「問い合わせ先」「登録先」「申込み先」は末尾を見るのが鉄則。
＊should　V原形「Vすべき」　＊arrange「〜を手配する」　＊dolphin「イルカ」

5. According to the information, how can audience members register?（末尾設問）
和訳　この情報によると、どのように観客は登録できますか。
解説　「チケット購入方法」「問い合わせ先」「登録先」「申込み先」は末尾を見るのが鉄則。
＊audience members「観客」　＊register「登録する」

6. According to the advertisement, what most likely is System Neo Company's main business?（冒頭設問）
和訳　広告によると、システムネオ会社の主要な業種は何だと思われますか。
解説　「広告」は冒頭に広告したい主題がくる・広告の情報が凝縮されているはずなので、冒頭で推定可能な場合が多い。
＊advertisement「広告」　＊main「主要な」　＊business「業種」

7. Where can a ticket for the lecture be purchased?（末尾設問）
和訳　その講演のチケットは、どこで購入することができますか。
解説　「チケット購入方法」「問い合わせ先」「登録先」「申込み先」は末尾を見るのが鉄則。

8. According to the ticket, what most likely is prohibited for a ticket holder?（末尾設問）
和訳　そのチケットによると、チケット保持者が禁じられていることは何ですか。
解説　「禁止事項」「詳細情報」「追加情報」「割引や特典を受ける方法」「note, caution（注意）」「warning（警告）」は末尾を見るのが鉄則。
＊prohibit「〜を禁じる」　＊holder「持っている人」

では、ウォーミングアップができたところで、「TOEICテストPART7点数UPのための練習手順」を実践しながら問題を解きましょう。

TOEICテストPART7点数UPのための練習手順

① 　タイマーをセットする（本番ではPART7は1設問1分が目安。実践問題を見て、設問が「5問」あるなら「5分」セットするのが基準。この本では解答時間が設定されています）。
② 　設問を解く（解くときは、前述の「TOEICテストPART7を解くポイント」を実行する）。
③ 　時間を計って設問を解いたあと、時間切れのために考える時間がなかった設問については、十分に時間を使って解いてみる。
④ 　答え合わせをし、不正解の設問について「なぜ不正解か」の原因を追究して書き出す。
⑤ 　復習の音読をする。

　タイマーとマークシートを塗るエンピツを準備してくださいね。

> えっ？　タイマーじゃなきゃダメ？
> この時計はダメ？

　ダメです!!
　TOEICテストは1分1秒を争う試験です。大ざっぱに何となく時間を計っているようでは、いけません。必ずキッチンタイマーや携帯のタイマーのように「1秒」まで計測できるタイマーを準備してください。
　そして、エンピツも本番と同じエンピツを使ってください。そんな、ちょっとしたことを気にするの？　と思うかもしれませんが、全問200問あるTOEICテストでは、そのちょっとしたことが、点数の差になってしまいます。

> オッケー。タイマーとエンピツを出したよ。

4. これで一生ばっちり！ TOEICテストPART7の練習手順！

① タイマーをセットする（本番ではPART7は1設問1分が目安。実践問題を見て、設問が「5問」あるなら「5分」セットするのが基準）。
② 設問を解く（解くときは、前述の「TOEICテストPART7を解くポイント」を実行する）。

◯ CD 1-13 ◯ CD 2-13

Questions 1-4 refer to the following advertisement.

制限時間 8分

Fototek Store
40% OFF any service at Fototek ONLINE Store!
The Next Generation Photography Lab

- Film processing
- Machine & Custom Printing
- Scanning
- Canvas Printing

To take advantage of this discount, enter the code FOTO324 when you get a service from our website.
www.fototek.com

*Discount code not valid after August 27. To be used for services on the website only.

Q1. What is the purpose of the advertisement?
(A) To provide a special offer
(B) To invite the reader to a photography studio
(C) To offer film processing
(D) To get photo service

Q2. To what service does the discount NOT apply?
(A) Film processing
(B) Scanning

(C) Services purchased at a shop
(D) Services purchased online

Q3. To get the discount what does the customer do?
(A) Mail in a form
(B) Use a code
(C) Purchase at least 2 items
(D) Visit a local store

Q4. When are customers unable to use this discount?
(A) April 25
(B) April 27
(C) August 28
(D) August 26

```
        A B C D              A B C D
Q1      ○ ○ ○ ○      Q3      ○ ○ ○ ○
        A B C D              A B C D
Q2      ○ ○ ○ ○      Q4      ○ ○ ○ ○
```

全然できなかったよ〜。STEP2で一度見た問題だよね。そして制限時間も4問あるのに8分だから、1設問につき1分、という時間の倍だよね。ショック。

　ショックを受けることはないですよ。まだ始まったばかり。この本の「TOEICテストPART7点数UPのための練習手順」に沿って進めていけば大丈夫。
　では、答え合わせをする前に、手順③をやってみてください。

③　時間を計って設問を解いたあと、時間切れのために考える時間がなかった設問については、十分に時間を使って解いてみる。

> オッケー。やっぱり「全体設問」のQ2に時間がかかったよ。

あっ、ボノちゃん、Q2が「全体設問」と分類できたんですね。すごい。

> ねぇねぇ、「部分設問」や「全体設問」はどうするの？

それらは、次のSTEPで学習するので、**今は「冒頭設問」と「末尾設問」に集中**すればいいですよ。

では、手順④に行きましょう。

④ **答え合わせをし、不正解の設問について「なぜ不正解か」の原因を追究して書き出す。**
（解答＆解説は56ページ）

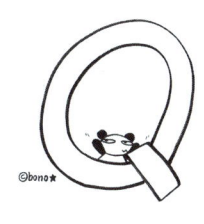

> Q1の選択肢（B）のinviteがわからなかったから、(B)を選んじゃったよ。

では、それを書き出してください。

> 「Q1のinviteが不明でphotography studioを選んでしまった」「本文にfotoやfilmと書いてあるから選んでしまった」「正解の選択肢は『換言』が使われていた。OFFがspecial offerになっていた」

そうです。素晴らしいですね。

間違えた部分だけではなく、「正解の選択肢は『換言』が使われていた。OFFがspecial offerになっていた」のような、**自分で気づいたことを書くのも、非常に良いです。**
　TOEICテスト本番の前日に、自分で気づいたことや不正解の原因を追究したことを書いたノートを、もう一度見てから試験に臨むと、PART7を解くときに役立ち、正解の選択肢を選べるようになりますよ！

> 「自分で気づいたことや、不正解の原因を追究したことノート」が自分だけの参考書になるのでございますね。

さすが！　カチカチさん。

⑤　復習の音読をする
　この本のSTEP7に復習の音読用の英文が掲載されています。赤いシートを置いて音読してください。

> リスニングのときも何度も声に出したけど、リーディングでも音読をしなきゃいけないの？

そうです。
　復習の音読のやり方と効果が書いてありますので、STEP7をよく読んでくださいね。
　復習の音読をすることにより「**語彙力がつく**」「**長文を読むことに慣れる**」「**速読力がつく**」という素晴らしい効果があります。
　すぐに実行してみてくださいね。

英文和訳

Questions 1-4 refer to the following advertisement.

1 **Fototek Store**

2 **40% OFF any service at Fototek ONLINE Store!**

3 The Next Generation Photography Lab

4 ・Film processing
5 ・Machine & Custom Printing
6 ・Scanning
7 ・Canvas Printing
8 ・To take advantage of this discount, enter the code FOTO324 when you get a service from our website.
www.fototek.com

9 *Discount code not valid after August 27. 10 To be used for services on the website only.

問1～4は、次の広告に関するものです。

1 フォトテック・ストア

2 フォトテックのウェブページ上のストアでのどのようなサービスも40％割引です。
3 次世代の写真現像所

4 ・フィルムの現像
5 ・機械とカスタマイズされた写真プリント
6 ・スキャン
7 ・キャンバス（画布）への印刷
8 ・この割引を利用するために、私どものウェブサイトwww.fototek.comからサービスを受けるときに、FOTO324のコードを入力してください。

9 ＊割引コードは8月27日以降は有効ではありません。10 オンライン上のみのサービスに対して使用されます。

解答&解説 （音読用英文はp.329）

Q1. What is the purpose of the advertisement?（冒頭設問）
　　(A) To provide special offer.
　　(B) To invite the reader to a photography studio
　　(C) To offer film processing
　　(D) To get photo service

問１．この広告の目的は何ですか。
(A) 優待を提供するため
(B) 読者を写真スタジオに招待するため
(C) フィルム現像を提供するため
(D) 写真サービスを入手するため

解答（A）
解説（A）は2に一致。(B)(C)(D)は記述がありません。
special offer（優待）の「換言」が本文の40% OFF、discount（割引）です。本文を「換言」された語句が正解になる場合が頻発します。
「理由（why）」「目的（purpose）」を問う場合は、「冒頭設問」です。本文の冒頭あたりに正解を探します。

Q2. To what service does the discount NOT apply?（全体設問）「NOT問題」
　　(A) Film processing
　　(B) Scanning
　　(C) Service purchased at a shop
　　(D) Service purchased online

問２．割引が適用されないサービスは何ですか。
(A) フィルムの現像
(B) スキャン
(C) 店で購入されたサービス

(D) ウェブ上で購入されたサービス

正解　(C)
解説　(C) は10に不一致。
「NOT問題」は、消去する3つの選択肢を本文と照合する必要があるため、解答に時間がかかります。しかし、本問では『「＊」「Note（注意）」「Warning（警告）」「Caution（注意）」「詳細情報」「追加情報」「割引や特典を受ける方法」は、本文の末尾あたりに出てくる』というルールに注目し、「＊」の部分に先に気づいていれば、短時間で正解することもできます。

Q3. To get the discount what does the customer do?（部分設問）
　　(A) Mail in a form
　　(B) Use a code
　　(C) Purchase at least 2 items
　　(D) Visit a local store

問３．割引きを得るために顧客は何をするべきですか。
(A) 申込み用紙の形で郵送する
(B) コードを使う
(C) 少なくとも2つの品物を購入する
(D) 地元の店舗を訪問する

解答　(B)
解説　(B) は8に一致。(A)(C)(D) の記述はありません。
discountが「キーワード」です。discountを本文中で探します。discountを含む文や、その前後の文に正解のヒントがあるはずです。

Q4. When are customers unable to use this discount?（末尾設問）
　　(A) April 25
　　(B) April 27
　　(C) August 28
　　(D) August 26

問４．いつ顧客はこの割引を使うことができませんか。
(A) 4月25日

(B) 4月27日
(C) 8月28日
(D) 8月26日

解答　(C)
解説　(C) は9に不一致。
「＊」「Note（注意）」「Warning（警告）」「Caution（注意）」「詳細情報」「追加情報」「割引や特典を受ける方法」は、本文の末尾あたりに出てきます。

Words & Phrases
(動) 動詞　(名) 名詞　(形) 形容詞　(副) 副詞　(接) 接続詞　(前) 前置詞

following[fάlouiŋ]（形）次の
advertisement[ædvərtáizmənt]（名）広告
online[ánláin]（形）ウェブ上の
generation[dʒènəréiʃən]（名）世代
photography[fətάgrəfi]（名）写真
lab（名）＝laboratory[lǽbərətɔ̀:ri] 現像所
film processing　フィルムの現像
machine[məʃí:n]（名）機械
custom[kʌ́stəm]（形）カスタマイズの
scan[skǽn]（動）〜をスキャンする
take advantage of 〜　〜を利用する
discount[dískaunt]（名）割引
enter[éntər]（動）〜を入力する
code[kóud]（名）コード
website[wébsàit]（名）ウェブサイト
valid[vǽlid]（形）有効な
August[ɔ́:gʌst]（名）8月
purpose[pə́:rpəs]（名）目的
apply to 〜　〜に適用する
be able to V原形　Vできる

では、このSTEPでは、続けて「冒頭設問」「末尾設問」に焦点を当てていきましょう。「TOEICテストPART7を解くポイント」をもう一度確認してくださいね。

TOEICテストPART7を解くポイント

① 本文を全体的に眺めたあと、設問を見て、設問の種類を分類する。
　（A：全体設問　B：部分設問　C：冒頭設問　D：末尾設問）
②「A：全体設問」以外の設問＆選択肢の中の「キーワード」を本文中で探して解く。
③「A：全体設問」は最後に解く。
④「捨てる設問」を見きわめる。

タイマーとマークシート用のエンピツを出してね。

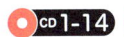

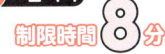

Questions 1-5 refer to the following notice.

Gomez Walking Group

Walking is a great way of keeping fit. It gets you out in the fresh air and gives you the opportunity to socialize with those who also love walking. And it doesn't cost a thing.

On Tuesdays from 9:00, Gomez Walking Group will meet with fellow walkers in the plaza of City Hall. Join our new walking group.

To register or for more information,
Call Sharon Cook at 612-257-2234
We are looking for a co-leader for this group who drives.

Q1. What does the Gomez Walking Group most likely provide?
 (A) An administration program
 (B) Health improvements
 (C) Social security
 (D) A fitness center

Q2. What is mentioned as something you can do in this group?
 (A) Get more information
 (B) Mix with others
 (C) Look for drivers
 (D) Walk around the plaza of City Hall

Q3. Where would this information most likely be found?
   (A) In a book review
   (B) In an advertisement for sport facilities
   (C) In an instruction manual for sporting goods
   (D) In a local newspaper

Q4. How do people join this group?
   (A) Fill in a form
   (B) Access the group website
   (C) Place an order
   (D) Contact Sharon

```
       A B C D              A B C D
Q1     ○ ○ ○ ○       Q3     ○ ○ ○ ○
       A B C D              A B C D
Q2     ○ ○ ○ ○       Q4     ○ ○ ○ ○
```

まだまだ、厳しいね。

再び、以下の手順を繰り返してください。

③時間を計って設問を解いたあと、時間切れのために考える時間がなかった設問については、十分に時間を使って解いてみる。
④答え合わせをし、不正解の設問について「なぜ不正解か」の原因を追究して書き出す。
⑤復習の音読をする。

「冒頭設問」と「末尾設問」の解説

解説を読み、気づいたことを書き出しましょう。

　　　　　—冒頭設問の解説部分　　　　　—末尾設問の解説部分

Questions 1-5 refer to the following notice.

Gomez Walking Group

Walking is a great way of keeping fit. (Q1(B)参照) It gets you out in the fresh air and gives you the opportunity to socialize with those who also love walking. And it doesn't cost a thing. (Q2(B)参照)

On Tuesdays from 9:00, Gomez Walking Group will meet with fellow walkers in the plaza of City Hall. Join our new walking group.

To register or for more information, Call Sharon Cook at 612-257-2234
We are looking for a co-leader for this group who drives.

Q1. What does the Gomez Walking Group most likely provide? (冒頭設問)
   (A) An administration program
   (B) Health improvements
   (C) Social security
   (D) A fitness center

問1. ゴメス・ウォーキング・グループは、何を提供していると思われますか。
(A) 運用管理プログラム
(B) 健康増進
(C) 社会保障
(D) スポーツ施設
正解 (B)

Q2. What is mentioned as something you can do in this group? (冒頭設問)
   (A) Get more information
   (B) Mix with others
   (C) Look for drivers
   (D) Walk around in the plaza of City Hall

61

問2．このグループで行えることとして、何が述べられていますか。
(A) さらなる情報を得る
(B) 他の人と交流する
(C) 運転手を探す
(D) 市役所の広場を歩き回る　　　　　　　　　　　　　　正解（B）

Q3. Where would this information most likely be found?（全体設問）

問3．この情報はどこで見つかると思われますか。

正解　(D) In a local newspaper
　　　 地元の新聞

Q4. How do people join this group?（末尾設問）
(A) Fill in a form
(B) Access the group website
(C) Place an order
(D) Contact Sharon

問4．どのようにこのグループに参加するのですか。
(A) 申込み用紙を記入する
(B) グループのウェブサイトに接続する
(C) 注文をする
(D) シャロンに連絡を取る　　　　　　　　　　　　　　正解（D）

「見出し」や「太字」って重要なんだね。「問い合わせ先」や「登録先」は本文の末尾を見たらいいんだね。

理解が早いですね。

英文和訳

Questions 1-5 refer to the following notice.
1 Gomez Walking Group

₂Waking is a great way of keeping fit. (Q1(B)参照)　₃It gets you out in the fresh air and gives you the opportunity to socialize with those who also love walking. And it doesn't cost a thing. (Q2(B)参照)

₄On Tuesdays from 9:00, Gomez Walking Group will meet with fellow walkers in the plaza of City Hall. ₅Join our new walking group.

₆To register or for more information,
₇Call Sharon Cook at 612-257-2234
₈We are looking for a co-leader for this group who drives.

問1～5は、次のお知らせに関するものです。

1 ゴメス・ウォーキング・グループ

2 散歩は健康を維持する素晴らしい手段です。(Q1(B)参照)　3 ゴメス・ウォーキング・グループは新鮮な空気の中に出て行き、同じくウォーキングを愛する人々と交流する機会をあなたに提供しています。そして、お金はかかりません。(Q2(B)参照)

4 火曜の9時から、ゴメス・ウォーキング・グループは市役所の広場にウォーキング仲間と集まります。5 私どもの新しいウォーキング・グループに参加してください。

6 登録あるいはさらなる情報を得るには、
7 612-257-2234のシャロン・クックに電話してください。
8 私どもは運転できるグループの副リーダーを求めています。

Words & Phrases

（動）動詞　（名）名詞　（形）形容詞　（副）副詞　（接）接続詞　（前）前置詞

notice[nóutəs]（名）お知らせ
group[grúːp]（名）グループ
Tuesday[tjúːzdei]（名）火曜日
meet with ～　（約束して人）と会う

fellow[félou]（名）仲間
plaza[plǽzə]（名）広場
city hall　市役所
join[dʒɔ́in]（動）～に参加する

great[gréit]（形）偉大な
keep fit　健康を保つ
get ~ out　（~を）外へ出す
fresh[fréʃ]（形）新鮮な
air[ɛər]（名）大気
opportunity[ὰpərtjúːnəti]（名）機会
socialize with ~　~と社交上付き合う
cost[kɔ́(ː)st]（動）~（金額）がかかる
thing[θíŋ]（名）こと、もの
register[rédʒistər]（動）登録する
information[ìnfərméiʃən]（名）情報
call[kɔ́ːl]（動）~に電話する
look for ~　~を探す
co-leader[koulíːdər]（名）副リーダー
drive[dráiv]（動）運転する
most likely　最も可能性がある
provide[prəváid]（動）~を提供する
administration[ədmìnistréiʃən]（名）管理
program[próugræm]（名）プログラム
improvement[imprúːvment]（名）進歩
health[hélθ]（名）健康
social[sóuʃl]（形）社会の
security[sikjúərəti]（名）保障
fitness[fítnis]（名）（運動などによる）身体の健康
mention[ménʃən]（動）~について言う
something[sʌ́mθiŋ]（名）何か、こと
mix[miks]（動）交流する
others[ʌ́ðərz]（名）他人
look for ~　~を探す
found[fáund]（動）findの過去・過去分詞形
book review　書評
advertisement[ӕdvərtáizmənt]（名）広告
shoes[ʃúːz]（名）靴
instruction manual　取扱説明書
goods[gúdz]（名）品物
local[lóukl]（形）地元の
newspaper[njúːzpèipər]（名）新聞

解答&解説　（音読用英文はp.330）

Q1. What does the Gomez Walking Group most likely provide?（冒頭設問）

　　(A) An administration program
　　(B) Health improvements
　　(C) Social security
　　(D) A fitness center

問1．ゴメス・ウォーキング・グループは、何を提供していると思われますか。
(A) 運用管理プログラム
(B) 健康増進
(C) 社会保障
(D) スポーツ施設

(正解)　(B)
(解説)　(B) は2に一致。(A)(C) は記述がありません。(D) について、お散歩は「施設」ではないので不一致。

Q2. What is mentioned as something you can do in this group?（冒頭設問）

　　　(A) Get more information
　　　(B) Mix with others
　　　(C) Look for drivers
　　　(D) Walk around the plaza of City Hall

問2．このグループで行えることとして、何が述べられていますか。
(A) さらなる情報を得る
(B) 他の人と交流する
(C) 運転手を探す
(D) 市役所の広場を歩き回る

(正解)　(B)
(解説)　(B) は3に一致。(A) について、more information（さらなる情報）を得るのは、グループで行うことではなく、6、7にあるように、シャロン・クックに電話したときに得られるものです。(C) について、グループで行うことは、ウォーキングであって運転手を探すことではありません。(D) について、市役所の広場では、meet（集まる）だけであって、walk around（歩き回る）という記述はありません。

Q3. Where would this information most likely be found?（全体設問）
　　　(A) In a book review
　　　(B) In an advertisement for sport facilities
　　　(C) In an instruction manual for sporting goods
　　　(D) In a local newspaper

問３．この情報はどこで見つかると思われますか。
(A) 書評の中
(B) スポーツ施設の広告
(C) スポーツ用品の使用説明書
(D) 地元の新聞

（正解）　(D)
（解説）　消去法と常識で考える問題。(A) 書評 (B) 広告 (C) 使用説明書は記述内容と不一致。

Q4. How do people join this group?（末尾設問）
　　(A) Fill in a form
　　(B) Access the group website
　　(C) Place an order
　　(D) Contact Sharon

問４．どのようにこのグループに参加するのですか。
(A) 申込み用紙を記入する
(B) グループのウェブサイトに接続する
(C) 注文をする
(D) シャロンに連絡を取る

（正解）　(D)
（解説）　(D) は7に一致。Call（〜に電話する）は、contact（〜に連絡を取る）の「換言」です。(A)(B)(C) は記述がありません。

22ページの『TOEICテストPART7を解くポイント』を確認して、タイマーとマークシート用のエンピツを出してね。

Questions 1-5 refer to the following information.

Floor Lamp

Assembly

[1]
— Remove lamp parts from box.
— Remove plastic covering from lamp parts.
— Place lamp base on a flat surface.
— Screw bottom pole down onto base.

[2]
— Screw socket onto upper pole.
— Place shade over socket section.
— Screw socket ring onto socket section.

Cleaning Instructions
Do not use polishers or cleaners. Wipe clean with a cloth.

[3]

Important
The excess cord in the pole should be pulled out from the base of the lamp.

[4]

Warning
If you install any single watt bulb in this lamp, there is a possibility of bulb malfunction leading to danger of fire. We recommend that you visually check every bulb to ensure that you install the correct bulb type.

Q1. Where would the information most likely be found?
    (A) In an advertisement for electrical appliances
    (B) In a newspaper on home improvement techniques
    (C) In an instruction manual
    (D) In a report of popular electric brands

Q2. According to the information, what is indicated about this lamp?
   (A) When cleaning the lamp, you have to use some detergent.
   (B) It is advisable for you not to use a dry cloth to clean the lamp.
   (C) You should clean a polishing cloth before cleaning the lamp.
   (D) You need to wipe the lamp without polishers or cleaners.

Q3. According to the information, where should the excess cord be placed?
   (A) In the pole
   (B) Outside the pole
   (C) From the base
   (D) Out of the base of the lamp

Q4. According to the information, what is suggested about the bulb?
   (A) Single watt bulbs are sure to cause a fire.
   (B) You are advised to install the right bulbs.
   (C) They recommend single bulbs.
   (D) You need to check every bulb in case of a fire.

Q5. In which of the positions marked [1], [2], [3] and [4] does the following sentence best belong?
   "Screw middle pole down onto pole."
   (A) [1]
   (B) [2]
   (C) [3]
   (D) [4]

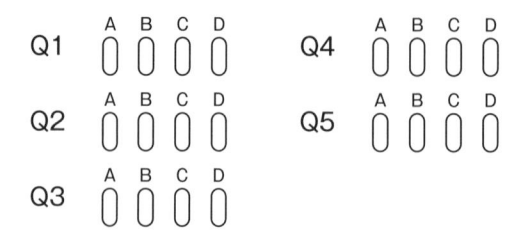

	A	B	C	D
Q1	○	○	○	○
Q2	○	○	○	○
Q3	○	○	○	○
Q4	○	○	○	○
Q5	○	○	○	○

見出しや太字に気をつけたよ。
Warningって「警告」だよね？

そうです。

「＊」「Note（注意）」「Warning（警告）」「Caution（注意）」「詳細情報」「追加情報」「割引や特典を受ける方法」は、本文の末尾あたりに出て、設問で問われることが多いんですよ。

次は、45ページの「TOEICテストPART7点数UPのための練習手順」の繰り返しだね。

・時間を計って設問を解いたあと、時間切れのために十分に考える時間がなかった設問については、十分に時間を使って解いてみる。
・答え合わせをし、不正解の設問について「なぜ不正解か」の原因を追究して書き出す。

「冒頭設問」と「末尾設問」の解説

解説を読み気づいたことを書き出しましょう
　　　　―冒頭設問の解説部分　　　　　―末尾設問の解説部分

Questions1-5 refer to the following information.（Q1(C)参照）

Floor Lamp （Q1(C)参照）

Assembly （Q1(C)参照）

1．Remove lamp parts from box.
2．Remove plastic covering from lamp parts.
3．Place lamp base on a flat surface.

「見出し」「太字」を見ると、「ランプの取り扱い説明書」と推定可能です。

4．Screw bottom pole down onto base.
5．Screw middle pole down onto pole.
6．Screw socket onto upper pole.
7．Place shade over socket section.
8．Screw socket ring onto socket section.

Cleaning Instructions （Q1(C)参照）

Do not use polishers or cleaners. (Q2(A)(D)参照)
Wipe clean with a cloth.

Important （Q1(C)参照）

> 「*」「Note（注意）」「Warning（警告）」「Caution（注意）」「詳細情報」「追加情報」「割引や特典を受ける方法」は、本文の末尾あたりに出てきて、設問で問われることが頻発します。

The excess cord in the pole should be pulled out from the base of the lamp. (Q3(D)参照)

Warning （Q1(C)参照）

If you install any single watt bulb in this lamp, there is a possibility of bulb malfunction leading to danger of fire. (Q4(A)(B)(C)参照)
We recommend that you visually check every bulb to ensure that you install the correct bulb type. (Q4(B)参照)

> 「*」「Note（注意）」「Warning（警告）」「Caution（注意）」「詳細情報」「追加情報」「割引や特典を受ける方法」は、本文の末尾あたりに出てきて、設問で問われることが頻発します。「取り扱い説明書」「仕様書」では、①適用事項や使い方→②禁止・注意・無効事項の順番に記述されるのが定番です。

Q1. Where would the information most likely be found?（冒頭設問）
　　(A) In an advertisement for electrical appliances
　　(B) In a newspaper on home improvement techniques
　　(C) In an instruction manual
　　(D) In a report of popular electric brands

> (C) には「電器」を表す英語は入っていません。直截的に electrical appliances（電化製品）、electric（電気の）、の入った選択肢ではなく、「換言」の選択肢が正解になっています。このように、正解の選択肢は「換言」が多いのです。

問1．この情報は、どこで見つかると思われますか？
(A) 電化製品の広告の中
(B) 家のリフォーム技術についての新聞の中
(C) 使用説明書の中
(D) 人気のある電気メーカーの報告書の中　　　　　　　　　　　正解（C）

Q2. According to the information, what is indicated about this lamp?
（全体設問）

問2．情報によると、このランプについて示されていることは何ですか？
正解　(D) You need to wipe the lamp without polishers or cleaners.
　　　　　磨き粉や洗浄剤を使わずにランプを拭く必要があります。

Q3. According to the information, where should the excess cord be placed?（末尾設問）
(A) In the pole
(B) Outside the pole
(C) From the base
(D) Out of the base of the lamp

「＊」「Note（注意）」「Warning（警告）」「Caution（注意）」「詳細情報」「追加情報」「割引や特典を受ける方法」は、本文の末尾あたりに出てきて、設問で問われることが頻発します。

問3．情報によると、どこに余ったコードを設置すべきですか？［直訳：余ったコードが設置されるべきですか？］
(A) 棒の中
(B) 棒の外
(C) 土台から
(D) ランプの土台の外　　　　　　　　　　　　　　　　　　　　正解（D）

本問では、bulbが本文のWarning（警告）の中にあります。「＊」「Note（注意）」「Warning（警告）」「Caution（注意）」「詳細情報」「追加情報」「割引や特典を受ける方法」は、本文の末尾あたりに出てきます。

Q4. According to the information, what is suggested about the bulb?
（末尾設問）
(A) Single watt bulbs are sure to cause a fire.
(B) You are advised to install the right bulbs.
(C) They recommend single bulbs.

(D) You need to check every bulb in case of a fire.

問4．この情報によると、電球についてわかることは何ですか？
(A) 単一電球は必ず火災を引き起こす。
(B) 正しい電球を設置するよう忠告している［直訳：忠告されている］。
(C) 単一電球を薦めている。
(D) 火災の場合に備えて、すべての電球をチェックする必要がある。　正解(B)

Q5. In which of the positions marked [1], [2], [3] and [4] does the following sentence best belong?
"Screw middle pole down onto pole."（全体設問）

問5．次の文章が入るのは、[1] [2] [3] [4] と示された、どの位置でしょうか。
「その棒に真ん中の棒をネジ回しで下向きに取りつけてください」

正解　(B)

英文和訳

解説を読み、気づいたことを書き出しましょう。

Questions 1-5 refer to the following information.（Q1(C)参照）

1 **Floor Lamp** （Q1(C)参照）

2 **Assembly** （Q1(C)参照）
  [1]
3 1 Remove lamp parts from box.
4 2 Remove plastic covering from lamp parts.
5 3 Place lamp base on a flat surface.
6 4 Screw bottom pole down onto base.
  [2]
7 5 Screw middle pole down onto pole.
8 6 Screw socket onto upper pole.
9 7 Place shade over socket section.

10 8 Screw socket ring onto socket section.

11 **Cleaning Instructions** （Q1(C)参照）

12 Do not use polishers or cleaners.（Q2(A)(D)参照）13 Wipe clean with a cloth. (Q2(B)参照)

[3]

14 **Important** （Q1(C)参照）

15 The excess cord in the pole should be pulled out from the base of the lamp. (Q3(D)参照)

[4]

16 **Warning** （Q1(C)参照）

17 If you install any single watt bulb in this lamp, there is a possibility of bulb malfunction leading to danger of fire. (Q4(A)(B)(C)参照)

18 We recommend that you visually check every bulb to ensure that you install the correct bulb type.（Q4(B)参照）

問1～5は、次の情報 (Q1(C)参照) に関するものです。

1 フロアランプ (Q1(C)参照)
2 組立て (Q1(C)参照)
 [1]
3 箱からランプの部品を取り出してください。
4 ランプの部品からビニールのカバーを取り外してください。
5 平らな床の上に土台を置いてください。
6 土台の上に下部の棒をネジ回しで下向きに取りつけてください［直訳：下部の棒をネジ回しで回し下げてください］。
 [2]
7 その棒に真ん中の棒をネジ回しで下向きに取りつけてください［直訳：真ん中の棒をネジ回しで回し下げてください］。
8 ソケットを上部の棒の上にネジ回しで取りつけます。
9 傘をソケット部分の上に置きます。
10 ソケット部分の上にソケットの輪をネジ回しで取りつけます。

11 掃除の説明 (Q1(C)参照)
12 磨き粉や洗剤を使わないでください。(Q2(A)(D)参照) 13 布できれいに拭い

てください。(Q2(B)参照)

[3]

14 重要 (Q1(C)参照)

15 棒の中の（長さが）余ったコードはランプの土台から引き出さねばなりません［直訳：ランプの土台から引き出されるべきです］。(Q3(D)参照)

[4]

16 警告 (Q1(C)参照)

17 もし、ランプの中に単一電球を設置すれば、火災の危険に至る電球の誤作動の可能性があります。(Q4(A)(B)(C)参照)

18 正しい電球を設置していることを、確実にするために、すべての電球を目で見てチェックすることを薦めます。(Q4(B)参照)

Words & Phrases

(動) 動詞　(名) 名詞　(形) 形容詞　(副) 副詞　(接) 接続詞　(前) 前置詞

floor[flɔ́:r]（名）床
lamp[lǽmp]（名）ランプ
assembly[əsémbli]（名）組立
remove[rimú:v]（動）～を取り除く
part[pá:rt]（名）部品
box[báks]（名）箱
plastic[plǽstik]（形）ビニールの・プラスチックの
covering[kʌ́vəriŋ]（名）覆い
base[béis]（名）土台
flat[flǽt]（形）平坦な
surface[sə́:rfəs]（名）表面
screw[skrú:]（動）～のネジを回す
bottom[bátəm]（形）底の
pole[póul]（名）棒
onto[ántə / ɔ́:ntə]（前）～の上に
middle[mídl]（形）真ん中の
socket[sákət]（名）ソケット
upper[ʌ́pər]（形）上の
shade[ʃéid]（名）（ランプの）傘

section[sékʃən]（名）部位
ring[ríŋ]（名）輪
clean[klí:n]（動）掃除する
instruction[instrʌ́kʃən]（名）取扱説明書・指示
polisher[páliʃər]（名）磨き用洗剤
cleaner[klí:nər]（名）洗剤
wipe[wáip]（動）～を拭く
cloth[klɔ́(:)θ]（名）布
note[nóut]（名）注目事項
excess[iksés]（形）余分な・過度の
cord[kɔ́:rd]（名）コード
should[ʃúd《強》ʃəd《弱》]（助動）～すべき
pull[púl]（動）～を引く
pull out　～を引っ張り出す
warning[wɔ́:rniŋ]（名）警告
install[instɔ́:l]（動）～を導入する
single[síŋgl]（形）1つの
watt[wát]（名）ワット

bulb[bʌlb]（名）電球
possibility[pàsəbíləti]（名）可能性
malfunction[mælfʌ́ŋkʃən]（名）機能不全
lead to ～　～に至る
danger[déin(d)ʒər]（名）危険
fire[fáiər]（名）火事
recommend[rèkəménd]（動）～を推薦する
visually[víʒuəli]（副）視覚的に
check[tʃék]（動）～を検査する
every[évri]（形）すべての
ensure[enʃúər]（動）～を確実にする
correct[kərékt]（形）正確な
type[táip]（名）型
advertisement[ædvərtáizmənt]（名）広告
electrical[iléktrikl]（形）電気の
appliance[əpláiəns]（名）器具
newspaper[njúːzpèipər]（名）新聞
home[hóum]（形）家庭の
improvement[imprúːvmənt]（名）改善
technique[tekníːk]（名）技術
manual[mǽnjuəl]（名）マニュアル・取扱説明書

report[ripɔ́ːrt]（名）報告
popular[pápjələr]（形）人気がある
brand[brǽnd]（名）ブランド
detergent[ditə́ːrdʒənt]（名）洗剤
advisable[ədváizəbl]（形）忠告できる
dry[drái]（形）乾燥している
polish[páliʃ]（動）～を磨く
need to V原形　Vする必要がある
place[pléis]（動）～を位置させる
outside[àutsáid]（前）～の外に（で）
out of ～　～から外に（で）
cause[kɔ́ːz]（動）～を引き起こす
advise[ədváiz]（動）～を忠告する
advise A to V原形　AにVするよう忠告する
A is advised to V原形　AはVすることを忠告される
in case of ～　～の場合に
position[pəzíʃən]（名）位置
mark[máːk]（動）～を示す・～に印をつける
following[fálouiŋ]（形）次の
sentence[séntəns]（名）文章
belong[bəlɔ́ːŋ]（動）属する・(物や人が)あるべきところにある

解答&解説　（音読用英文はp.331）

Q1. Where would the information most likely be found?（冒頭設問）
　　(A) In an advertisement for electrical appliances
　　(B) In a newspaper on home improvement techniques
　　(C) In an instruction manual
　　(D) In a report of popular electric brands

問1．この情報は、どこで見つかると思われますか？
(A) 電化製品の広告の中
(B) 家のリフォーム技術についての新聞の中
(C) 使用説明書の中
(D) 人気のある電気メーカーの報告書

正解　(C)
解説　(C) は1、2、11、14、16で推定可能です。(A) について、「広告」であれば、冒頭にadvertisementと書いてあります。(A)(D) は「ランプ」が電化製品であるので、electrical appliances（電器製品）、electric（電気の）という語句を使った、引っかけの選択肢です。(B) も「ランプ」が家庭で使われるので、home（家庭）を使った、引っかけの選択肢です。

Q2. According to the information, what is indicated about this lamp?
（全体設問）
　(A) When cleaning the lamp, you have to use some detergent.
　(B) It is advisable for you not to use a dry cloth to clean the lamp.
　(C) You shoud clean the polishing cloth before cleaning the lamp.
　(D) You need to wipe the lamp without polishers or cleaners.

問2．情報によると、このランプについて示されていることは何ですか？
(A) ランプを掃除するとき、なんらかの洗剤を使わなければなりません。
(B) ランプを掃除するために、乾いた布を使わないことをお薦めします。
(C) ランプを掃除する前に、磨く布をきれいにしなさい。
(D) 磨き粉や洗浄剤を使わずにランプを拭く必要があります。

正解　(D)
解説　(D) は12に一致。Do not　V原形（Vするな）は禁止事項です。禁止事項は設問になることが多いのです。
(A) は12と不一致。(B) は13と不一致。(C) は記述がありません。

Q3. According to the information, where should the excess cord be placed?（末尾設問）

(A) In the pole
(B) Outside the pole
(C) From the base
(D) Out of the base of the lamp

問3．情報によると、どこに余ったコードを設置すべきですか？［直訳：余ったコードが設置されるべきですか？］
(A) 棒の中
(B) 棒の外
(C) 土台から
(D) ランプの土台の外

正解　(D)
解説　(D)は15に一致。(A)(B)(C)は15に不一致。「＊」「Note（注意）」「Warning（警告）」「Caution（注意）」「詳細情報」「追加情報」「割引や特典を受ける方法」は、本文の末尾あたりに出てきて、設問で問われることが頻発します。

Q4. According to the information, what is suggested about the bulb?
（末尾設問）
(A) Single watt bulbs are sure to cause a fire.
(B) You are advised to install the right bulbs.
(C) They recommend single bulbs.
(D) You need to check every bulb in case of a fire.

問4．この情報によると、電球についてわかることは何ですか？
(A) 単一電球は必ず火災を引き起こす。
(B) 正しい電球を設置するよう忠告している[直訳：忠告されている]。
(C) 単一電球を薦めている。
(D) 火災の場合に備えて、すべての電球をチェックする必要がある。

正解　(B)
解説　(B)は18に一致。(A)について「必ず」火災を引き起こす、という記述はありません。(C)は17と不一致。(D)は記述がありません。「＊」「Note（注意）」「Warning（警告）」「Caution（注意）」「詳細情報」「追加情報」「割引や特典を受ける方法」は、本文の末尾あたりに出てきて、設問で問われることが

77

頻発します。

Q5. In which of the positions marked [1], [2], [3] and [4] does the following sentence best belong?
"Screw middle pole down onto pole."（全体設問）

問5．次の文章が入るのは、［1］［2］［3］［4］と示された、どの位置でしょうか［直訳：［1］［2］［3］［4］と示されたどの位置に、次の文章が一番あるべきところにありますか］。
「その棒に真ん中の棒をネジ回しで下向きに取りつけてください」
正解　（B）
解説　文挿入問題です。文挿入問題は「全体設問」です。正解を出すのに［1］〜［4］と示された広範囲を読む必要があります。まずは、投入する文"Screw middle pole down onto pole."の和訳を把握し、投入する文の中で使われている語句の同一語や同義語が、［1］〜［4］と示された文章のあたりに存在しないかを確認しましょう。
「投入すべき文の、この和訳なら、常識的にここに入るに違いない」という常識的な感覚も大切です。TOEIC600点を超えることを目指すなら、解答に時間がかかるようであれば、確実に短時間で解ける設問に時間を回して、文挿入問題は、潔く「捨てる」ほうが得策です。
この設問は、「その棒に真ん中の棒をネジ回しで下向きに取りつけてください」が、投入する文の和訳です。ネジ回しで取りつける、という作業は、組み立て（Assembly）に含まれます。ここで、［1］［2］に限定することができます。"screw"の同一語、"middle"と関連の深い "bottom"、"upper"という語句が［2］の前後にあることから、（B）と断定します。

不正解の設問について「なぜ不正解か」原因を追究して、書き出しましたか？

えっ……。あっ、自分でわかっていたら、いいのかな、と思って書き出してないよ。

あら、必ず書き出してくださいね。

「自分で気づいたことや、不正解の原因を追究したことノート」が自分専用の参考書になるのでございますよ。

さすが、カチカチさん。

わかったよ〜。

そして、この本の**STEP7の復習の音読**もやってくださいね。

は〜い。

22ページの『TOEICテストPART7を解くポイント』を確認して、タイマーとマークシート用のエンピツを出してね。

CD1-16 **CD2-16** 制限時間 **10**分

Questions1-5 refer to the following notice.

Fenway High School
Memorandum

From: Bruce Allen
Saturday, May 23,

Trash Dumpster

79

Students,

Today when Jack, a school janitor, was to empty the trash dumpster two of the wheels broke making it impossible for him to move the dumpster back inside. The dumpster is located in front of the cooling tower and will be there until Tuesday at which time he will make the repairs to the wheels.

When placing your trash inside the dumpster, please make sure that it ends up inside the dumpster and not on the ground around the dumpster.

Thanking everyone for their full cooperation in this matter.

Bruce Allen

Q1. What is the subject of this notice?
    (A) How to make dumpsters
    (B) Recently renovated school grounds
    (C) The way you throw away trash
    (D) The cooling system the school installed

Q2. Who most likely is Mr. Allen?
    (A) A teacher
    (B) A landlord
    (C) A mechanic
    (D) A customer

Q3. Who most likely is Jack?
    (A) A man who takes care of school facilities
    (B) A man who informs students of repair dates
    (C) A man who builds trash dumpsters
    (D) A man who supervises Mr. Allen

Q4. What will happen on Tuesday?

(A) Jack will empty the trash dumpster.
(B) Bruce will repair the wheels.
(C) The trash dumpster will be placed inside the cooling tower.
(D) Jack will mend the trash dumpster.

Q5. What is indicated about the dumpster?
　　(A) The dumpster is inside of the cooling tower.
　　(B) The dumpster is being repaired.
　　(C) The dumpster has only two wheels.
　　(D) Everyone cooperates to set up a cooling tower.

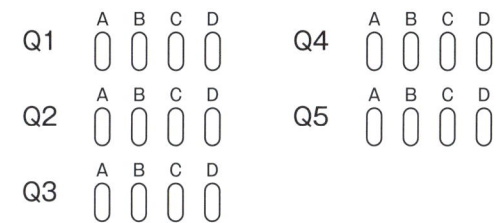

	A	B	C	D		A	B	C	D
Q1	○	○	○	○	Q4	○	○	○	○
Q2	○	○	○	○	Q5	○	○	○	○
Q3	○	○	○	○					

45ページの「TOEICテストPART7点数UPのための練習手順」を繰り返してね。

「冒頭設問」と「末尾設問」の解説

解説を読み気づいたことを書き出しましょう
　　　　　―冒頭設問の解説部分　　　　　―末尾設問の解説部分

Questions1-5 refer to the following notice.

Fenway High School
Memorandum

From: Bruce Allen
Saturday, May 23,

Trash Dumpster (Q1(C)参照)

> 「見出し」「太字」を見ると、Q1で問われる主題を推定することが可能です。

Students, (Q2(A)参照)

Today when Jack, a school janitor, (Q3(A)参照) was to empty the trash dumpster two of the wheels broke (Q5(C)参照) making it impossible for him to move the dumpster back inside. (Q3(A)参照) The dumpster is located in front of the cooling tower and will be there until Tuesday at which time he will make the repairs to the wheels. (Q3(A)、Q4(D)、Q5(B)参照)

When placing your trash inside the dumpster, please make sure that it ends up inside the dumpster and not on the ground around the dumpster. (Q1(C)参照)

Thanking everyone for their full cooperation in this matter.

Bruce Allen

> 第1設問で、「お知らせ」の主旨や内容が聞かれている場合、見出しや冒頭に正解のヒントがないかな？と見てみましょう。

Q1. What is the subject of this notice? （冒頭設問）
   (A) How to make dumpsters
   (B) Recently renovated school grounds
   (C) The way you throw away trash
   (D) The cooling system the school installed

> 本文のplace your trashが、throw awayに換言されています。このように、正解の選択肢は本文の換言である場合が頻発します。

問1．このお知らせの主題は何ですか。
(A) ゴミ箱を作る方法
(B) 最近改築された学校の運動場

(C) ゴミを捨てる方法
(D) 学校が導入した冷却システム　　　　　　　　　　　　正解　(C)

Q2. Who most likely is Mr. Allen?（全体設問）

問２．アレンさんはおそらく誰だと思われますか。

正解　(A) A teacher
　　　　先生

Q3. Who most likely is Jack?（部分設問）

問３．ジャックはおそらく誰だと思われますか。

正解　(A) A man who takes care of school facilities
　　　　学校の設備の世話をする人

Q4. What will happen on Tuesday?（部分設問）

問４．火曜日に何がありますか。

正解　(D) Jack will mend the trash dumpster.
　　　　ジャックがゴミ箱の修理をするでしょう。

Q5. What is indicated about the dumpster?（全体設問）

問５．ゴミ箱について何が示されていますか。

正解　(B) The dumpster is being repaired.
　　　　ゴミ箱は修理されつつあります。

英文和訳

Questions1-5 refer to the following notice.

₁Fenway High School (Q2(A)参照)

₂Memorandum

₃From: Bruce Allen
Saturday, May 23,
₄ **Trash Dumpster** (Q1(C)参照)

₅Students, (Q2(A)参照)
₆Today when Jack, a school janitor(Q3(A)参照), was to empty the trash dumpster two of the wheels broke(Q5(C)参照) making it impossible for him to move the dumpster back inside. (Q3(A)参照) ₇The dumpster is located in front of the cooling tower and will be there until Tuesday at which time he will make the repairs to the wheels. (Q3(A)参照) (Q4(D)参照) (Q5(B)参照)
₈When placing your trash inside the dumpster, please make sure that it ends up inside the dumpster and not on the ground around the dumpster. (Q1(C)参照)
₉Thanking everyone for their full cooperation in this matter.
Bruce Allen

問1~5は、次のお知らせに関するものです。
1 フェンウェイ高校(Q2(A)参照)
2 連絡票
3 ブルース・アレンから
5月23日土曜日
4 (題目) ゴミ入れ(Q1(C)参照)
5 学生の皆さん(Q2(A)参照)
6 本日、学校の管理人のジャックが(Q3(A)参照)、ゴミ箱を空にしようとしたとき、(ゴミ箱の) 車輪のうちの2つが壊れており(Q5(C)参照)、彼がゴミ箱を中に戻すことができませんでした [直訳：ジャックがゴミ箱を中に戻すことを不可能にさせた]。(Q3(A)参照) 7 ゴミ箱は冷却塔の正面に位置しており、火曜日までそこにあり、その日にジャックは車輪を修理する予定です。(Q3(A)参照)(Q4(D)参照)(Q5(B)参照)
8 ゴミ箱の中にゴミを入れるとき、そのゴミが、ゴミ箱の周りの地面でなく、ゴミ箱の中にきちんと入っている [直訳：そのゴミが最後はゴミ箱に落ち着いている] ことを確かめてください。(Q1(C)参照)
9 このことについて、皆さんが十分に協力してくださることに感謝いたします。
ブルース・アレン

Words & Phrases

（動）動詞　（名）名詞　（形）形容詞　（副）副詞　（接）接続詞　（前）前置詞

high school[hái skù:l]（名）中学・高校
memorandum[mèmərǽndəm]（名）連絡票・回覧状・メモ
Saturday[sǽtərdèi]（名）土曜日
May[méi]（名）5月
trash[trǽʃ]（名）ゴミ
dumpster[dʌ́mpstər]（名）大型ゴミ収容器
school janitor　学校の管理人
empty[émpti]（動）～を空にする
wheel[hwí:l]（名）車輪
in front of ～　～の正面に
repair[ripέər]（名）修理
place[pléis]（動）～を置く
inside[insáid]（前）～の中に
make sure ～　～を確実にする
end up ～　最後は～に落ち着く
full[fúl]（形）完全な・十分な
cooperation[kouɑ̀pəréiʃən]（名）協力
matter[mǽtər]（名）事・物

inform[infɔ́:rm]（動）～を知らせる
how to V原形　Vする方法
recently[rí:sntli]（副）最近
renovate[rénəvèit]（動）～を改装する・改築する
school ground　学校の運動場
cooling system　冷却システム
install[instɔ́:l]（動）～を導入する
landlord[lǽn(d)lɔ̀:rd]（名）家主
mechanic[məkǽnik]（名）機械工
customer[kʌ́stəmər]（名）顧客
indicate[índikèit]（動）～を示す
most likely　おそらく
take care of ～　～の世話をする
inform A of B　AにBを知らせる
build[bíld]（動）～を建設する
supervise[sú:pərvàiz]（動）～を監督する
happen[hǽpn]（動）起こる
Tuesday[tjú:zdei]（名）火曜日
mend[ménd]（動）～を修理する

解答＆解説　（音読用英文はp.333）

Q1. What is the subject of this notice?（冒頭設問）
(A) How to make dumpsters
(B) Recently renovated school ground
(C) The way you throw away trash
(D) The cooling system the school installed

問1．このお知らせの主題は何ですか。
(A) ゴミ箱を作る方法

(B) 最近改築された学校の運動場
(C) ゴミを捨てる方法
(D) 学校が導入した冷却システム

正解　（C）
解説　（C）は4、8に一致。（A）（B）（D）は本文の単語を入れた引っかけの選択肢。「見出し」「太字」を見ると、Q1で問われる主題を推定することが可能です。第1設問で、「お知らせ」の主旨や内容が聞かれている場合、見出しや冒頭に正解のヒントがないかな？と見てみましょう。
本文のplace your trashが、throw awayに換言されています。このように、正解の選択肢は本文の換言である場合が頻発します。

Q2. Who most likely is Mr. Allen?（全体設問）
　　　(A) A teacher
　　　(B) A landlord
　　　(C) A mechanic
　　　(D) A customer

問2．アレンさんはおそらく誰だと思われますか。
(A) 先生
(B) 家主
(C) 機械工
(D) 顧客

正解　（A）
解説　1、5、6、にschool（学校）、student（学生）の記述があるのと、本文の内容から（B）（C）（D）は不一致。

Q3. Who most likely is Jack?（部分設問）
　　　(A) A man who takes care of school facilities
　　　(B) A man who informs students of repair dates
　　　(C) A man who builds trash dumpsters
　　　(D) A man who supervises Mr. Allen

問3．ジャックはおそらく誰だと思われますか。

(A) 学校の設備の世話をする人
(B) 生徒に修理の日を知らせる人
(C) ゴミ箱を作る人
(D) アレンさんの監督をする人

正解　(A)
解説　(A) は6、7に一致。empty the trash dumpster（ゴミ箱を空にする）、he will make the repairs to the wheels（彼は車輪を修理する）(B) (C) (D) の記述はありません。

Q4. What will happen on Tuesday?（部分設問）
(A) Jack will empty the trash dumpster.
(B) Bruce will repair the wheels.
(C) The trash dumpster will be placed inside the cooling tower.
(D) Jack will mend the trash dumpster.

問4．火曜日に何がありますか。
(A) ジャックがゴミ箱を空にします。
(B) ブルースが車輪を修理します。
(C) ゴミ箱が冷却室の中に入るでしょう。
(D) ジャックがゴミ箱の修理をするでしょう。

正解　(D)
解説　(D) は7に一致。(A) について、火曜日にするとは書いていません。(B) (C) は記述がありません。

Q5. What is indicated about the dumpster?（全体設問）
(A) The dumpster is inside of the cooling tower.
(B) The dumpster is being repaired.
(C) The dumpster has only two wheels.
(D) Everyone cooperates to set up a cooling tower.

問5．ゴミ箱について何が示されていますか。
(A) ゴミ箱は冷却塔の中にあります。
(B) ゴミ箱は修理されつつあります。

(C) ゴミ箱は2つの車輪だけがついています。
(D) 冷却塔を設置するために全員が協力します。

正解　(B)
解説　(B) は7に一致。(A) (D) は記述がありません。(C) は6にtwo of the wheels（車輪のうちの2つ）と書いてあるので、車輪は3つ以上あります。

22ページの『TOEICテストPART7を解くポイント』を確認して、タイマーとマークシート用のエンピツを出してね。

CD1-17　CD2-17
制限時間 10分

Questions 1-5 refer to the following webpage.

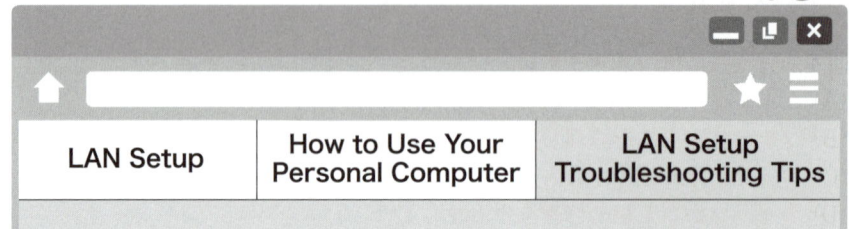

| LAN Setup | How to Use Your Personal Computer | LAN Setup Troubleshooting Tips |

Your Personal Computer LAN Setup Troubleshooting Tips
[1]
Forgot or Do not Know the Access Point Network name?
・Check the access point settings.
　(For more details on how to check the access point settings, please refer to the manual supplied with the access point or contact its manufacturer.)

The machine is not detected after the Network Environment changed?
・Wait until the IP address is assigned to the computer. Or restart your computer.
　(The IP address is a numerical identification for each device.)
[2]
Error Message "LANZO" is displayed?
・Wait for a while then restart setup.

[3]
Visit www.canada.mitsu.com/settinghelp
Step-by-step instructions are available. You can also call 099-2274-5858
[4]

Q1. Why do customers access this website?
  (A) To purchase some electric materials
  (B) To get discounted admission
  (C) To request information to be used in a conference
  (D) To learn some information about computers

Q2. What is the purpose of this information?
  (A) To announce the development of a new product
  (B) To introduce a new kitchen appliance
  (C) To introduce LAN
  (D) To solve problems

Q3. Where most likely can LANZO messages be found?
  (A) In a copy of the contract
  (B) In the invoice number
  (C) On the computer screen
  (D) In the delivery schedule

Q4. According to the information, how would the Access Point Network name be found?
  (A) Look it up in a dictionary
  (B) Request an additional copy
  (C) Read the operating manual
  (D) Refer to an autographed book

Q5. In which of the positions marked [1], [2], [3] and [4] does the following sentence best belong?
  "Need help setting up your computer?"
  (A) [1]
  (B) [2]

(C) [3]
(D) [4]

	A	B	C	D		A	B	C	D
Q1	○	○	○	○	Q4	○	○	○	○
Q2	○	○	○	○	Q5	○	○	○	○
Q3	○	○	○	○					

> 45ページの「TOEICテストPART7点数UPのための練習手順」を繰り返してね。

「冒頭設問」と「末尾設問」の解説

解説を読み、気づいたことを書き出しましょう。

　　　■―冒頭設問の解説部分　　■―末尾設問の解説部分

> 第1設問でウェブページの「目的」「理由」が問われる場合、ウェブページ冒頭に正解のヒントを探します。
> Q2でも「目的」が問われているので、冒頭に正解のヒントを探します。

Questions 1-5 refer to the following webpage.

LAN Setup	How to Use Your Personal Computer	LAN Setup Troubleshooting Tips

Your Personal Computer LAN Setup Troubleshooting Tips
(Q2(D)参照)

Forgot or Do not Know the Access Point Network name?
・Check the access point settings.
　(For more details on how to check the access point settings, please refer to the manual supplied with the access point or contact its manufacturer.) (Q4(C)参照)

The machine is not detected after the Network Environment changed?

・Wait until the IP address is assigned to the computer. Or restart your computer.
　(The IP address is a numerical identification for each device.)

Error Message "LANZO" is displayed? (Q3(C)参照)
・Wait for a while then restart setup.

Need help setting up your computer?
Visit www.canada.mitsu.com/settinghelp
Step-by-step instructions are available. You can also call 099-2274-5858

> 第1設問でウェブページの「目的」「理由」が問われる場合、ウェブページ冒頭に正解のヒントを探します。

Q1. Why do customers access this website?（冒頭設問）
　　(A) To purchase some electric materials
　　(B) To get discounted admission
　　(C) To request information to be used in a conference
　　(D) To learn some information about computers

問1. どうして顧客はこのウェブサイトに接続するのですか。
(A) 電気製品を購入するため
(B) 入場料の割引を得るため
(C) 会議で使える情報を求めるため
(D) コンピューターについての情報を知るため　　　　　正解（D）

> 第1設問ではありませんが、「目的」「理由」が問われているので、冒頭に正解のヒントを探します。

Q2. What is the purpose of this information?（冒頭設問）
　　(A) To announce the development of a new product
　　(B) To introduce a new kitchen appliance

(C) To introduce LAN
(D) To solve problems

問2．この情報の目的は何ですか。
(A) 新製品の開発について知らせること
(B) 新しい台所用品を紹介すること
(C) 無線LANを紹介すること
(D) 問題を解決すること　　　　　　　　　　　　　　　　　正解　(D)

Q3. Where most likely can LANZO messages be found?（部分設問）

問3．LANZOのメッセージはどこで見つかると思われますか。

正解　(C) On the computer screen
　　　　コンピューターの画面上で

Q4. According to the information, how would the Access Point Network name be found?（部分設問）

問4．情報によると、アクセスポイントネットワークの名前は、どのように見つけられますか。

正解　(C) Read the operating manual
　　　　説明書を読む

Q5. In which of the positions marked [1], [2], [3] and [4] does the following sentence best belong?
"Need help setting up your computer?"（全体設問）

問5．次の文章が入るのは、[1] [2] [3] [4] と示された、どの位置でしょうか。
「コンピューターを設定する手助けが必要ですか」　　　　　　　　正解　(C)

英文和訳

Questions 1-5 refer to the following webpage.

1 LAN Setup	2 How to Use Your Personal Computer	3 LAN Setup Troubleshooting Tips (Q2(D)参照)

4 **Your Personal Computer LAN Setup Troubleshooting Tips**

5 **Forgot or Do not Know the Access Point Network name?**
6 ・Check the access point settings.
 (7 For more details on how to check the access point settings, please refer to the manual supplied with the access point or contact its manufacturer. (Q4(C)参照))

8 **The machine is not detected after the Network Environment changed?**
・9 Wait until the IP address is assigned to the computer. 10 Or restart your computer.
 (11 The IP address is a numerical identification for each device.
12 **Error Message "LANZO" is displayed?** (Q3(C)参照)
・13 Wait for a while then restart setup.

14 Need help setting up your computer?
Visit www.canada.mitsu.com/settinghelp
Step-by-step instructions are available. You can also call 099-2274-5858

問1〜5は、次のウェブページに関するものです。

1 無線LANの設定	2 パソコンの使い方	3 無線LAN設定トラブル解決作業のヒント (Q2(D)参照)

4 あなたのパソコンの無線LAN設定トラブル解決作業のヒント

5 アクセスポイントネットワークの名前を忘れたか知らないのではありませんか。
6 ・アクセスポイントの設定をチェックしてください。
7 (アクセスポイントの設定をチェックする方法に関するさらなる詳細については、アクセスポイントに関して提供されているマニュアルを参照するか、そのメーカーに連絡を取ってください。(Q4(C)参照))

8 ネットワーク環境が変わったあと、機器が検波されませんか。
9 ・IPアドレスがコンピューターに割り当てられるまで待ってください。
10 あるいは、コンピューターを再起動させてください。
11 （IPアドレスとはそれぞれの機器に対する数字の識別（番号）です。）
12 エラーメッセージ「LANZO」が表示されましたか。(Q3(C)参照)
13 ・しばらく待って、それから設定を再開してください。

14 コンピューターを設定する手助けが必要ですか。
www.canada.mitsu.com/settinghelp を訪問してください。
段階的な使用説明が可能です。099-2274-5858への電話も可能です。

Words & Phrases

（動）動詞　（名）名詞　（形）形容詞　（副）副詞　（接）接続詞　（前）前置詞

webpage[wébpèidʒ]（名）ウェブページ
set up　設定する
setup[sétʌp]（名）設定
how to V原形　Vする方法
troubleshooting[trʌ́blʃùːtiŋ]（名）トラブル解決法
tip[típ]（名）ヒント・助言
personal computer　パソコン
forgot　forgetの過去形
forget[fərgét]（動）～を忘れる
know[nóu]（動）～を知る
check[tʃék]（動）～を検査する
detail[ditéil]（名）詳細
refer to ～　～を参照する
manual[mǽnjuəl]（形）手動の
supply[səplái]（動）～を供給する
contact[kántækt]（動）～と連絡を取る

manufacturer[mæ̀njəfǽktʃərər]（名）製造業者
machine[məʃíːn]（名）機械
detect[ditékt]（動）～を探知する・検波する
change[tʃéin(d)ʒ]（動）～を変える
wait[wéit]（動）待つ
until[əntíl / ʌntíl]（接）～までずっと
assign[əsáin]（動）～を割り当てる
restart[rìstáːrt]（動）～を再始動させる
numerical[njuːmérikl]（形）数に関する・数で表す
each[íːtʃ]（形）各々の
device[diváis]（名）装置
error[érər]（名）間違い・エラー
display[displéi]（動）～を陳列する・表示する

wait for 〜　〜を待つ
need [níːd]（動）〜を必要とする
visit[vízət]（動）〜を訪問する
step-by-step　段階的に
instruction[instrʌ́kʃən]（名）説明
available[əvéiləbl]（形）入手できる
customer[kʌ́stəmər]（名）顧客
access[ǽkses]（動）〜に近づく
purchase[pə́ːrtʃəs]（動）〜を購入する
electric[iléktrik]（形）電気の
material[mətíəriəl]（名）物・事
discount[diskáunt]（動）〜を割引する
admission[ədmíʃən]（名）入場料
request[rikwést]（動）〜を要求する
information[ìnfərméiʃən]（名）情報
conference[kánfərəns]（名）会議
purpose[pə́ːrpəs]（名）目的
announce[ənáuns]（動）〜を発表する
product[prádəkt]（名）製品
development[divéləpmənt]（名）開発

introduce[-djúːs]（名）〜を紹介する
kitchen appliance　台所用品
introduce[ìntrədjúːs]（動）〜を導入する
solve[sálv]（動）〜を解決する
copy[kápi]（名）（本などの）一部
contract[kántrækt]（名）契約書
invoice [ínvɔis]（名）請求書
schedule[skédʒuːl]（名）スケジュール
delivery[dilívəri]（名）配達
according to 〜　〜によると
look up　〜を調べる
additional[ədíʃənl]（形）追加の
operating manual　説明書
refer to 〜　〜を参照する
autograph[ɔ́ːtəgræf]（動）〜にサインする
indicate[índikèit]（動）〜を示す
provide[prəváid]（動）〜を提供する
set up 〜　〜を設定する

解答&解説　（音読用英文はp.334）

Q1. Why do customers access this website?（冒頭設問）
　　(A) To purchase some electric materials
　　(B) To get discounted admission
　　(C) To request information to be used in a conference
　　(D) To learn some information about computers

問1．どうして顧客はこのウェブサイトに接続するのですか。
(A) 電気製品を購入するため
(B) 入場料の割引を得るため
(C) 会議で使える情報を求めるため
(D) コンピューターについての情報を知るため

正解　(D)

解説　英文の内容はすべてコンピューターに関するものなので、(D) に一致。(A) (B) (C) は記述がありません。第1設問でウェブページの「目的」「理由」が問われる場合、ウェブページ冒頭に正解のヒントを探します。

Q2. What is the purpose of this information?（冒頭設問）
　　(A) To announce the development of a new product
　　(B) To introduce a new kitchen appliance
　　(C) To introduce LAN
　　(D) To solve problems

問２．この情報の目的は何ですか。
(A) 新製品の開発について知らせること
(B) 新しい台所用品を紹介すること
(C) LANを導入すること
(D) 問題を解決すること

正解　(D)

解説　開いているコンピューターのウェブページは、3のtroubleshooting（トラブル解決作業）なので (D) に一致。(A) (B) は記述にありません。(C) について、ウェブページは、LANについて書かれていますが、LANを導入することが目的ではありません。第1設問ではありませんが、「目的」「理由」が問われているので、冒頭に正解のヒントを探します。

Q3. Where most likely can LANZO messages be found?（部分設問）
　　(A) In a copy of the contract
　　(B) In the invoice number
　　(C) On the computer screen
　　(D) In the delivery schedule

問３．LANZOのメッセージはどこで見つかると思われますか。
(A) 契約書の一部で
(B) 請求書番号の中で
(C) コンピューターの画面上で
(D) 配達スケジュールの中で

正解　(C)

解説　(A)(B)(D)の記述がなく、12でdisplayed（表示される）とあり、本文全体の内容がコンピューターに関することなので(C)に一致。

Q4. According to the information, how would the Access Point Network name be found?（部分設問）
　　(A) Look it up in a dictionary
　　(B) Request an additional copy
　　(C) Read the operating manual
　　(D) Refer to an autographed book

問４．情報によると、アクセスポイントネットワークの名前は、どのように見つけられますか。
(A) 辞書で調べる
(B) 追加の一部を要求する
(C) 説明書を読む
(D) サイン入りの本を参照する
正解　(C)
解説　(C)は7に一致。(A)(B)(D)は記述がありません。

Q5. In which of the positions marked [1], [2], [3] and [4] does the following sentence best belong?
　　"Need help setting up your computer?"（全体設問）

問５．次の文章が入るのは、[1][2][3][4]と示された、どの位置でしょうか。
「コンピューターを設定する手助けが必要ですか
正解　(C)
解説　文挿入問題は「全体設問」です。解答には時間がかかります。[1]の前文4と後文5、[2]の前文11と後文12、は「手助けが必要ですか？」という「問い」に呼応しません。「コンピューターを設定する手助けが必要ですか」と問われたあと、手助けができるサイトや電話番号が掲載されている14が、この「問い」に呼応します。[4]に入れても「問い」に対する答えがあとにこないので、不自然です。自然に問いの答えがくる文章にするには、[3]が適切です。文挿入する文の"setting up"の同一語が14にあることも、正解を導くヒントです。

97

22ページの『TOEICテストPART7を解くポイント』を確認して、タイマーとマークシート用のエンピツを出してね。

Questions 1-5 refer to the following sign.

Wishart Port Sightseeing Boat

Schedule & Rates

Departing from Wishart Central Port, Coventry

Period	Weekdays	Weekends
Mar 3-Mar 31	8:00AM	8:00AM 2:00PM
Apr 1-June 30	10:00AM	10:00AM 2:00PM
July 1-Aug 31	8:00AM 10:00AM	8:00AM 10:00AM 2:00PM
Sep 1-Nov 30	8:00AM	2:00PM

Summer Holiday Schedule:
And also on Bank Holidays and National Labor Day
8:00AM, 10:00AM, 11:00AM, 1:00PM, 2:00PM

Winter Holiday Schedule:
10:00AM, 2:00PM

General Admission

	Price
Adults	$50
Seniors	$25
Students	$30

Children ages 3-11	$20
Children Under 3	$15
Family Pack (4 people)	$130
Group (6 people)	$165

*Students must show their ID to get the discount.
At the ticket counter, please present your identification with proof of age.

*An additional $2 fee applies to lockers.
Full refunds are available for reservations canceled or changed 20 minutes before the departure time.

Q1. For whom is this sign most likely intended?
    (A) Someone purchasing an auditorium ticket
    (B) Outdoor enthusiasts looking for outdoor equipment
    (C) Passengers going out to sea
    (D) Employers working at Wishart Port

Q2. What is indicated about the schedule?
    (A) The boat will depart at 10:00 AM on Friday, November 17
    (B) The boat will depart at 10:00 AM on Thursday, October 30
    (C) The boat will depart at 10:00 AM on National Labor Day
    (D) The boat will depart at 8:00 AM on Monday, February 27

Q3. What is stated about individual admission?
    (A) High School kids will pay $25.
    (B) It's free of charge for someone aged 80.
    (C) Adults can bring babies and babies are charged.
    (D) Infants aged 2 can board for free.

Q4. What do students need to do to get the discount?
    (A) Present identification
    (B) Show a coupon
    (C) Refund payment
    (D) Make a reservation

Q5. According to the sign, why would an extra fee be charged?
　　(A) To give a refund
　　(B) To use a locker
　　(C) To cancel your reservation one day before
　　(D) To change your schedule 2 hours prior to the departure

	A	B	C	D		A	B	C	D
Q1	○	○	○	○	Q4	○	○	○	○
Q2	○	○	○	○	Q5	○	○	○	○
Q3	○	○	○	○					

> 45ページの「TOEICテストPART7点数UPのための練習手順」を繰り返してね。

「冒頭設問」と「末尾設問」の解説

解説を読み、気づいたことを書き出しましょう。
　　■—冒頭設問の解説部分　　■—末尾設問の解説部分

Question 1-5 refer to the following sign.

Wishart Port Sightseeing Boat (Q1(C)参照)

> Sign（看板）、Notice（お知らせ）、では、見出しに、その主旨がある場合が頻発します。

Schedule & Rates
Departing from Wishart Central Port, Coventry

Period	Weekdays	Weekends
Mar 3-Mar 31	8:00AM	8:00AM 2:00PM
Apr 1-June 30	10:00AM	10:00AM 2:00PM

100

July 1-Aug 31	8:00AM	8:00AM
	10:00AM	10:00AM
		2:00PM
Sep 1-Nov 30	8:00AM	2:00PM

Summer Holiday Schedule:
And also on Bank Holidays and National Labor Day
8:00AM, 10:00AM, 11:00AM, 1:00PM, 2:00PM

Winter Holiday Schedule:
10:00AM, 2:00PM

General Admission

	Price
Adults	$50
Seniors (Q3(B)参照)	$25 (Q3(B)参照)
Students (Q3(A)参照)	$30 (Q3(A)参照)
Children ages 3-11	$20
Children Under 3	$15
Family Pack (4 people)	$130
Group (6 people)	$165

*Students must show their ID to get the discount. (Q4(A)参照)
At the ticket counter, please present your identification with proof of age.

*An additional $2 fee applies to lockers. (Q5(B)参照)
Full refunds are available for reservations canceled or changed 20 minutes before the departure time.

> Sign（看板）、Notice（お知らせ）、では、見出しに、その主旨がある場合が頻発します。

> ①「問い合わせ先」「登録先」「チケット購入方法」
> ②「＊」「Note（注意）」「Warning（警告）」「Caution（注意）」「詳細情報」「追加情報」「割引や特典を受ける方法」は、本文の末尾あたりに出てきます。

Q1. For whom is this sign most likely intended?（冒頭設問）
　　(A) Someone purchasing an auditorium ticket
　　(B) Outdoor enthusiasts looking for outdoor equipment

101

(C) Passengers going out to sea
(D) Employers working at Wishart Port

> 本文のboat（船）、port（港）、という語句が、選択肢ではgoing out to sea（海に出ていく）に換言されています。

問1．この看板は誰に向けられたものと思われますか。
(A) 水族館のチケットを買う人
(B) アウトドア用品を探すアウトドア好きな人
(C) 海上に出る乗客
(D) ウィシャート港の従業員 　　　　　　　　　　　　　正解（C）

Q2. What is indicated about the schedule?（部分設問）

問2．スケジュールについて何が示されていますか。

正解　(C) The boat will depart at 10:00 AM on National Labor Day
　　　　　国民勤労の日の午前10時に出発

Q3. What is stated about individual admission? （部分設問）

問3．個々の入場料について言われていることは何ですか？

正解　(C) Adults can bring babies and babies are charged.
　　　　　大人は乳児を連れて来てもよく、乳児は料金がかかります。

Q4. What do students need to do to get the discount?（末尾設問）
　　 (A) Present identification
　　 (B) Show a coupon
　　 (C) Refund payment
　　 (D) Make a reservation

問4．割引を受けるのに学生は何が必要ですか。
(A) 身分証明書を提示しなければならない
(B) クーポンを提示しなければならない
(C) 支払を払い戻さなければならない

(D) 予約をしなければならない　　　　　　　　　　　　　　　正解（A）

> an extra fee（追加料金）、は、本文の「*」の右側の文中にあります。
> 「*」「Note（注意）」「Warning（警告）」「Caution（注意）」「詳細情報」「追加情報」「割引や特典を受ける方法」は、本文の末尾あたりに出てきます。

Q5. According to the sign, why would an extra fee be charged?（末尾設問）
　　(A) To give a refund
　　(B) To use a locker
　　(C) To cancel your reservation one day before
　　(D) To change your schedule 2 hours prior to the departure

問5．看板によると、なぜ余分な料金がかかりますか。
(A) 相手に払い戻しをするため
(B) ロッカーを使用するため
(C) 1日前に予約をキャンセルするため
(D) 2時間前に予約を変更するため　　　　　　　　　　　　　正解（B）

英文和訳

Question 1-5 refer to the following sign.

1 **Wishart Port Sightseeing Boat** (Q1(C)参照)

Schedule & Rates

2 **Departing from Wishart Central Port, Coventry** (Q1(C)参照)

3 Period	4 Weekdays	5 Weekends
6 Mar 3-Mar 31	8:00AM	8:00AM 2:00PM
7 Apr 1-June 30	10:00AM	10:00AM 2:00PM
8 July 1-Aug 31	8:00AM 10:00AM	8:00AM 10:00AM 2:00PM
9 Sep 1-Nov 30 (Q2(A)(B)参照)	8:00AM	2:00PM

103

10 Summer Holiday Schedule:
11 And also on Bank Holidays and National Labor Day (Q2(C)参照)
8:00AM, 10:00AM, 11:00AM, 1:00PM, 2:00PM

12 Winter Holiday Schedule:
10:00AM, 2:00PM

13 General Admission

	14 Price
15 Adults	$50
16 Seniors (Q3(B)参照)	$25 (Q3(B)参照)
17 Students (Q3(A)参照)	$30 (Q3(A)参照)
18 Children ages 3-11	$20
19 Children Under 3 (Q3(C)(D)参照)	$15 (Q3(C)(D)参照)
20 Family Pack (4 people)	$130
21 Group (6 people)	$165

22 ＊Students must show their ID to get the discount. (Q4(A)参照)
23 At the ticket counter, please present your identification with proof of age.
24 An additional $2 fee applies to lockers. (Q5(B)参照)
25 Full refunds are available for reservations canceled or changed 20 minutes before the departure time.
(Q5(C)(D)参照)

問1～5は、次の看板に関するものです。

1 ウィシャート港　観光ボート (Q1(C)参照)
スケジュールと料金

2 コヴェントリー、ウィシャート中央港を出発 (Q1(C)参照)

3 期間	4 平日	5 週末
6 3月3日～3月31日	8:00AM	8:00AM 2:00PM

7 4月1日～6月30日	10:00AM	10:00AM
		2:00PM
8 7月1日～8月31日	8:00AM	8:00AM
	10:00AM	10:00AM
		2:00PM
9 9月1日～11月30日 (Q2(A)(B)参照)	8:00AM	2:00PM

10 夏休みのスケジュール:
11 そして、バンクホリデーと国民勤労の日も、(Q2(C)参照) 8:00AM, 10:00AM, 11:00AM, 1:00PM, 2:00PM (Q2(C)参照)

12 冬休みのスケジュール:
10:00AM, 2:00PM

13 自由席料金

	14 価格
15 大人	$50
16 シニア (Q3(B)参照)	$25 (Q3(B)参照)
17 学生 (Q3(A)参照)	$30 (Q3(A)参照)
18 3歳～11歳の子供	$20
19 3歳未満の子供 (Q3(C)(D)参照)	$15 (Q3(C)(D)参照)
20 家族パック（4人）	$130
21 団体（6人）	$165

22 *学生：割引を得るためには身分証明書を提示しなければなりません。(Q4(A)参照)
23 券売所では、年齢を証明する身分証明書を見せてください。
24 ロッカーを使うのに2ドルの追加料金が要ります［直訳：追加の2ドルの料金がロッカーに適用されます］。(Q5(B)参照)
25 出発の20分前までの、予約のキャンセルや変更［直訳：キャンセルされたり変更された予約］に対して、全額返金が可能です。(Q5(C)(D)参照)

Words & Phrases

（動）動詞　（名）名詞　（形）形容詞　（副）副詞　（接）接続詞　（前）前置詞

port[pɔ́ːrt]（名）港
sightseeing[sáitsìːiŋ]（形）観光の
boat[bóut]（名）ボート
admission[ədmíʃən]（名）入場料
adult[ədʌ́lt]（名）大人
senior[síːnjər]（名）高齢者
ID(=identification)[aidèntəfikéiʃən]（名）身分証明書
discount[dískaunt]（名）割引
ticket counter　チケット販売所
present[prizént]（動）〜を示す
proof[prúːf]（名）証拠
age[éidʒ]（名）年齢
additional[ədíʃənl]（形）追加の
fee[fíː]（名）料金
apply[əplái]（動）適用される
full refund　全額払い戻し
available[əvéiləbl]（形）〜を手に入れられる
reservation[rèzərvéiʃən]（名）予約
cancel[kǽnsl]（動）〜を取り消しする

change[tʃéin(d)ʒ]（動）〜を変える
departure time（名）出発時刻
auditorium[ɔ̀ːditɔ́ːriəm]（名）観客席
enthusiast[enθjúːziæst]（名）熱狂的な人・ファン
look for　〜を探す
equipment[ikwípmənt]（名）器具
passenger[pǽsən(d)ʒər]（名）乗客
employer[emplɔ́iər]（名）雇用する人
Friday[fráidei]（名）金曜日
November[nouvémbər]（名）11月
Thursday[θə́ːrzdei]（名）木曜日
October[ɑktóubər]（名）10月
Monday[mʌ́ndei]（名）月曜日
February[fébjuèri / fébruèri]（名）2月
state[stéit]（動）〜を言う
free of charge　無料で
extra[ékstrə]（形）余分な
charge[tʃɑ́ːrdʒ]（動）料金を課す

解答&解説　（音読用英文はp.336）

Q1. For whom is this sign most likely intended?（冒頭設問）
(A) Someone purchasing an auditorium ticket
(B) Outdoor enthusiasts looking for outdoor equipment
(C) Passengers going out to sea
(D) Employers working at Wishart Port

問1．この看板は誰に向けられたものと思われますか。
(A) 水族館のチケットを買う人

(B) アウトドア用品を探すアウトドア好きな人
(C) 海上に出る乗客
(D) ウィシャート港の従業員

正解　(C)
解説　1、2から、船が海上に出ることがわかるので (C) に一致。(A)(B)(D) の記述はありません。Sign（看板）、Notice（お知らせ）では、見出しに、その主旨がある場合が頻発します。本文のboat（船）、port（港）、という語句が、選択肢ではgoing out to sea（海に出ていく）に換言されています。正解の選択肢は本文の語句が換言されている場合が頻発します。

Q2. What is indicated about the schedule?（部分設問）
　　(A) The boat will depart at 10:00 AM on Friday, November 17
　　(B) The boat will depart at 10:00 AM on Thursday, October 30
　　(C) The boat will depart at 10:00 AM on National Labor Day
　　(D) The boat will depart at 8:00 AM on Monday, February 27

問２．スケジュールについて何が示されていますか。
(A) 11月17日金曜日午前10時に出発
(B) 10月30日木曜日午前10時に出発
(C) 国民勤労の日の午前10時に出発
(D) 2月27日月曜日午前8時に出発

正解　(C)
解説　(C) は11に一致。(A) は9に不一致。(B) は9に不一致。(D) はWinter Holiday Schedule期間なのかもしれないが明記されていない。

Q3. What is stated about individual admission?（部分設問）
　　(A) High School kids will pay $25.
　　(B) It's free of charge for someone aged 80.
　　(C) Adults can bring babies and babies are charged.
　　(D) Infants aged 2 can board for free.

問３．個々の入場料について言われていることは何ですか？
(A) 高校生の子供は25ドル払います。

(B) 80歳の人は無料です。
(C) 大人は乳児を連れて来てもよく、乳児は料金がかかります。
(D) 2歳の幼児は無料で乗船できます。

正解　(C)
解説　(C) は19に一致。(A) の高校生は17に30ドルと記述があるので不一致。(B) の80歳の人は16に25ドルとあり、無料という記述はないので不一致。(D) は19に15ドルと記述があるので不一致。

Q4. What do students need to do to get the discount?（末尾設問）
　　(A) Present identification
　　(B) Show a coupon
　　(C) Refund payment
　　(D) Make a reservation

問４．割引を受けるのに学生は何が必要ですか。
(A) 身分証明書を提示しなければならない
(B) クーポンを提示しなければならない
(C) 支払を払い戻さなければならない
(D) 予約をしなければならない

正解　(A)
解説　(A) は22に一致。(B) (D) は記述がありません。(C) は25にある単語を使っただけの、引っかけの選択肢。
students（学生）、discount（割引）、は、本文の「＊」の右側の文中にあります。「＊」「Note（注意）」「Warning（警告）」「Caution（注意）」「詳細情報」「追加情報」「割引や特典を受ける方法」は、本文の末尾あたりに出てきます。

Q5. According to the sign, why would an extra fee be charged?（末尾設問）
　　(A) To give a refund
　　(B) To use a locker
　　(C) To cancel your reservation one day before
　　(D) To change your schedule 2 hours prior to the departure

問5. 看板によると、なぜ余分な料金がかかりますか。
(A) 相手に払い戻しをするため
(B) ロッカーを使用するため
(C) 1日前に予約をキャンセルするため
(D) 出発2時間前に予約を変更するため

正解　(B)
解説　(B) は24に一致。(A) は記述がありません。(C) (D) について、予約取消・変更は25で出発20分前まで料金がかからないと記述があります。an extra fee（追加料金）、は、本文の「＊」の右側の文中にあります。「＊」「Note（注意）」「Warning（警告）」「Caution（注意）」「詳細情報」「追加情報」「割引や特典を受ける方法」は、本文の末尾あたりに出てきます。

22ページの『TOEICテストPART7を解くポイント』を確認して、タイマーとマークシート用のエンピツを出してね。

CD1-19　CD2-19　制限時間 10分

Questions 1-5 refer to the following information.

Join us on Friday, January 12 at 4:00 pm to hear speaker Dr.Lindsay

Who is currently working on research with Dr. Copley at MIT on the social aspects of aging.

Their questions focus on what our aging population will need and how it will improve their quality of life and independence.
The focus is not on what products and services will be technologically appropriate over the coming decades, but rather, this focuses on what will be socially and personally acceptable to this population, with its changing demands for transportation, need for re-design of physical spaces (including the home and workplace), and power in the consumer and employment markets.

Open to all at no cost to register, call 617-730-2770
Sponsored by the founding members of the New England Community Aging Network, the New England Council on Aging, and Beekham House in New England.

Q1. What is suggested about Dr. Lindsay?
    (A) He gives lecture with Dr. Copley.
    (B) His research focuses on the aging population.
    (C) He attends lectures every Friday.
    (D) His lecture is sponsored by MIT.

Q2. What is mentioned as being included in the lecture?
    (A) Seniors' quality of life
    (B) Computer technology
    (C) Product development
    (D) Population growth

Q3. According to the information, how can audience members register?
    (A) By phone
    (B) Through e-mail
    (C) At the market
    (D) Through a sponsor

Q4. According to the information, where can a ticket for the lecture be purchased?
    (A) No tickets are needed
    (B) At MIT
    (C) At the New England Community
    (D) From the Aging Network

Q5. What is true about the lecture?
    (A) Dr. Copley did research with Dr. Lindsay.
    (B) The aging population will focus on products and service.
    (C) Products and services will be technologically appropriate.
    (D) Transportation is changing.

Q1 A B C D
    ○ ○ ○ ○

Q2 A B C D
    ○ ○ ○ ○

Q3 A B C D
    ○ ○ ○ ○

Q4 A B C D
    ○ ○ ○ ○

Q5 A B C D
    ○ ○ ○ ○

45ページの「TOEICテストPART7点数UPのための練習手順」を繰り返してね。

「冒頭設問」と「末尾設問」の解説

解説を読み、気づいたことを書き出しましょう。
　　　―冒頭設問の解説部分　　　　―末尾設問の解説部分

Questions 1-5 refer to the following information.

Join us on Friday, January 12 at 4:00 pm to hear speaker Dr.Lindsay

> 本文のhear a speaker Dr.Lindsay（リンゼイ博士という講演者の話を聞く）が、Q2のlecture（講義）の「換言」です。
> これが認識できれば、Q2が「冒頭設問」と判断できます。

Who is currently working on research with Dr. Copley at MIT on the social aspects of aging. (Q5(A)参照)

> Q1について、見出しにもDr.Lindsayとあります。最初は冒頭設問と判断して、冒頭に正解のヒントを求めます。しかし、正解が出ないので、「全体設問」ととらえる。

Their questions focus on what our aging population will need and how it will improve their quality of life and independence. (Q1(B)、Q2(A)参照)
The focus is not on what products and services will be technologically appropriate over the coming decades, but rather, this focuses on what will

be socially and personally acceptable to this population, with its changing demands for transportation, need for re-design of physical spaces (including the home and workplace), and power in the consumer and employment markets,

> 「問い合わせ先」「登録先」「チケット購入方法」は末尾あたりに出てきます。

Open to all at no cost to register, call 617-730-2770 (Q3(A)、Q4(A)参照) Sponsored by the founding members of the New England Community Aging Network, the New England Council on Aging, and Beekham House in New England.

Q1. What is suggested about Dr. Lindsay?（冒頭設問→全体設問）
 (A) He gives lectures with Dr. Copley.
 (B) His research focuses on the aging population.
 (C) He attends lectures every Friday.
 (D) His lecture is sponsored by MIT.

> (C)(D)は冒頭を見ても判断できないので、全体設問ととらえる。

問1．リンゼイ博士について何がわかりますか。
(A) 彼はコプリー博士とともに講演をします。
(B) 彼の調査研究は高齢化する人々について焦点を当てています。
(C) 彼は毎週金曜日に講演に参加します。
(D) 彼の講演はMITに協賛されています。　　　　　　　　　正解（B）

> 本文のhear a speaker Dr.Lindsay（リンゼイ博士という講演者の話を聞く）が、Q2のlecture（講義）の「換言」です。これが認識できれば、Q2が「冒頭設問」と判断できます。

Q2. What is mentioned as being included in the lecture?（冒頭設問）
 (A) Seniors' quality of life
 (B) Computer technology
 (C) Product development
 (D) Population growth

> 本文のaging（老化）が、seniors（高齢者）に「換言」されています。
> 正解の選択肢は「換言」である場合が頻発します。

問2．講演に含まれるものとして何が言及されていますか。

(A) 高齢者の生活の質
(B) コンピューターテクノロジー
(C) 製品開発
(D) 人口増加　　　　　　　　　　　　　　　　　　　　　　正解（A）

Q3. According to the information, how can audience members register?（末尾設問）
　　(A) By phone
　　(B) Through e-mail
　　(C) At the market
　　(D) Through a sponsor

本文のcall（〜に電話する）が、by phone（電話で）に「換言」されています。
正解の選択肢は「換言」である場合が頻発します。

問3．情報によると、聴衆はどのように参加登録しますか。
(A) 電話で
(B) Eメールで
(C) 市場で
(D) スポンサーを通して　　　　　　　　　　　　　　　　正解（A）

「問い合わせ先」「登録先」「チケット購入方法」は末尾あたりに出てきます。

Q4. According to the information, where can a ticket for the lecture be purchased?（末尾設問）
　　(A) No tickets are needed
　　(B) At MIT
　　(C) At the New England Community
　　(D) From the Aging Network

本文のat no cost（無料で）が、No tickets are needed. に「換言」されています。
正解の選択肢は「換言」である場合が頻発します。

問4．情報によると、講演のチケットはどこで購入できますか［直訳：購入されることが可能ですか］。
(A) チケットは必要ありません
(B) MITで
(C) ニューイングランド団体で
(D) 高齢化ネットワークを通じて　　　　　　　　　　　　正解（A）

Q5. What is true about the lecture?（全体設問）

問5．講演について何が当てはまりますか。

正解　(A) Dr. Copley did research with Dr. Lindsay.
　　　コプリー博士はリンゼイ博士とともに研究調査をしました。

英文和訳

Questions 1-5 refer to the following information.

1 **Join us on Friday, January 12 at 4:00 pm** 2 **to hear speaker Dr.Lindsay**
who is currently working on research with Dr. Copley at MIT on the social aspects of aging. (Q5(A)参照)

3 Their questions focus on what our aging population will need and how it will improve their quality of life and independence. (Q1(B)参照) (Q2(A)参照)
4 The focus is not on what products and services will be technologically appropriate over the coming decades, 5 but rather, this focuses on what will be socially and personally acceptable to this population, with its changing demands for transportation, need for re-design of physical spaces (including the home and workplace), and power in the consumer and employment markets. (Q1(B)参照)

6　Open to all at no cost to register(Q4(A)参照), call 617-730-2770 (Q3(A)参照)
7 Sponsored by the founding members of the New England Community Aging Network, the New England Council on Aging, and Beekham House in New England.

問1〜5は次の情報に関するものです。

1 1月12日金曜日午後4時に参加してください。2 加齢の社会的局面について、

近年、MITのコプリー博士とともに、研究調査をしている講演者、リンゼイ博士の講演を聞くために。(Q5(A)参照)

3 彼らの問題点が焦点を当てているのは、高齢化する人々が何を必要とするか、また、どのように生活の質を上げ、自立を促すのかということです。(Q1(B)参照) (Q2(A)参照)

4 これは、来たる数十年で、どんな製品やサービスが技術的に適切かということに焦点を当てているのではありません。
5 むしろ、交通機関に対する需要の変化、物理的な空間の再構築の必要性（家庭と仕事場を含む）、消費と雇用マーケットの力がある場合、高齢者の人々に対して、社会的に個人的に何が受け入れられるのか、に焦点を当てています。(Q1(B)参照)
6 誰でも参加登録が無料です［直訳：登録登録するために無料で誰をも受け入れています］。(Q4(A)参照)
電話してください：617-730-2770 (Q3(A)参照)
7 ニューイングランド高齢化ネットワーク団体の創設メンバー、ニューイングランド協議会、ニューイングランドのビーカムハウスにより協賛されています。

Words & Phrases

（動）動詞　（名）名詞　（形）形容詞　（副）副詞　（接）接続詞　（前）前置詞

attend[aténd]（動）〜に参加する
speaker[spíːkər]（名）講演者
currently[kə́ːrəntli]（副）最近
research[riːsə́ːrtʃ]（名）調査研究
social[sóuʃl]（形）社会の
aspect[ǽspekt]（名）局面
aging[éidʒiŋ]（名）高齢化
question[kwéstʃən]（名）質問
focus on 〜　〜に焦点を当てる
population[pàpjəléiʃən]（名）人々
improve[imprúːv]（動）〜を改善する
quality[kwáləti]（名）質
quality of life　生活の質

independence[ìndipéndəns]（名）自立
focus[fóukəs]（名）焦点
product[prádəkt]（名）製品
technologically[tèknəládʒikli]（副）技術的に
appropriate[əpróupriət]（形）適切な
decade[dékeid]（名）10年
rather[rǽðər]（副）むしろ
socially[sóuʃəli]（副）社会的に
personally[pə́ːrsənəli］（副）個人的に
acceptable[əkséptəbl / ækséptəbl]（形）受け入れることができる
change[tʃéin(d)ʒ]（動）変わる

demand[dimǽnd]（名）要求	community[kəmjúːnəti]（名）共同体
transportation[trænspərtéiʃən]（名）交通	council[káunsl]（名）評議会・協議会
re-design[rìdizáin]（名）再構築	suggest[sʌgdʒést]（動）〜を示唆する
physical[fízikl]（形）物理的な	lecture[léktʃər]（名）講演
space[spéis]（名）空間	mention[ménʃən]（動）〜について言う
include[inklúːd]（動）〜を含む	senior[síːnjər]（名）高齢者
consumer[kənsjúːmər]（名）消費者	technology[teknálədʒi]（名）技術
employment[emplɔ́imənt]（名）雇用	development[divéləpmənt]（名）開発
open to 〜　〜を受け入れる	growth[gróuθ]（名）成長
at no cost　無料で	market[máːrkit]（名）市場
sponsor[spánsər]（動）〜に出資する	purchase[pɚ́ːrtʃəs]（動）〜を購入する
found[fáund]（動）〜を設立する	

解答&解説（音読用英文はp.339）

Q1. What is suggested about Dr. Lindsay?（冒頭設問→全体設問）
　(A) He gives lectures with Dr. Copley.
　(B) His research focuses on the aging population.
　(C) He attends lectures every Friday.
　(D) His lecture is sponsored by MIT.

問１．リンゼイ博士について何がわかりますか。
(A) 彼はコプリー博士とともに講演をします。
(B) 彼の研究調査は高齢化する人々について焦点を当てています。
(C) 彼は毎週金曜日に講演に参加します。
(D) 彼の講演はMITに協賛されています。

正解　(B)
解説　(B) は3、5に一致。(A) はともに講演をするのではなく、2の記述にあるように、ともに研究しています。
(C) は記述がありません。(D) のMITは7に記述がありません。

Q2. What is mentioned as being included in the lecture?（冒頭設問）
　(A) Seniors' quality of life

(B) Computer technology
　　(C) Product development
　　(D) Population growth

問2．講演に含まれるものとして何が言及されていますか。
(A) 高齢者の生活の質
(B) コンピューターテクノロジー
(C) 製品開発
(D) 人口増加

正解　(A)
解説　(A) は3に一致。(B)(C)(D) は記述がありません。
本文のhear speaker Dr.Lindsay（リンゼイ博士という講演者の話を聞く）が、Q2のlecture（講義）の「換言」です。本文のaging（老化）が、seniors（高齢者）に「換言」されています。正解の選択肢は「換言」である場合が頻発します。

Q3. According to the information, how can audience members register?（末尾設問）
　　(A) By phone
　　(B) Through e-mail
　　(C) At the market
　　(D) Through a sponsor

問3．情報によると、聴衆はどのように参加登録しますか。
(A) 電話で
(B) Eメールで
(C) 市場で
(D) スポンサーを通して

正解　(A)
解説　(A) は6に一致。(B)(C)(D) は記述がありません。
「問い合わせ先」「登録先」「チケット購入方法」は末尾あたりに出てきます。
本文のcall（〜に電話する）が、by phone（電話で）に「換言」されています。
正解の選択肢は「換言」である場合が頻発します。

Q4. According to the information, where can a ticket for the lecture be purchased?（末尾設問）
　　(A) No tickets are needed
　　(B) At MIT
　　(C) At the New England Community
　　(D) From the Aging Network

問4．情報によると、講演のチケットはどこで購入できますか［直訳：購入されることが可能ですか］。
(A) チケットは必要ありません
(B) MITで
(C) ニューイングランド団体で
(D) 高齢化ネットワークを通じて

正解　(A)
解説　(A) は6のat no cost（無料で）に一致。(B) (C) (D) は記述がありません。
「問い合わせ先」「登録先」「チケット購入方法」は末尾あたりに出てきます。
本文のat no cost（無料で）が、No tickets are neededに「換言」されています。
正解の選択肢は「換言」である場合が頻発します。

Q5. What is true about the lecture?（全体設問）
　　(A) Dr. Copley did research with Dr. Lindsay.
　　(B) The aging population will focus on products and service.
　　(C) Products and services will be technologically appropriate.
　　(D) Transportation is changing.

問5．講演について何が当てはまりますか。
(A) コプリー博士はリンゼイ博士とともに研究調査をしました。
(B) 高齢化する人々は製品とサービスに焦点を当てるでしょう。
(C) 製品とサービスは技術的に適切になるでしょう。
(D) 交通機関が変わりつつある。

正解　(A)

解説　(A) は2に一致。(B)(C) は4の単語を入れた、引っかけの選択肢。(D) は5でtransportation（交通機関）が変わるのではなく、demands for transportation（交通機関に対する需要）が変わる、と書いています。

> ふぅぅ～、大変だったよ～。

よくがんばりましたね。
「冒頭設問」「末尾設問」が、どのように出題されるのか、わかったと思います。

> う～ん、まだまだ自信がないよ。

この本には、十分な量の実践問題があります。この本を終えるころには、必ず「PART7設問分類マスター」になっていますよ。

> ねぇねぇ、聞いて聞いて。「復習の音読」は毎日続けているよ！

> わたくしも、でございます。

素晴らしいですね！「復習の音読」は、たとえ5分でも、毎日続けると、3カ月後には驚くほど英文を読む力がついていますよ!!　楽しみにしておいてくださいね。

STEP4のまとめ

CD 1-20

「冒頭設問」「末尾設問」を学習した、このSTEPのチェックシート

- ☐ 設問中に、"most likely" "probably"があったら無視。
- ☐ 第1設問で、「目的」「理由」を聞く問題は冒頭に正解を探してみる。
- ☐ 第1設問で、What is the purpose of A?/ Why is A?/ What is the subject of A?/ What is stated about A? は、代表的な「冒頭設問」。
- ☐ 「広告（advertisement）」「お知らせ（notice）」「ウェブサイト（website）」などの、冒頭の「見出し」や「太字」は設問の解答になっていないか、注目する。
- ☐ 特に「広告（advertisement）」は、「見出し」に広告の内容が集約されている。
- ☐ PART7の問題は、本文と設問の順序が同じであるのが鉄則。第1設問の正解は本文の冒頭部分で見つかることが多い。
- ☐ 「問い合わせ先」「登録先」「チケット購入方法」は、本文の末尾あたりに記述されるのが定番。
- ☐ 「＊」「Note（注意）」「Warning（警告）」「Caution（注意）」「詳細情報」「追加情報」「割引や特典を受ける方法」「禁止事項」は、本文の末尾あたりに記述されるのが定番。
- ☐ 「取扱い説明書」「仕様書」では①適用事項や使い方→②禁止・注意・無効事項、の順番に記述されるのが定番。
- ☐ 正解の選択肢は、本文の「換言」が頻発する。

全部チェックできたら耳を塗ってね。

STEP5

「部分設問」はミニマルキラー

最小限の労力で
最大限の点数を!!

STEP5
「部分設問」はミニマルキラー
最小限の労力で最大限の点数を!!

> **ポイント！**
> 1．「全体設問」「部分設問」について理解する。
> 2．「全体設問」「部分設問」「冒頭設問」「末尾設問」の違いを把握する。

1．振り返る！ 駆け出す！ CD 1-21

　このSTEPでは、「全体設問」「部分設問」について、集中して学習します。学習したことを振り返りましょう。

TOEICテストPART7の設問の分類

A：全体設問	設問を解くとき、本文全部（か、広範囲）を読む必要がある設問。
B：部分設問	設問を解くとき、本文の一部のみ見て解く設問。
C：冒頭設問	本文の冒頭部分に設問のヒントがある設問。
D：末尾設問	本文の末尾あたりに設問のヒントがある設問。

> オッケー、だんだん本質に迫ってきた〜っ、って感じだね。ワクワクしてきたよ。

そうですね。
PART7を解くポイントを復習してみましょう。

TOEICテストPART7を解くポイント

> ① 本文を全体的に眺めたあと、設問を見て、設問の種類を分類する。
> 　（A：全体設問　B：部分設問　C：冒頭設問　D：末尾設問）
> ② 「A：全体設問」以外の設問＆選択肢の中の「キーワード」を本文中で探して解く。
> ③ 「A：全体設問」は最後に解く。

④ 「捨てる設問」を見きわめる。

この本でこれから出てくる実践問題や、この本を終了し、さらに練習を積み重ねるためにPART7形式の問題集を今後解く場合も、前述の「TOEICテストPART7を解くポイント」を守り、以下の手順で解いてください。

TOEICテストPART7点数UPのための練習手順

① タイマーをセットする（本番ではPART7は1設問1分が目安。実践問題を見て、設問が「5問」あるなら「5分」セットするのが基準。この本では解答時間が設定されています）。
② 設問を解く（解くときは、前述の「TOEICテストPART7を解くポイント」を実行する）。
③ 時間を計って設問を解いたあと、時間切れのために考える時間がなかった設問については、十分に時間を使って解いてみる。
④ 答え合わせをし、不正解の設問について「なぜ不正解か」の原因を追究して書き出す。
⑤ 復習の音読をする。

2．捨てる！「全体設問」

CD1-22

ウォーミングアップしてみましょう！

> オッケー。赤シートを出してね。

以下の設問を「全体設問」か「部分設問」に分類してください。設問に答える前に、設問中に "most likely" "probably" があったら、無視してください。

1. What is mentioned in the brochure?　（全体設問）
和訳　パンフレットの中では何が述べられていますか。
解説　brochure（パンフレット）で述べられていることは、パンフレット全体を読まなければならない。
＊mention「～について言う」　＊brochure「パンフレット」

2. In what section of the shop would summer dresses be found?（部分設問）
和訳　その店のどの部分で夏用のワンピースが見つかりますか。
解説　summer dresses という「キーワード」を本文の中で探せばよい。

3. What do students need to do to get the discount?（部分設問）
和訳　学生は割引を得るために何をする必要がありますか。
解説　discount（割引）という「キーワード」を本文の中で探せばよい。
＊need to V原形「Vする必要がある」

4. Where most likely can a LANZO message be found?（部分設問）
和訳　LANZOというメッセージはどこで見つかると思われますか。
解説　LANZOという「キーワード」を本文の中で探せばよい。

5. What is NOT true about the information?（全体設問）
和訳　この情報について何が当てはまっていないのですか。
解説　NOT問題は、消去する3つをすべて本文と照合する必要がある。
＊true「当てはまる」　＊information「情報」

6. What is indicated about the information?（全体設問）
和訳　この情報について何が示されていますか。
解説　情報で示されていることは情報全体を読まなければならない。
＊indicate「～を示す」

7. How did Ms. Gupta evaluate how long she waited to place her order?（部分設問）
和訳　注文をするために待った時間の長さについて、グプタさんはどう評価していますか。
解説　how long she waited to place her orderと詳細な部分が設問に入っており、本文中でその詳細部分を探すことで正解が出ます。
＊evaluate「～を評価する」　＊wait「待つ」　＊how long「どれくらいの長さ？」
＊place one's order「注文する」

8. Who will come to restore systems when a breakdown takes place?（部分設問）
和訳　故障が起こったとき、誰がシステムを元に戻しに来ますか。

解説　restore the systems when a breakdown takes placeと詳細な部分が設問に入っており、本文中でその詳細部分を探すことで正解が出ます。
＊get back「元に戻す」　＊breakdown「故障」　＊take place「起こる（=happen）」

TOEICテストPART7点数UPのための練習手順は大丈夫ですか？

うん、これだね！

① タイマーをセットする（本番ではPART7は1設問1分が目安。実践問題を見て、設問が「5問」あるなら「5分」セットするのが基準。この本では解答時間が設定されています）。
② 設問を解く（解くときは、前述の「TOEICテストPART7を解くポイント」を実行する）。
③ 時間を計って設問を解いたあと、時間切れのために考える時間がなかった設問については、十分に時間を使って解いてみる。
④ 答え合わせをし、不正解の設問について「なぜ不正解か」の原因を追究して書き出す。
⑤ 復習の音読をする。

上記の『TOEICテストPART7を解くポイント』を確認して、タイマーとマークシート用のエンピツを出してね。

あれっ？　また、この問題なの？

そうです。前回は「冒頭設問」「末尾設問」という視点でこの問題を解きましたね。今回は「全体設問」「部分設問」の視点でこの問題を解きましょう。そうすることで、深く「全体設問」「部分設問」「冒頭設問」「末尾設問」が定着します。また、今回はPART7の基準の設定時間である1問1分に設定してあります。

　PART7の基準設定時間を実感するためにも、有意義な練習となりますよ。

> なるほど。やる気が出てまいりました。

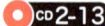

Questions 1-4 refer to the following advertisement.

Fototek Store
40% OFF any service at Fototek ONLINE Store!
The Next Generation Photography Lab

- Film processing
- Machine & Custom Printing
- Scanning
- Canvas Printing

To take advantage of this discount, enter the code FOTO324 when you get a service from our website.
www.fototek.com

*Discount code not valid after August 27. To be used for services on the website only.

Q1. What is the purpose of the advertisement?
   (A) To provide special offer
   (B) To invite the reader to a photography studio

(C) To offer film processing
(D) To get photo service

Q2. To what service does the discount NOT apply?
(A) Film processing
(B) Scanning
(C) Services purchased at a shop
(D) Services purchased online

Q3. To get the discount what does the customer do?
(A) Mail in a form
(B) Use a code
(C) Purchase at least 2 items
(D) Visit a local store

Q4. When are customers unable to use this discount?
(A) April 25
(B) April 27
(C) August 28
(D) August 26

	A	B	C	D		A	B	C	D
Q1	○	○	○	○	Q3	○	○	○	○
Q2	○	○	○	○	Q4	○	○	○	○

英文和訳、解答＆解説は55、56ページを見てくださいね。

4分はやっぱり短いね。でも、これがPART7の基準時間だという感覚がわかってよかったよ。

45ページの「TOEICテストPART7点数UPのための練習手順」を繰り返してね。

22ページの『TOEICテストPART7を解くポイント』を確認して、タイマーとマークシート用のエンピツを出してね。

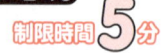

Questions 1-5 refer to the following information.

Floor Lamp

Assembly
[1]
— Remove lamp parts from box.
— Remove plastic covering from lamp parts.
— Place lamp base on a flat surface.
— Screw bottom pole down onto base.
[2]
— Screw socket onto upper pole.
— Place shade over socket section.
— Screw socket ring onto socket section.

Cleaning Instructions
Do not use polishers or cleaners. Wipe clean with a cloth.
[3]
Important
The excess cord in the pole should be pulled out from the base of the lamp.
[4]
Warning
If you install any single watt bulb in this lamp, there is a possibility of bulb malfunction leading to danger of fire. We recommend that you visually check every bulb to ensure that you install the correct bulb type.

Q1. Where would the information most likely be found?

(A) In an advertisement for electrical appliances
(B) In a newspaper on home improvement techniques
(C) In an instruction manual
(D) In a report of popular electric brands

Q2. According to the information, what is indicated about this lamp?
 (A) When cleaning the lamp, you have to use some detergent.
 (B) It is advisable for you not to use a dry cloth to clean the lamp.
 (C) You should clean the polishing cloth before cleaning the lamp.
 (D) You need to wipe the lamp without polishers or cleaners.

Q3. According to the information, where should the excess cord be placed?
 (A) In the pole
 (B) Outside the pole
 (C) From the base
 (D) Out of the base of the lamp

Q4. According to the information, what is suggested about the bulb?
 (A) Single watt bulbs are sure to cause fire.
 (B) You are advised to install the right bulbs.
 (C) They recommend single bulbs.
 (D) You need to check every bulb in case of a fire.

Q5. In which of the positions marked [1], [2], [3] and [4] does the following sentence best belong?
 "Screw middle pole down onto pole."
 (A) [1]
 (B) [2]
 (C) [3]
 (D) [4]

Q1　A B C D
Q2　A B C D
Q3　A B C D
Q4　A B C D
Q5　A B C D

45ページの「TOEICテストPART7点数UPのための練習手順」を繰り返してね。

「全体設問」と「部分設問」の解説

――全体設問の解説部分　　――部分設問の解説部分

Questions 1-5 refer to the following information.

Floor Lamp

Assembly
1. Remove lamp parts from box.
2. Remove plastic covering from lamp parts.
3. Place lamp base on a flat surface.
4. Screw bottom pole down onto base. ← Q5の文挿入の同一語
5. Screw middle pole down onto pole.
6. Screw socket onto upper pole.
7. Place shade over socket section.
8. Screw socket ring onto socket section.

← Q3「全体設問」の「キーワード」があります。

Cleaning Instructions
Do not use polishers or cleaners. Wipe clean with a cloth.

Important
The excess cord in the pole should be pulled out from the base of the lamp.

← Q4「部分設問」の「キーワード」があります。

130

Warning

If you install any single watt bulb in this lamp, there is a possibility of bulb malfunction leading to danger of fire. We recommend that you visually check every bulb to ensure that you install the correct bulb type.

Q1. Where would the information most likely be found?（冒頭設問）
   (A) In an advertisement for electrical appliances
   (B) In a newspaper on home improvement techniques
   (C) In an instruction manual
   (D) In a report of popular electric brands

問1．この情報は、どこで見つかると思われますか？
(A) 電化製品の広告の中
(B) 家のリフォーム技術についての新聞の中
(C) 仕様説明書の中
(D) 人気のある電気メーカーの報告書

正解（C）

> ランプについて示されていること、は本文全体と照合する必要があります。広範囲を探すことになります。

Q2. According to the information, what is indicated about this lamp? （全体設問）
   (A) When cleaning the lamp, you have to use some detergent.
   (B) It is advisable for you not to use a dry cloth to clean the lamp.
   (C) You should clean a polishing cloth before cleaning the lamp.
   (D) You need to wipe the lamp without polishers or cleaners.

> 「全体問題」は、選択肢の中の名詞や目立つ語を「キーワード」とし、本文中で「キーワード」を探します。

> 4つの選択肢すべてにclean（掃除する）、polish（磨く）、detergent・cleaner（洗剤）があるので、それら「キーワード」を本文で探します。

問2．情報によると、このランプについて示されていることは何ですか？
(A) ランプを掃除するとき、なんらかの洗剤を使わなければなりません。
(B) ランプを掃除するために、乾いた布を使わないことをお薦めします。

(C) ランプを掃除する前に、磨く布をきれいにしなさい。
(D) 磨き粉や洗浄剤を使わずにランプを拭く必要があります。

正解 (D)

Q3. According to the information, where should the excess cord be placed? (部分設問)
 (A) In the pole
 (B) Outside the pole
 (C) From the base
 (D) Out of the base of the lamp

> the excess cordが「キーワード」。本文中で「キーワード」の同一語、同義語を探します。

問3．情報によると、どこに余ったコードを設置すべきですか？［直訳：余ったコードが設置されるべきですか］
(A) 棒の中
(B) 棒の外
(C) 土台から
(D) ランプの土台の外

正解 (D)

Q4. According to the information, what is suggested about the bulb? (末尾設問)

問4．この情報によると、電球についてわかることは何ですか？

正解 (B) You are advised to install the right bulbs.
  正しい電球を設置するよう忠告している［直訳：忠告されている］

Q5. In which of the positions marked [1], [2], [3] and [4] does the following sentence best belong?
"Screw middle pole down onto the pole." (全体設問)

問5．次の文章が入るのは、［1］［2］［3］［4］と示された、どの位置でしょうか。
「その棒に真ん中の棒をネジ回しで下向きに取りつけてください」

正解 (B)

132

英文和訳、解答＆解説は72、75ページを見てくださいね。

45ページの「TOEICテストPART7点数UPのための練習手順」を繰り返してね。

Questions 1-5 refer to the following notice.

Donation for kids!!
Bonnies Hyper Association

We Need Your Reusable Items! We need your donations for kids in Cambodia.

We especially need stationery. Please call now at 1-800-774-3424
Call or go online to schedule a pick-up!

www.bonnieshyper.com
To schedule a pick up, scan with a cellular phone.

What We Need
Stationery, Clothing (all types & sizes), Shoes, Curtains, Houseware & Glassware, Bedding Items, Jewelry, Cosmetics, Toys and Games, Small Furniture, Small Appliances, SORRY NO COMPUTERS OR MONITORS.

Next Pick-Up Day: March 26th

What You Must Do
Call 1-800-774-3424 or go online to schedule a pick up from our truck at www.bonnieshyper.com

Put the items in front of your house by 9 AM on the scheduled day (Rain or Shine)

Clearly mark your bags and boxes "Bonnies Hyper". Our truck will pick up your donation. No cash donation needed.

For general information about Bonnies Hyper, please contact
Bonnies Hyper Association
1600 Beacon St. Washington Sq.
Brookline MA
www.bonnieshyper.com

Q1. What is the association planning to do?
    (A) Send reusable items to Cambodia.
    (B) Launch a new website for kids.
    (C) Provide volunteers for Cambodia.
    (D) Hire Cambodian kids.

Q2. Who is asked to contact Bonnies Hyper Association?
    (A) People who would like to scan the barcode.
    (B) People who would like to give away items.
    (C) People who can provide boxes.
    (D) People who need stationery.

Q3. What type of thing is NOT needed as a donation?
    (A) Rings
    (B) Blankets
    (C) Coins
    (D) Small Cabinets

Q4. What will happen on March 26?
    (A) A truck will come and pick up donated items.
    (B) You can make an online donation.
    (C) General information will become available.
    (D) Registration for donation will close.

Q5. What is NOT indicated about the pick-up procedure?

(A) No pick-up is made in the rain.
(B) Bags should be marked clearly.
(C) You should leave donated items outside before the scheduled time.
(D) You should call to schedule a pick-up.

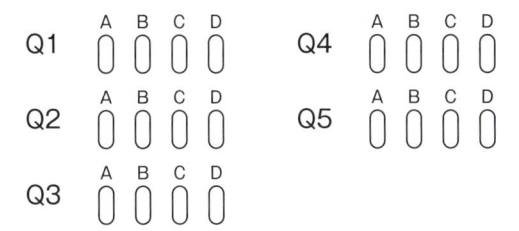

Q1　A B C D
Q2　A B C D
Q3　A B C D
Q4　A B C D
Q5　A B C D

45ページの「TOEICテストPART7点数UPのための練習手順」を繰り返してね。

「全体設問」と「部分設問」の解説

解説を読み、気づいたことを書き出しましょう。
　　　—全体設問の解説部分　　　—部分設問の解説部分

Questions 1-5 refer to the following notice.

Donation for kids!! (Q1(A)、Q2(B)参照)
Bonnies Hyper Association (Q1(A)参照)

We Need Your Reusable Items! We need your donations for kids in Cambodia. (Q1(A)、Q2(B)参照)

We especially need stationery. Please call now at 1-800-774-3424
Call or go online to schedule a pick-up! (Q5(D)参照)

www.bonnieshyper.com

To schedule a pick up, scan with a cellular phone.

What We Need
Stationery, Clothing (all types & sizes), Shoes, Curtains, Houseware & Glassware, Bedding Items, Jewelry, Cosmetics, Toys and Games, Small Furniture, Small Appliances, SORRY NO COMPUTERS OR MONITORS. (Q3(C)参照)

Bedding ItemsはBlankets, JewelryはRing、Small FurnitureはSmall Cabinetsの「換言」。

Next Pick-Up Day: March 26th

Q4の「キーワード」March 26です。

What You Must Do
Call 1-800-774-3424 or go online to schedule a pick up from our truck at www.bonnieshyper.com (Q5(D)参照)
Put the items in front of your house by 9 AM on the scheduled day (Rain or Shine) (Q5(A)(C)参照)
Clearly mark your bags and boxes "Bonnies Hyper". Our truck will pick up your donation. No cash donation needed. (Q5(B)参照)

Q5の「キーワード」pick up procedure（集荷の手順）がここで書かれてあります。本文で「キーワード」pick upが見つかったら、その周辺の文に正解がないかを探します。

For general information about Bonnies Hyper, please contact
Bonnies Hyper Association
1600 Beacon St. Washington Sq.
Brookline MA
www.bonnieshyper.com

Q1. What is the association planning to do?（冒頭設問）

問1. 協会は何をするつもりですか。

正解　(A) Send reusable items to Cambodia.
　　　再利用できる品物をカンボジアに送る。

Q2. Who is asked to contact Bonnies Hyper Association?（冒頭設問）

問2. 誰が、ボニーハイパー協会と連絡を取るように求められていますか。

正解　(B) People who would like to give away items.
　　　品物を譲りたいと思っている人々

> 「NOT問題」は「全体設問」。たとえ「NOT設問」であっても、Q3の選択肢が短い語句の場合は、本文中で探しやすい。

Q3. What type of thing is NOT needed as a donation?（全体設問）
　　(A) Rings
　　(B) Blankets
　　(C) Coins
　　(D) Small Cabinets

> Bedding ItemsはBlankets、JewelryはRing、Small FurnitureはSmall Cabinetsの「換言」。

問3．寄付として必要とされていない種類のものは何ですか？
(A) 指輪
(B) 毛布
(C) 硬貨
(D) 小さな棚

正解（C）

> March26が「キーワード」です。本文の中で探しやすいですが、選択肢が長いので、解答には時間がかかります。

Q4. What will happen on March 26?（部分設問）
　　(A) A truck will come and pick up donated items.
　　(B) You can make an online donation.
　　(C) General information will become available.
　　(D) Registration for donations will close.

問4．3月26日には何がありますか［直訳：起こりますか］。
(A) トラックがきて寄付された商品を引き取るでしょう。
(B) オンラインで寄付ができます。
(C) 総合案内が利用できるようになるでしょう。
(D) 寄付の登録が締切りになる［直訳：閉鎖する］でしょう。

正解（A）

「NOT問題」は「全体設問」。Q3と異なり、選択肢が長いので、本文中では広範囲で探す必要があります。
pick-up procedure（集荷の手順）が「キーワード」です。

Q5. What is NOT indicated about the pick-up procedure?（全体設問）
(A) No pick-up is made in the rain.
(B) Bags should be marked clearly.
(C) You should leave donated items outside before the scheduled time.
(D) You should call to schedule a pick-up.

問5．引き取りの手順に示されていないのは何ですか？
(A) 雨のときは、引き取りはありません。
(B) はっきりと、袋に印をつけなければなりません。
(C) 予定された時間までに寄付する［直訳：寄付された］品物を置いてください。
(D) 引き取りの予定を組むために電話してください。

正解（A）

英文和訳

CD 1-23　CD 2-20

Questions 1-5 refer to the following notice.

1 **Donation for kids!!** (Q1(A)参照) (Q2(B)参照)
2 **Bonnies Hyper Association** (Q1(A)参照)

3 **We Need Your Reusable Items!** (Q1(A)参照) 4 **We need your donations for kids in Cambodia.** (Q1(A)参照) (Q2(B)参照)

5 **We especially need stationery.** 6 **Please call now at 1-800-774-3424**
7 Call or go online to schedule a pick-up! (Q5(D)参照)

www.bonnieshyper.com

8 To schedule a pick up, scan with a cellular phone.

9 **What We Need**
10 Stationery, Clothing (all types & sizes), Shoes, Curtains, Houseware &

138

Glassware, Bedding Items, Jewelry, Cosmetics, Toys and Games, Small Furniture, Small Appliances, 11 SORRY NO COMPUTERS OR MONITORS. (Q3(C)参照)

12 **Next Pick-Up Day: March 26th** (Q4(A)参照)

13 **What You Must Do**
14 Call 1-800-774-3424 or go online to schedule a pick up from our truck at www.bonnieshyper.com (Q5(D)参照)
15 Put the items in front of your house by 9 AM on the scheduled day (Rain or Shine) (Q5(A)(C)参照)
16 Clearly mark your bags and boxes "Bonnies Hyper". (Q5(B)参照) 17 Our truck will pick up your donation. No cash donation needed. (Q5(B)参照)

19 **For general information about Bonnies Hyper, please contact**
20 **Bonnies Hyper Association**
1600 Beacon St. Washington Sq.
Brookline MA

www.bonnieshyper.com

問1～5は、次のお知らせに関するものです。
1 子供たちへの寄付を！ (Q1(A)参照) (Q2(B)参照)
2 ボニーズハイパー協会 (Q1(A)参照)

3 私どもは、[あなたの] 再利用できる品物を必要としています。(Q1(A)参照)
4 カンボジアの子供たちへの寄付を必要としています。(Q1(A)参照) (Q2(B)参照)

5 [私どもは] 特に、文房具を必要としています。 6 さあ、1-800-774-3424に電話してください。
7 引き取りの予定を組むために、電話するか(Q5(D)参照)、インターネットをつないでください。(Q2(B)参照)
www.bonnieshyper.com

8 引き取りの予定を組むために、携帯電話でスキャンしてください。

9 私どもが必要とするもの
10 文房具、衣類（すべてのタイプとサイズ）、靴、カーテン、家庭用品とガラス製品、寝具、宝石類、化粧品、おもちゃやゲーム、小さな家具、小さな器具、

11 すみませんが、コンピュータやモニターは不要です。(Q3(C)参照)

12 次の引き取り日：3月26日(Q4(A)参照)

13 皆様［直訳：あなた］がしなければならないこと
14 トラック（の予約のため）に800-774-3424に電話をするか(Q5(D)参照)、www.bonnieshyper.comでインターネットをつなぎます。
15 予定が組まれた日の、朝9時までに、あなたの家の前に品物を置いてください（雨でも晴れでも）。(Q5(A)参照) (Q5(C)参照)
16 「ボニーハイパー」と袋や箱に印をはっきりとつけてください。(Q5(B)参照)
17 私どものトラックがあなたの寄付を引き取りに行きます。(Q4(A)参照) 18 現金の寄付は必要ありません。

19 ボニーハイパーについての総合案内は、（以下に）連絡を取ってください。
20 ボニーハイパー協会
1600　ビーコン通り　ワシントンスクエア
ブルックライン　MA
www.bonnieshyper.com

Words & Phrases

（動）動詞　（名）名詞　（形）形容詞　（副）副詞　（接）接続詞　（前）前置詞

notice[nóutəs]（名）お知らせ
donation[dounéiʃən]（名）寄付
kid[kíd]（名）子供
association[əsòusiéiʃən]（名）協会
reusable[ri:júːzəbl]（形）再利用できる
item[áitəm]（名）品物
Cambodia[kæmbóudiə]（名）カンボジア
especially[ispéʃəli]（副）特別に
stationary[stéiʃnèri]（名）文房具
call[kɔ́ːl]（動）〜に電話する
go online　インターネットにつなぐ
schedule[skédʒuːl]（動）〜の予定を立てる
pick-up[píkʌ̀p]（名）引き取り
scan[skǽn]（動）〜をスキャンする
cellular[séljələr]（名）携帯電話
clothing[klóuðiŋ]（名）衣類
type[táip]（名）型
size[sáiz]（名）サイズ
curtain[kə́ːrtn]（名）カーテン
houseware[háuswɛ̀ər]（名）家庭用品
glassware[glǽswɛ̀ər]（名）ガラス製品
bedding item[bédiŋ àitəm]（名）寝具
jewelry[dʒúːəlri]（名）宝石
cosmetic[kɑzmétik]（名）化粧品

toy[tɔ́i]（名）おもちゃ
game[géim]（名）ゲーム
furniture[fə́:rnitʃər]（名）家具
appliance[əpláiəns]（名）器具
sorry[sári]　すみません
computer[kəmpjú:tər]（名）コンピューター
monitor[mánətər]（名）モニター
March[má:rtʃ]（名）3月
must[mʌ́st]（助動）〜しなければならない
online[ánlàin]　インターネット上で
put[pút]（動）〜を置く
in front of 〜　〜の正面に（で）
rain or shine　雨であろうと晴れであろうと
clearly[klíərli]（副）はっきりと
mark[má:rk]（動）印をつける
bag[bǽg]（名）袋
box[báks]（名）箱
truck[trʌ́k]（名）トラック
cash[kǽʃ]（名）現金
general[dʒénərəl]（形）一般的な
information[ìnfərméiʃən]（名）情報
contact[kəntǽkt]（動）〜と連絡を取る
happen[hǽpn]（動）=take place 起こる
available[əvéiləbl]（形）入手できる
registration[rèdʒəstréiʃən]（名）登録
close[klóuz]（動）閉まる
would like to V原形　=want to V原形
bar code　バーコード
give away　（不要なもの）を譲る
provide[prəváid]（動）〜を提供する
plan to V原形　Vする計画を立てる
send[sénd]（動）〜を送る
launch[lɔ́:n(t)ʃ]（動）〜を始める
website[wébsàit]（名）ウェブサイト
volunteer[vàləntíər]（名）ボランティア
hire[háiər]（動）〜を雇う
blanket[blǽŋkit]（名）毛布
coin[kɔ́in]（名）硬貨
cabinet[kǽbənit]（名）戸棚
indicate[índikèit]（動）〜を示す
procedure[prəsí:dʒər]（名）手順
leave[lí:v]（動）〜を残す

解答&解説　（音読用英文はp.341）

Q1. What is the association planning to do?（冒頭設問）
　　(A) Send reusable items to Cambodia.
　　(B) Launch a new website for kids.
　　(C) Provide volunteers for Cambodia.
　　(D) Hire Cambodian kids.

問１．協会は何をするつもりですか。

(A) 再利用できる品物をカンボジアに送る。
(B) 子供たち向けの新しいウェブサイトを始める。
(C) カンボジアにボランティアを提供する。
(D) カンボジアの子供たちを雇用する。

正解　(A)
解説　1〜4が(A)に一致。(B)(C)(D)は記述がありません。
冒頭の太字部分に、正解を見つけることができます。第1設問は本文の冒頭部分を聞いていることが多いです。

Q2. Who is asked to contact Bonnies Hyper Association? (冒頭設問)
　　(A) People who would like to scan the barcord.
　　(B) People who would like to give away items.
　　(C) People who can provide boxes.
　　(D) People who have needed stationary.

問2. 誰が、ボニーハイパー協会と連絡を取るように求められていますか？
(A) バーコードをスキャンしたいと思っている人々
(B) 品物を譲りたいと思っている人々
(C) 箱を提供できる人々
(D) 文房具を必要としてきた人々

正解　(B)
解説　1、4から、カンボジアに品物を寄付したい（＝譲りたい）と思っている人が、協会に連絡を取ることがわかるので(B)に一致。(A)について、バーコードをスキャンする目的で協会に連絡を取るのではなく、目的は寄付です。(C)の記述はありません。(D)は寄付「される」側で、協会に連絡を取るのは寄付「する」側です。
冒頭の見出しと太字部分で、協会の内容がわかるので、誰が協会と連絡を取るか推定することができます。

Q3. What type of thing is NOT needed as a donation. (全体設問)
　　(A) Rings
　　(B) Blankets
　　(C) Coins

(D) Small Cabinets

問3．寄付として必要とされていない種類のものは何ですか？
(A) 指輪
(B) 毛布
(C) 硬貨
(D) 小さな棚

正解　(C)
解説　10、11に(C)の記述はありません。(D) 小さな棚はSmall Furnitureに該当します。Bedding ItemsはBlankets、JewelryはRing、Small FurnitureはSmall Cabinetsの「換言」。たとえ「NOT設問」であっても、選択肢が短い語句の場合は、本文中で探すのが容易です。

Q4. What will happen on March 26 th?（部分設問）
    (A) A truck will come and pick up donated items.
    (B) You can make an online donation.
    (C) General information will become available.
    (D) Registration for donation will close.

問4．3月26日には何がありますか［直訳：起こりますか］。
(A) トラックが来て寄付された商品を引き取るでしょう。
(B) オンラインで寄付ができます。
(C) 総合案内が利用できるようになるでしょう。
(D) 寄付の登録が締切りになる［直訳：閉鎖する］でしょう。

正解　(A)
解説　12、17が(A)に一致。(B) オンラインで寄付ができるのではなく、オンラインで引き取り日の予定を組むことができる、と7にあります。(C) 総合案内のことは、19に述べられてはいますが、それが3月26日に利用できるようになる、という記述はありません。(D) の記述はありません。
March 26が「キーワード」です。本文の中で探しやすいですが、選択肢が長いので、解答には時間がかかります。

Q5. What is NOT indicated about pick-up procedure?（全体設問）

(A) No pick-up is made in the rain.
(B) Bags should be marked clearly.
(C) You should leave donated items outside before scheduled time.
(D) You should call to schedule a pick-up.

問5. 引き取りの手順に示されていないのは何ですか？
(A) 雨のときは、引き取りはありません。
(B) はっきりと、袋に印をつけなければなりません。
(C) 予定された時間までに寄付する[直訳:寄付された]品物を置いてください。
(D) 引き取りの予定を組むために電話してください。

正解　(A)
解説　15にrain or shine（雨でも晴れでも）引き取りはある、と書かれているので (A) が正解。(B) は16に一致。(C) は15に一致。(D) は7、14に一致。この「NOT問題」は、Q3と異なり、選択肢が長いので、本文中では広範囲で探す必要があります。
pick-up procedure（集荷の手順）が「キーワード」です。

22ページの『TOEICテストPART7を解くポイント』を確認して、タイマーとマークシート用のエンピツを出してね。

Questions 1-5 refer to the following information.

CD 1-24　CD 2-21　制限時間 10分

Warranty Certificate

The Inagawa Group TV Limited Warranty (New Zealand Only)

This product is warranted against defects in materials under normal use and may be subject to our repair services for a period of 2 years from the date of original purchase.

The limited warranty set forth above is given by The Inagawa Group New Zealand with respect to the new Inagawa brand product packaged with this limited warranty, when purchased and used in New Zealand only.

This limited warranty shall only apply if the product is used with compatible Inagawa DVD players, speakers and equipment etc. The Inagawa Group New Zealand shall have no responsibility for such items except for compatible Inagawa brand equipment covered by a separate warranty. Non-Inagawa brand equipment and software that may be distributed with the product are without warranty of any kind by The Inagawa Group New Zealand.

This warranty covers all defects encountered in normal use of the product and does not apply in the cases below;

(1) Use of parts (other than those sold by The Inagawa Group New Zealand), including non-Inagawa software that causes damage to the product or causes abnormally frequent service problems.

(2) Loss of or damage to the product because of abuse, mishandling, neglect, improper use by you, failure to follow operating or maintenance instructions.

(3) When the product has its attached serial number defaced, altered, marked or removed.

Attach your Store Receipt below:

Gerald HOME APPLIANCES
11 Turnpike, Cisco,2111
Purchase Date: October 20, 2020

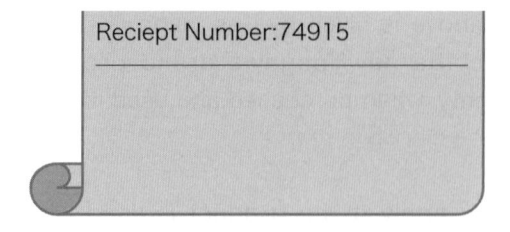

Reciept Number:74915

**The Inagawa Group New Zealand
11 Ormsby Lodge Ave. New England
51119**

Q1. For what will the warranty probably be used?
    (A) To receive the free repair service
    (B) To subscribe for periodical information
    (C) To distribute useful products
    (D) To purchase packaged materials

Q2. What most likely is The Inagawa Group's main business?
    (A) Operating machines
    (B) Managing buildings
    (C) Providing secretarial services
    (D) Manufacturing home appliances

Q3. In what cases is the warranty most likely applied?
    (A) When used with Inagawa brand's products
    (B) When using parts and not the whole device
    (C) When mishandling the appliance
    (D) When attaching a serial number

Q4. Until when can the user most likely use this warranty?
    (A) October 19, 2020
    (B) October 1, 2020
    (C) October 19, 2022
    (D) November 1, 2023

Q5. What is indicated in the information?
　(A) The warranty can be claimed for commodities purchased outside New Zealand.
　(B) The original purchasing date can be identified beside the serial number.
　(C) The warranty is limited to New Zealand.
　(D) The solution for any product problem is on the warranty.

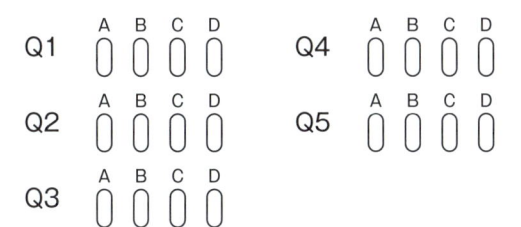

Q1　A B C D
Q2　A B C D
Q3　A B C D
Q4　A B C D
Q5　A B C D

45ページの「TOEICテストPART7点数UPのための練習手順」を繰り返してね。

「全体設問」と「部分設問」の解説

■──全体設問の解説部分　　■──部分設問の解説部分

Questions 1-5 refer to the following information.

Warranty Certificate

「保証書(warranty certificate)」は
・保証を受ける手続き方法・保証される事例
・保証期間
・保証されない事例
が問われる定番です。

The Inagawa Group TV Limited Warranty (New Zealand Only)
(Q5(C)参照)

「見出し」を見ると、全体の内容を推定することが可能です。

This product is warranted against defects in materials under normal use and may be subject to our repair services for a period of 2 years from the date of original purchase.

> 「保証書(warranty certificate)」は
> ・保証を受ける手続き方法・保証される事例
> ・保証期間
> ・保証されない事例
> が問われる定番です。
> ここでは「保証期間」が記載されています。
> 2 years from the date of original purchase
> （最初の購入日から2年）と記述があります。

The limited warranty set forth above is given by The Inagawa Group New Zealand with respect to the new Inagawa brand product packaged with this limited warranty, when purchased and used in New Zealand only.

> ここは「保証される事例」の記述があります。
> only apply if the product is used with compatible Inagawa DVD players…etc（もし、互換性のあるイナガワのDVD機器…などとともに使われた場合のみ適用する）と記述があります。

This limited warranty shall only apply if the product is used with compatible Inagawa DVD players, speakers and equipment etc. The Inagawa Group New Zealand shall have no responsibility for such items except for compatible Inagawa brand equipment covered by a separate warranty. Non-Inagawa brand equipment and software that may be distributed with the product are without warranty of any kind by The Inagawa Group New Zealand. (Q2(D)、Q3(A)参照)

This warranty covers all defects encountered in normal use of the product and does not apply in the cases below;

(1) Use of parts (other than those sold by The Inagawa Group New Zealand), including non-Inagawa software that causes damage to the product or causes abnormally frequent service problems.

(2) Loss of or damage to the product because of abuse, mishandling, neglect, improper use by you, failure to follow operating or maintenance instructions.

(3) When the product has its attached serial number defaced, altered, marked or removed.

Attach your Store Receipt below:

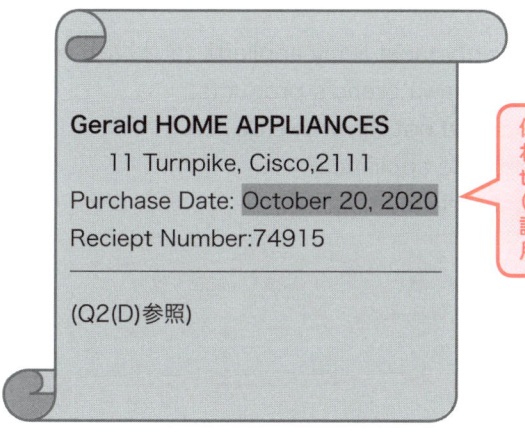

Gerald HOME APPLIANCES
11 Turnpike, Cisco, 2111
Purchase Date: October 20, 2020
Reciept Number: 74915

(Q2(D)参照)

保証書の中で「保証期間」は問われる定番です。2 years from the date of original purchase (最初の購入日から2年)が「保証期間」で、October 20 (10月20日) が「最初の購入日」です。

The Inagawa Group New Zealand
11 Ormsby Lodge Ave. New England
51119

Q1. For what will the warranty probably be used?（冒頭設問）

問1. 保証書はおそらく何のために使われるでしょうか。

正解　(A) To receive the free repair service
　　　　無料の修理サービスを得るため

Q2. What most likely is The Inagawa Group's main business?（冒頭設問）

問2. イナガワグループの主な業務は何だと思われますか。

正解　(D) Manufacturing home appliances
　　　　家電メーカー

> 「保証書(warranty certificate)」は
> ・保証を受ける手続き方法
> ・保証される事例
> ・保証期間
> ・保証されない事例
> が問われる定番、は正解を出すヒントになりますが、
> 正解を探せない場合は「捨てる設問」です。

Q3. In what cases is the warranty most likely applied?（全体設問）
　　　(A) When used with Inagawa brand's products
　　　(B) When using parts and not the whole device
　　　(C) When mishandling the appliance
　　　(D) When attaching a serial number

問3．どういう場合において、保証が適用されると思われますか。
(A) イナガワブランド製品と一緒に使われるとき
(B) 機器全体でなく、部品を使うとき
(C) 器具を取扱いミスするとき
(D) 通し番号を貼付するとき

正解（A）

> 時間・時期、回数、割合、金額など、分かりやすい「キーワード」を問う設問は「部分設問」で得点の大チャンス。選択肢を読んで、本文中で選択肢と同一語を探します。

Q4. Until when can the user most likely use this warranty?（部分設問）
　　　(A) October 19, 2020
　　　(B) October 1, 2020
　　　(C) October 19, 2022
　　　(D) November 1, 2023

> 保証書では「保証期間」は問われる定番事項です。
> 2 years from the date of original purchase（最初の購入日から2年）と記述があるので「最初の購入日」を本文で探します。

問4．いつまでこの使用者はこの保証を使用できると思われますか。
(A) 2020年10月19日
(B) 2020年10月1日

(C) 2022年10月19日
(D) 2023年11月1日

正解 (C)

> 保証書全体について問われている「全体設問」です。
> 「保証書(warranty certificate)」は
> ・保証を受ける手続き方法・保証される事例
> ・保証期間
> ・保証されない事例
> が問われる定番、は正解を出すヒントになりますが、
> 正解を探せない場合は「捨てる設問」です。

Q5. What is indicated in the information?（全体設問）
   (A) The warranty can be claimed for commodities purchased outside New Zealand.
   (B) The original purchasing date can be identified beside the serial number.
   (C) The warranty is limited to New Zealand.
   (D) The solution for any product problem is on the warranty.

問5．その情報には何が示されていますか。
(A) ニュージーランドの国外で購入された物品について、保証が請求できます［直訳：請求され得ます］。
(B) 最初に購入している日は通し番号の横に明示されています。
(C) 保証はニュージーランドに限定されています。
(D) どんな製品の解決策も保証書上に載っています［直訳：保証書上にあります］。

正解 (C)

英文和訳

Question 1-5 refer to the following information.

1 **Warranty Certificate**

2 **The Inagawa Group TV Limited Warranty (New Zealand Only)** (Q5(C)参照)

₃ This product is warranted against defects in materials under normal use and may be subject to our repair services for a period of 2 years from the date of original purchase. (Q1(A)参照) (Q4(C)参照)

₄ The limited warranty set forth above is given by The Inagawa Group New Zealand with respect to the new Inagawa brand product packaged with this limited warranty, when purchased and used in New Zealand only.

₅ This limited warranty shall only apply if the procuct is used with compatible Inagawa DVD players, speakers(Q2(D)参照) and equipments etc. (Q3(A)参照) ₆ The Inagawa Group New Zealand shall have no responsibility for such items except for compatible Inagawa brand equipment covered by a separate warranty. ₇ Non-Inagawa brand equipment and software that may be distributed with the product are without warranty of any kind by The Inagawa Group New Zealand.

₈ **This warranty covers all defects encountered in normal use of the product and does not apply in the cases below;**

₉

(1) Use of parts (other than those sold by The Inagawa Group New Zealand), including non-Inagawa software that causes damage to the product or causes abnormally frequent service problems.

₁₀

(2) Loss of or damage to the product because of abuse, mishandling, neglect, improper use by you, failure to follow operating or maintenance instructions.

₁₁

(3) When the product has its attached serial number defaced, altered, marked or removed.

₁₂ **Attach your Store Receipt below:**

Gerald HOME APPLIANCES
(Q2(D)参照)
　11 Turnpike, Cisco,2111
Purchase Date: October 20, 2020
Reciept Number:74915

13
The Inagawa Group New Zealand
11 Ormsby Lodge Ave. New England
51119

問1～5は、次の情報に関するものです。

1 保証書

2 イナガワグループ有限保証（ニュージーランドのみ）(Q5(C)参照)

3 この製品は、正常使用の下での物品の故障、最初に購入した日から2年間の修理に対する保証がされます。(Q1(A)参照) (Q4(C)参照)

4 この有限保証書とともに、製品が梱包されている新品のイナガワブランドに関して、ニュージーランドで購入され利用されたときに、上記に明記された有限保証がイナガワニュージーランドによって付与されます。

5 製品が互換性のあるイナガワのDVDプレーヤー、スピーカー(Q2(D)参照)、機器などとともに使われる場合のみ、この有限保証が適用されます。(Q3(A)参照) 6 イナガワニュージーランドは、これとは別の保証で対象とされている、互換性のあるイナガワブランドの製品を除く製品に対しては、責任を負いませ

ん。

7 この製品とともに配達された可能性のある、イナガワブランドではない機器やソフトウェアは、どのような種類のものもイナガワニュージーランドによってまったく保証されません。

8 この保証は、製品の正常利用で起こる［直訳：思いがけなく遭遇した］、すべての故障を対象としていますが、以下の場合においては、適用されません：

9
(1) 製品の故障や、何度も修理をすることになる［直訳：頻発する修理の原因となる］イナガワブランド以外のソフトウェアを含む（イナガワニュージーランドによって販売された部品以外の）部品の使用。

10
(2) 悪用、取扱いミス、放置、使用者による不正使用、操作やメンテナンスの説明に従わないことが原因の製品の紛失や故障。

11
(3) 製品に貼付されている通し番号が、汚されたり、変えられたり、塗られたり[直訳：印をつけられたり]、外されたりしているとき。

12 以下に、店のレシートを添付してください。

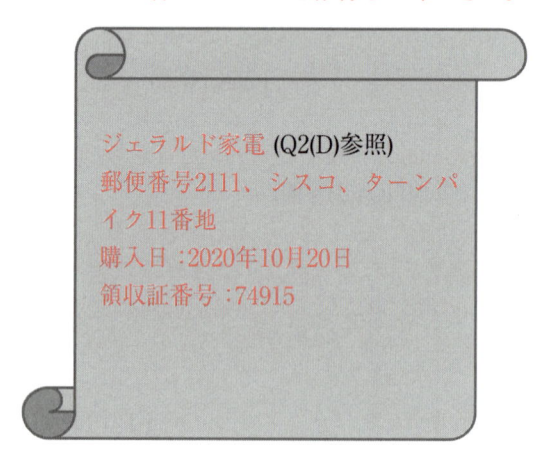

ジェラルド家電 (Q2(D)参照)
郵便番号2111、シスコ、ターンパイク11番地
購入日：2020年10月20日
領収証番号：74915

13
イナガワグループニュージーランド

郵便番号51119、ニューイングランド、
オムスビーロッヂ通り　11番地

Words & Phrases

（動）動詞　（名）名詞　（形）形容詞　（副）副詞　（接）接続詞　（前）前置詞

warranty [wɔ́(:)rənti]（名）保証（書）
certificate [sərtífikət]（名）証明書
limit [límit]（動）〜を制限する
limited warranty（名）有限の保証(書)[制限された保証書]
New Zealand [n(j)ù:zí:lənd]（名）ニュージーランド
product [prádəkt]（名）製品
against [əgénst]（前）〜に対して
defect [dí:fekt]（名）欠陥・故障
material [mətíəriəl]（名）原料・資材・物
normal [nɔ́:rml]（形）普通の
service [sə́:rvəs]（名）修理・サービス・アフターサービス
period [píəriəd]（名）期間
original [ərídʒənl]（形）最初の
purchase [pə́:rtʃəs]（名）購入
set forth　説明する・明記する
with respect to 〜　〜について・〜に関して
package [pǽkidʒ]（動）〜を梱包する
apply [əplái]（動）適用される・〜を適用する
compatible [kəmpǽtəbl]（形）互換性のある
DVD player（名）DVDプレーヤー
equipment [ikwípmənt]（名）器具
responsibility [rispànsəbíləti]（名）責任

item [áitəm]（名）品物
except for 〜　〜を除いて
cover [kʌ́vər]（動）〜を占める・を取り上げる・〜を取り扱う
separate [sépərət]（形）別れた・関連がない
distribute [distríbju(:)t]（動）〜を分配する・〜を配達される
encounter [enkáuntər]（動）〜に偶然遭遇する
part [pá:rt]（名）部品
other than 〜　〜以外
include [inklú:d]（動）〜を含む
abnormally [æbnɔ́:rmli]（副）異常に
frequent [frí:kwənt]（形）頻繁な
because of 〜　〜が原因で
abuse [əbjú:z]（動）〜を乱用する
problem [prábləm]（名）問題
mishandle [mìshǽndəl]（動）〜を取扱いミスする
neglect [niglékt]（動）〜を無視する
improper [imprápər]（形）不正確な
failure [féiljər]（名）欠陥・失敗
follow [fálou]（動）〜に従う
operate [ápərèit]（動）〜を作動させる
maintenance [méintənəns]（名）維持
instruction [instrʌ́kʃən]（名）指示・教育

serial number [síəriəl nʌ́mbər]（名）シリアル番号・通し番号
attach [ətǽtʃ]（動）～に貼りつける・～にくっつける
deface [diféis]（動）～を汚す
alter [ɔ́ːltər]（動）～を変える
mark [máːrk]（動）～に印をつける・跡をつける
remove [rimúːv]（動）～を取り除く
likely [láikli]（形）可能性のある
gain [géin]（動）～を手に入れる(=get)
subscribe [səbskráib]（動）～を購読する
periodical [pìəriádikəl]（動）定期的な
useful [júːsfl]（形）役立つ
main [méin]（形）主要な
provide [prəváid]（動）～を与える
home appliance 家電
appliance [əpláiəns]（名）器具
manufactur [mǽnjəfǽktʃər]（動）製造する
device [diváis]（名）装置
indicate [índikèit]（動）～を示す

解答&解説 （音読用英文はp.343）

Q1. For what will the warranty probably be used?（冒頭設問）
　　(A) To receive the free repair service
　　(B) To subscribe for periodical information
　　(C) To distribute useful products
　　(D) To purchase packaged materials

問１．保証書はおそらく何のために使われるでしょうか。
(A) 無料の修理サービスを得るため
(B) 定期的な情報を購読するため
(C) 役に立つ製品を配達するため
(D) 梱包された物品を購入するため

正解　(A)
解説　(A) は3に一致。(B) (C) (D) の記述はありません。
第1設問は本文の冒頭部分に正解を探せることが多いので、本問も冒頭あたりに正解があると推定できます。
冒頭に「保証書（Warranty）」とあるため、何のために使われるかは推定可能です。常識を駆使するのも重要です。

Q2. What most likely is The Inagawa Group's main business?（冒頭設

問）
(A) Operating machines
(B) Managing buildings
(C) Providing secretarial services
(D) Manufacturing home appliances

問2．イナガワグループの主な業務は何だと思われますか。
(A) 機械を操作すること
(B) 建物を管理すること
(C) 秘書サービスを提供すること
(D) 家電メーカー

正解　(D)
解説　5にDVDプレーヤー、スピーカー、という記述、12のレシートにHOME APPLIANCES（家電）の記述があるので、(D)に一致。
冒頭「見出し」に「イナガワグループ・TV」とあるので、「家電メーカー」と推定可能です。

Q3. In what cases is the warranty most likely applied?（全体設問）
(A) When used with Inagawa brand's products.
(B) When using parts and not the whole device
(C) When mishandling the appliance
(D) When attaching a serial number

問3．どういう場合において、保証が適用されると思われますか。
(A) イナガワブランド製品と一緒に使われるとき
(B) 機器全体ではなく、部品を使うとき
(C) 器具を取扱いミスするとき
(D) 通し番号を貼付するとき

正解　(A)
解説　(A)は5と一致。(B)(D)の記述はなく、(B)は9の中の単語を使用した引っかけの選択肢、(D)も11の中の単語を使用した引っかけの選択肢です。(C)は保証が適用されない例として、10に挙げられています。
「保証書（warranty certificate）」は「保証を受ける手続き方法・保証される事

例」「保証期間」「保証されない事例」が問われる定番です。本問は「保証を受ける手続き方法」と「保証されない事例」に関連がある設問です。

Q4. Until when can the user most likely use this warranty?（部分設問）
　　(A) October 19, 2020
　　(B) October 1, 2020
　　(C) October 19, 2022
　　(D) November 1, 2023

問４．いつまでこの使用者はこの保証を使用できると思われますか。
(A) 2020年10月19日
(B) 2020年10月1日
(C) 2022年10月19日
(D) 2023年11月1日

正解　(C)
解説　(C)は、3にfor a period of 2 years from the date of original purchase（最初に購入した日から2年間）と書かれています。12のレシートを見ると、purchase date（購入日）が2020年10月20日となっているので、その日から2年ですから(C)の年月日が一致します。
保証書では「保証期間」は問われる定番事項です。
「最初の購入日」をレシート上で探します。

Q5. What is indicated in the information?（全体設問）
　　(A) The warranty can be claimed for commodities purchased outside New Zealand.
　　(B) The original purchasing date can be identified beside the serial number.
　　(C) The warranty is limited to New Zealand.
　　(D) The solution for any product problem is on the warranty.

問５．その情報には何が示されていますか。
(A) ニュージーランドの国外で購入された物品について、保証が請求できます［直訳：請求され得ます］。
(B) 最初に購入している日は通し番号の横に明示されています。

(C) 保証はニュージーランドに限定されています。
(D) どんな製品の解決策も保証書上に載っています［直訳：保証書上にあります］。

正解 (C)
解説 (C) は2に一致。(A) は2に不一致。(B) について、the original purchasing date（最初に購入している日）は、the serial number（通し番号）の横ではなく、12のように、レシート上に明示されています。
(D) は記述がありません。
「保証書（warranty certificate）」は「保証を受ける手続き方法・保証される事例」「保証期間」「保証されない事例」が問われる定番であることは正解を出すヒントになります。

22ページの『TOEICテストPART7を解くポイント』を確認して、タイマーとマークシート用のエンピツを出してね。

CD 1-25　CD 2-22　制限時間 10分

Questions 1-5 refer to the following advertisement.

Covent House SUMMER CLOTHING

We've just finished our renovation and stocked up on what you want to wear right now, including dresses, shirts, shorts, skirts and accessories to get you through summer. Go ahead and dive right in at Coventhouse.com
— [1] —
Without a few wardrobe updates, you could get through this summer, but we would not recommend it.
— [2] —
"Chou-Chou Dress"
Featuring one of the top French Brands called "Chou-Chou", designed by Marina Burgess who recently won a famous fashion prize in Italy, we used special hand-woven fabric with an artistic pattern that might inspire you to wear it out in the sun.

"Summer Cashmere Collection"
We have 12 different colors hand-dyed, so get another color if you want. Our Summer Cashmere is revolutionary and keeps you warm in a cool air-conditioned room. You will love its smooth touch and how it is hand-dyed for subtle color variations.
   [3]
"Summer Dress"
Do you have enough dresses for all the invites throughout this summer? When it comes to summer dresses, we have a variety of them. So you can find the one exclusively for you. Don't pack for the weekend without our summer dresses. You can find various patterns and colors in the basement of our shop.
   [4]
We'd love it if you'd come and visit us at
The Mall on Beacon Hill
200 Boylston Street
Cambridge Side

Q1. What is the purpose of the advertisement?
   (A) To announce that the shop has been relocated
   (B) To provide details about its renovation
   (C) To describe newly arrived clothes
   (D) To publicize revised prices

Q2. What change has Covent House recently made?
   (A) It was remodeled.
   (B) It has extended its business hours.
   (C) It has enlarged its display area.
   (D) It has employed new staff.

Q3. What is suggested about Covent House?
   (A) It has won a prize.
   (B) It hosts fashion contests.
   (C) It has recently hired a new fashion model.
   (D) It has summer clothes in stock.

Q4. In what section of the shop would summer dresses be found?
 (A) In the lobby
 (B) On the ground floor
 (C) In front of the entrance
 (D) On the first basement level

Q5. In which of the positions marked [1], [2], [3] and [4] does the following sentence best belong?
 "No two are exactly alike."
 (A) [1]
 (B) [2]
 (C) [3]
 (D) [4]

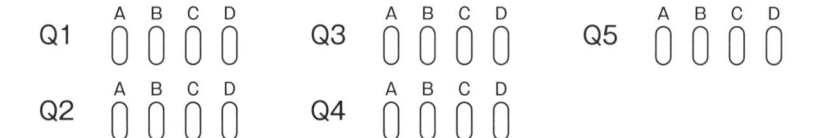

Q1 A B C D
Q2 A B C D
Q3 A B C D
Q4 A B C D
Q5 A B C D

45ページの「TOEICテストPART7点数UPのための練習手順」を繰り返してね。

「全体設問」と「部分設問」の解説

■——全体設問の解説部分   ■——部分設問の解説部分

Questions 1-5 refer to the following advertisement.

「広告」の「見出し」は、広告の内容が凝縮されている。

Covent House SUMMER CLOTHING

We've just finished our renovation and *stocked* up on *what you want to wear* right now, including dresses, shirts, shorts, skirts and accessories to get you through summer. Go ahead and dive right in at Coventhouse.com

> Q2のrecently（最近）がjust＋現在完了で「換言」されています。change（変化）がrenovation（改装）、remodel（改装する）がrenovation（改装）、で「換言」されています。

Without a few wardrobe updates, you could get through this summer, but we would not recommend it.

"Chou-Chou Dress"
Featuring one of the top French Brands called "Chou-Chou", designed by Marina Burgess who recently won a famous fashion prize in Italy, we used special hand-woven fabric with an artistic pattern that might inspire you to wear it out in the sun.

"Summer Cashmere Collection"
We have 12 different colors hand-dyed, so get another color if you want. Our Summer Cashmere is revolutionary and keeps you warm in a cool air-conditioned room. You will love its smooth touch and how it is hand-dyed for subtle color variations. No two are exactly alike.

"Summer Dress"

> Q4のsummer dressが「見出し」にあります。本文で探すのが容易です。

Do you have enough dresses for all the invites throughout this summer? When it comes to summer dresses, we have a variety of them. So you can find the one exclusively for you. Don't pack for the weekend without our summer dresses. You can find various patterns and colors in the basement of our shop.

> Q4では「場所」が問われています。ここに「場所」が書かれています。
> 時間・時期、回数、割合、金額、場所など、分かりやすい「キーワード」を問う設問は「部分設問」で得点の大チャンス。選択肢を読んで、本文中で選択肢と同一語を探します。

We'd love it if you'd come and visit us at

The Mall on Beacon Hill

200 Boylston Street
Cambridge Side

Q1. What is the purpose of the advertisement?（冒頭設問）

問１．この広告の目的は何ですか。

正解　(C) To describe newly arrived clothes
　　　　新しく到着する服を説明するため

> 設問の内容が具体的な「店の変化」なので「部分設問」です。「店の変化」を本文中で探します。
> 第2設問なので、本文の前半に正解があるかな、と推定できます。
> 選択肢に「キーワード」があります。
> remodel（改装する）、business hours（営業時間）、display area（陳列場所）、new staff（新しい従業員）、を本文中で探します。
> renovation（改装）がremodel（改装する）、recently（最近）がjust+現在完了で「換言」されています。renovation（改装）がchange（変化）で「換言」されています。

Q2. What change has Covent House recently made?（部分設問）
　　(A) It was remodeled.
　　(B) It has extended its business hours.
　　(C) It has enlarged its display area.
　　(D) It has employed new staff.

問２．コヴェントハウスが最近変化したことは何ですか。
(A) 改装しました。
(B) その営業時間を延長しました。
(C) 展示スペースを拡張しました。
(D) 新しい従業員を雇用しました。　　　　　　　　　　　　　　　正解（A）

> Covent House全体について問われているので、広範囲を読まなければなりません。短時間で正解が探せない場合は「捨てる設問」です。
> 選択肢中の「名詞」は「キーワード」になります。prize（賞）、fashion contest（ファッションコンテスト）、fashion model（ファッションモデル）、summer clothes（夏服）、という「キーワード」を本文中で探します。

Q3. What is suggested about Covent House?（全体設問）

163

(A) It has won a prize.
(B) It hosts fashion contests.
(C) It has recently hired a new fashion model.
(D) It has summer clothes in stock.

問3．コヴェントハウスについてわかることは何ですか。
(A) 賞を獲得しました。
(B) ファッションコンテストを主催しています。
(C) 最近、新しいファッションモデルを雇用しました。
(D) 夏服を仕入れています。

正解（D）

Q4. In what section of the shop would summer dresses be found?（部分設問）
　　(A) In the lobby
　　(B) On the ground floor
　　(C) In front of the entrance
　　(D) On the first basement level

> 「夏のワンピースの場所」と具体的に問われているので「部分設問」です。
> 本文の「太字」にsummer dressesがあるので、容易に探せます。

問4．店舗のどの部分で、夏のワンピースが見つかるでしょうか。
(A) ロビーで
(B) 1階で
(C) 入口の正面で
(D) 地下1階で

正解（D）

Q5. In which of the positions marked [1], [2], [3] and [4] does the following sentence best belong?
"No two are exactly alike."（全体設問）

> 文挿入問題は「全体設問」です。正解を出すのに[1]～[4]と示された広範囲を読む必要があり、解答に時間がかかります。TOEIC600点を超えることを目指すなら、解答に時間がかかるようであれば、確実に短時間で解ける設問に時間を回して、文挿入問題は、潔く「捨てる」ほうが得策です。

問5．次の文章が入るのは、［1］［2］［3］［4］と示された、どの位置でしょうか。

164

「2つとしてまったく似たものはありません」

正解（C）

英文和訳

Questions 1-5 refer to the following advertisement.

1 **Covent House SUMMER CLOTHING** (Q1(C)参照)

2 *We've just finished our renovation and stocked up on what you want to wear right now* (Q2(A)参照), *including dresses, shirts, shorts, skirts and accessories to get you through summer.* (Q3(D)参照)　3 *Go ahead and dive right in at Coventhouse.com*

4 *Without a few wardrobe updates, you could get through this summer, but we would not recommend it.*

5 "Chou-Chou Dress" (Q1(C)参照)
6 *Featuring one of the top French Brands called "Chou-Chou", designed by Marina Burgess who recently won a famous fashion prize in Italy, we used special hand-woven fabric with an artistic pattern that might inspire you to wear it out in the sun.*

7 "Summer Cashmere Collection" (Q1(C)参照)
8 *We have 12 different colors hand-dyed, so get another color if you want.*
9 *Our Summer Cashmere is a revolutionary and keeps you warm in a cool air-conditioned room.* 10 *You will love its smooth touch and how it is hand-dyed for subtle color variations.* (Q5(C)参照)　11 *No two are exactly alike.*

12 "Summer Dress" (Q1(C)参照)
13 *Do you have enough dresses for all the invites throughout this summer?* 14 *When it comes to summer dresses, we have a variety of them.* 15 *So you can find the one exclusively for you.* 16 *Don't pack for the weekend without our summer dresses.* 17 *You can find various patterns and colors in the basement of our shop.* (Q4(D)参照)

18 *We'd love it if you'd come and visit us at*

165

19 *The Mall on Beacon Hill*
200 Boylston Street
Cambridge Side

問1~5は、次の広告に関するものです。

1 コヴェントハウス　夏服
2 私どもはちょうど改装を終えたところで(Q2(A)参照)、皆さんを夏に向かわせるワンピース、シャツ、パンツ、スカート、アクセサリーを含む、まさに今あなたが着たいと思うものを仕入れました。(Q3(D)参照)　3 さあどうぞCoventhouse.comにまっすぐ飛び込んでください［コヴェントハウスのウェブページを見てください、の比喩］。

4 持ち衣装を新しくせずに、この夏を過ごすこともできますが、私どもはそれをお薦めしません。

5「シュー・シュー　ワンピース」(Q1(C)参照)
6 最近、イタリアの有名なファッションの賞を獲得したマリナ・バージェスによりデザインされた「シュー・シュー」と呼ばれるフランスの一流ブランドの1つを目玉にし、私どもは、皆さんに、着用して太陽の中に出る気分にさせるような趣のある柄の、特別な手織りの生地を使いました。

7「夏のカシミヤコレクション」(Q1(C)参照)
8 手染めの12の違った色がございます、ですから、もし、よろしければ、他の色もお求めください。9 私どもの夏のカシミアは、涼しいエアコンのきいた部屋で、皆さんを温かく保つ革命なのです。10 なめらかな手触りと微妙な色のバリエーションの手染めを気に入っていただけるでしょう。(Q5(C)参照) 11 2つとしてまったく似たものはありません。

12「夏のワンピース」(Q1(C)参照)
13 この夏中すべてで受けたご招待に対して、十分（な数の）ワンピースを持っていますか。14 ワンピースということになると、私どもは様々なワンピースを取り揃えています。15 ですから、あなただけに特別なものを見つけることができます。16 私どもの夏のワンピースなしで、週末の荷造りをしないでください。17 私どもの店の地下に様々な柄と色のものを見つけることができ

ます。(Q4(D)参照)

18 もし私どもを訪問してくださったらうれしいです。場所は、

19 ビーコンヒル・ショッピングモール
ケンブリッジ側、ボイルストン通り200番地

Words & Phrases

（動）動詞　（名）名詞　（形）形容詞　（副）副詞　（接）接続詞　（前）前置詞

renovation[rènəvéiʃən]（名）改装
stock up ~　~を仕入れる
wear[wέər]（動）~を着用している
right now　まさに今
include[inklú:d]（動）~を含む
dress[drés]（名）ワンピース・ドレス
shirt[ʃə́:rt]（名）シャツ
short[ʃɔ́:rt]（名）パンツ
skirt[skə́:rt]（名）スカート
accessory[əksésəri]（名）アクセサリー
go ahead　さあ、どうぞ。さあ~しなさい。
dive in ~　~に飛び込む
right[ráit]（副）まっすぐに、直接に、ただちに
without[wiðáut]（前）~なしに
wardrobe[wɔ́:rdròub]（名）手持ち衣装
update[ʌ́pdèit]（名）更新
get through ~　~を経験する・~を終える
recommend[rèkəménd]（動）~を推薦する
feature[fí:tʃər]（動）~を目玉にする・売りにする
design[dizáin]（動）デザインする
recently[rí:sntli]（副）最近
famous[féiməs]（形）有名な
prize[práiz]（名）賞
Italy[ítəli]（名）イタリア
special[spéʃl]（形）特別な
hand-woven　手織りの
weave[wí:v]（動）~を織る
woven　weaveの過去分詞
fabric[fǽbrik]（名）布地
artistic[ɑ:rtístik]（形）趣のある・芸術的な
pattern[pǽtərn]（名）柄
might　~かもしれない・~のようだ
inspire[inspáiər]（動）~を啓発する
cashmere[kǽʒmiər]（名）カシミア
collection[kəlékʃən]（名）収集
different[dífərənt]（形）異なる
color[kʌ́lər]（名）色
hand-dyed　手染めの
revolution[rèvəljú:ʃən]（名）革命
warm[wɔ́:rm]（形）温かい
air-conditioned[ɛ́ər kəndíʃənd]（形）エアコンのきいた

smooth[smúːð]（形）なめらかな
hand-dyed　手染めの
dye[dái]（動）〜を染める
subtle[sʌ́tl]（形）微妙な
variation[vèəriéiʃən]（名）ヴァリエーション
exactly[igzǽk(t)li]（副）厳密に
already[ɔːlrédi]（副）すでに
enough[inʌ́f]（形）十分な
invite[inváit]（動）〜を招待する
throughout[θruː(ː)áut]（前）〜を通じて
when it comes to 〜　〜という段になると
variety of 〜　様々な〜
exclusively[iksklúːsivli]（副）排他的に
basement[béismənt]（名）地下
purpose[pə́ːrpəs]（名）目的
advertisement[ædvərtáizmənt]（名）広告
announce[ənáuns]（動）〜を発表する
relocate[ríːlóukeit]（動）〜を移転させる
provide[prəváid]（動）〜を供給する
detail[ditéil]（名）詳細
renovation[rènəvéiʃən]（名）改装
describe[diskráib]（動）〜を（文章で）説明する
newly[njúːli]（副）新しく
clothes[klóu(ð)z]（名）洋服

publicize[pʌ́bləsàiz]（動）〜を発表する
revise[riváiz]（動）〜を改定する
remodel[rìːmɑ́dl]（動）〜を改築・改装する
extend[iksténd]（動）〜を延長する
business hour　営業時間
enlarge[enlɑ́ːrdʒ]（動）〜を拡大する
display[displéi]（動）〜を展示する
employ[emplɔ́i]（動）〜を雇用する
staff[stǽf]（名）スタッフ
suggest[sʌgdʒést]（動）〜を示唆する・提案する
win[wín]（動）〜を獲得する・勝ち取る
won　winの過去形
host[hóust]（動）〜を主催する
contest[kɑ́ntest]（名）コンテスト
recently[ríːsntli]（副）最近
fashion model　ファッションモデル
in stock　在庫がある
lobby[lɑ́bi]（名）ロビー
ground floor　1階
in front of 〜　〜の正面に
entrance[éntrəns]（名）玄関
level[lévl]（名）高さ
material[mətíəriəl]（名）生地・物質
manufacture[mæ̀njəfǽktʃər]（動）〜を製造する
by hand　手で
pack[pǽk]（動）〜を梱包する

解答&解説　（音読用英文はp.346）

Q1. What is the purpose of the advertisement?（冒頭設問）

168

(A) To announce that the shop has been relocated
(B) To provide details about its renovation
(C) To describe newly arrived clothes
(D) To publicize revised prices

問1．この広告の目的は何ですか。
(A) 店舗が移転したことを知らせるため
(B) 改装についての詳細を提供するため
(C) 新しく到着する服を説明するため
(D) 改定した値段を公表するため

正解　(C)
解説　(C) は1、5、7、12に一致。(A)(D) は記述がありません。(B) について、renovation（改装）は2に記述された情報ですが、この広告の目的ではありません。
「広告」の「目的」を問われた場合、冒頭で正解を探します。「広告」の「見出し」は、広告の内容が凝縮されています。

Q2. What change has Covent House recently made?（部分設問）
　　(A) It was remodeled.
　　(B) It has extended its business hours.
　　(C) It has enlarged its display area.
　　(D) It has employed new staff.

問2．コヴェントハウスが最近変化したことは何ですか。
(A) 改装しました。
(B) その営業時間を延長しました。
(C) 展示スペースを拡張しました。
(D) 新しい従業員を雇用しました。

正解　(A)
解説　(A) は2のWe've just finished our renovation（ちょうど改装を終えたところ）に一致。(B)(C)(D) は記述がありません。
設問の内容が具体的な「店の変化」なので「部分設問」です。「店の変化」を本文中で探します。

第2設問なので、本文の前半に正解があるかな、と推定できます。
recently（最近）がjust＋現在完了で「換言」されています。renovation（改装）がchange（変化）、renovation（改装）がremodel（改装する）、で「換言」されています。
正解の選択肢は、本文の「換言」が頻発します。

Q3. What is suggested about Covent House?（全体設問）
　　(A) It has won a prize.
　　(B) It hosts fashion contests.
　　(C) It has recently hired a new fashion model.
　　(D) It has summer clothes in stock.

問3．コヴェントハウスについてわかることは何ですか。
(A) 賞を獲得しました。
(B) ファッションコンテストを主催しています。
(C) 最近、新しいファッションモデルを雇用しました。
(D) 夏服を仕入れています。

正解　(D)
解説　(D)は2に一致。(A)は6の中の単語を使った引っかけの選択肢。(B)(C)は記述がありません。
Covent House全体について問われているので、広範囲を読まなければなりません。
選択肢中の「名詞」は「キーワード」になります。prize（賞）、fashion contest（ファッションコンテスト）、fashion model（ファッションモデル）、summer clothes（夏服）、という「キーワード」を本文中で探します。

Q4. In what section of the shop would summer dresses be found?（部分設問）
　　(A) In the lobby
　　(B) On the ground floor
　　(C) In front of the entrance
　　(D) On the first basement level

問4．店舗のどの部分で、夏のワンピースが見つかるでしょうか。

170

(A) ロビーで
(B) 1階で
(C) 入口の正面で
(D) 地下1階で

正解　(D)
解説　(D) は17に一致。(A)(B)(C) の記述はありません。
時間・時期、回数、割合、金額、場所など、わかりやすい「キーワード」を問う設問は「部分設問」で得点の大チャンス。選択肢を読んで、本文中で選択肢と同一語を探します。本文の「太字」にsummer dressがあるので、容易に探せます。

Q5. In which of the positions marked [1], [2], [3] and [4] does the following sentence best belong?
"No two are exactly alike."

問5．次の文章が入るのは、[1] [2] [3] [4] と示された、どの位置でしょうか。
「2つとしてまったく似たものはありません」

正解　(C)
解説　「2つとしてまったく似たものはありません」と相関性のある文章が周辺にくるのは、10の「微妙な色のバリエーションの手染め」です。「手染め」だから同じものが2つない、とつじつまが合います。

22ページの『TOEICテストPART7を解くポイント』を確認して、タイマーとマークシート用のエンピツを出してね。

Questions 1-5 refer to the following information.

Dandelion Apartment Handbook

Welcome to the Dandelion Apartment.

This handbook has been compiled to familiarize you with the day-to-day operation, management structure, emergency procedures, and the rules and regulations within this apartment.
 [1]
It is recommended that you thoroughly read through this information, and use it for reference as future questions arise.
 [2]
Included in this handbook are key phone numbers. It is suggested that you keep these numbers in a convenient location and update them as changes occur. Among these numbers are those of the Management Company, and your local police and fire departments.
 [3]
We recommend that all owners consent to the outlined procedures and suggestions in order to maintain the highest possible quality of living for every resident at Dandelion Apartment.

Should you have any questions while reading this handbook, please do not hesitate to contact us.
 [4]
Thank you.

Dandelion Management Corporation

問題

Q1. For whom is the information most likely intended?
　　(A) An administrative assistant
　　(B) A resident
　　(C) A customer service agent
　　(D) A supervisor

Q2. What's the purpose of this information?
　　(A) To provide construction procedures
　　(B) To assign a day-to-day task
　　(C) To provide useful advice
　　(D) To come to a lease agreement

Q3. In the information, the word "maintain" in paragraph 3, line 2, is closest in meaning to
(A) keep
(B) attend
(C) conduct
(D) dedicate

Q4. What is indicated about the information?
(A) The information includes a lease agreement.
(B) A reference can be made about an applicant.
(C) Renting an apartment is not permitted.
(D) Apartment owners have to follow the rules.

Q5. In which of the positions marked [1], [2], [3] and [4] does the following sentence best belong?
"In addition, if you are renting your apartment unit, please implement the rules within this handbook as part of the lease agreement."
(A) [1]
(B) [2]
(C) [3]
(D) [4]

	A	B	C	D
Q1	○	○	○	○
Q2	○	○	○	○
Q3	○	○	○	○
Q4	○	○	○	○
Q5	○	○	○	○

45ページの「TOEICテストPART7点数UPのための練習手順」を繰り返してね。

「全体設問」と「部分設問」の解説

——全体設問の解説部分　　　——部分設問の解説部分

Questions 1-5 refer to the following information.

Dandelion Apartment Handbook

Welcome to the Dandelion Apartment.

This handbook has been compiled to familiarize you with the day-to day operation, management structure, emergency procedures, and the rules and regulations within this apartment. (Q4(D)参照)

It is recommended that you thoroughly read through this information, and use it for reference as future questions arise. In addition, if you are renting your apartment unit, please implement the rules within this handbook as part of the lease agreement. (Q4(C)参照)

Included in this handbook are key phone numbers. It is suggested that you keep these numbers in a convenient location and update them as changes occur. Among these numbers are those of the Management Company, and your local police and fire departments. (Q2(C)参照)

We recommend that all owners consent to the outlined procedures and suggestions in order to maintain the highest possible quality of living for every resident at Dandelion Apartment. (Q1(B)、Q2(C)、Q4(D)参照)

Should you have any questions while reading this handbook, please do not hesitate to contact us.

Thank you.

Dandelion Management Corporation

Q1. For whom is the information most likely intended?（冒頭設問）

問1．この情報は誰を対象にしていると思われますか。

正解　(B) A resident
　　　居住者

Q2. What's the purpose of this information?（冒頭設問）

問2．この情報の目的は何ですか。

正解　(C) To provide useful advice
　　　役立つアドバイスを提供するため

Q3. In the information, the word "maintain" in paragraph 3, line 2, is closest in meaning to（部分設問）
　　(A) keep
　　(B) attend
　　(C) conduct
　　(D) dedicate

「語彙問題」は、問われた語彙を含む文と、その前後の文を読んで正解を出せない場合は「捨てる設問」です。
正解が出せる場合は、短時間で解答できるラッキーな設問です。

問3．この情報で、3段落2行目の "maintain" に一番近い意味は
(A) 〜を維持する
(B) 出席する
(C) 〜を行う
(D) 〜を捧げる

正解（A）

information（情報）全体について問われている「全体設問」なので、広範囲を読まなければなりません。短時間で正解が探せない場合は「捨てる設問」です。選択肢中の「名詞」は「キーワード」になります。

Q4. What is indicated about the information?（全体設問）
　　(A) The information includes a lease agreement.

175

(B) A reference can be made about an applicant.
(C) Renting an apartment is not permitted.
(D) Apartment owners have to follow the rules.

問4．この情報について何が示されていますか。
(A) この情報は賃貸契約を含みます。
(B) 応募者について照会がなされる可能性があります。
(C) マンションを貸すことが許可されていません。
(D) アパートの所有者は規則に従わなければなりません。

正解（D）

Q5. In which of the positions marked [1], [2], [3] and [4] does the following sentence best belong?
"In addition, if you are renting your apartment unit, please implement the rules within this handbook as part of the lease agreement."（全体設問）

問5．次の文章が入るのは、[1][2][3][4]と示された、どの位置でしょうか。
「さらに、もし、あなたがアパートの部屋を賃貸しているなら、この便覧の中の賃貸契約に入れてください。」

正解（B）

英文和訳

Questions 1-5 refer to the following information.
1 Dandelion Apartment Handbook

2 **Welcome to the Dandelion Apartment.**
3 This handbook has been compiled to familiarize you with the day-to-day operation, management structure, emergency procedures, and the rules and regulations within this apartment. (Q4(D)参照)
4 It is recommended that you thoroughly read through this information, and use it for reference as future questions arise. 5 In addition, if you are renting your apartment unit, please implement the rules within this handbook as part of the lease agreement.(Q4(C)参照)

₆Included in this handbook are key phone numbers. (Q2(C)参照) ₇It is suggested that you keep these numbers in a convenient location and update them as changes occur. ₈Among these numbers are those of the Management Company, and your local police and fire departments. (Q2(C)参照)

₉We recommend that all owners consent to the outlined procedures and suggestions in order to maintain the highest possible quality of living for every resident at Dandelion Apartment. (Q1(B)参照) (Q2(C)参照) (Q4(D)参照)

₁₀Should you have any questions while reading this handbook, please do not hesitate to contact us.

₁₁Thank you.
Dandelion Management Corporation

問1～5は、次のお知らせに関するものです。

1 ダンデライオンマンション便覧

2 ダンデライオンマンションにようこそ。
3 この便覧は、マンションの中の、毎日の運営、経営構造、非常時の手順、規則について皆さんに知っていただく［直訳：皆さんに普及させる］ために編集されました。(Q4(D)参照)
4 皆様はこのお知らせに徹底的に目を通して、今後、質問が出たとき［直訳：将来的な質問が起こったとき］、それを参照することを推奨します［直訳：参照文献として使ってください］。
5 さらに、もしマンションの部屋を貸しているなら、この便覧の中の規則を賃貸契約に入れてください［直訳：規則を履行してください］。(Q4(C)参照)
6 この便覧には主要な電話番号が含まれています［=Key phone numbers are included in this handbook.］。(Q2(C)参照) 7 この電話番号を手の届くところに置いて［直訳：便利な場所に保管し］、変更があれば［直訳：起これば］、その番号を更新してください。8 管理会社と地元の警察・消防署の電話番号がこの番号の中にあります［=The numbers of the Management Company and

your local police and fire departments are among these numbers.]。(Q2(C)参照)

9 すべての所有者は、ダンデライオンマンションの全居住者の生活の質を可能な限り最高の状態に保つため［直訳：最高の可能な生活の質を維持するため］、手順と忠告の概要［直訳：概要を述べられた手順と忠告］に従うことをお薦めします。(Q1(B)参照) (Q2(C)参照) (Q4(D)参照)

10 万が一、この便覧を読んでいる間に何かご質問がある場合［=if you should have any questions while reading this handbook］、遠慮なく私どもに連絡をしてください。

11 ありがとうございます。ダンデライオン管理会社

Words & Phrases

（動）動詞　（名）名詞　（形）形容詞　（副）副詞　（接）接続詞　（前）前置詞

welcome to ～　　～へようこそ
compile[kəmpáil]（動）～を編集する
familiarize[fəmíliəraiz]（動）～に慣れ親しませる
day-to-day　　日々の
operation[ὰpəréiʃn]（名）運営・作動
management[mǽnidʒmənt]（名）経営・運営
structure[strʌ́k(t)ʃər]（名）構造
emergency[imə́:rdʒənsi]（名）緊急
procedure[prəsí:dʒər]（名）手順
regulation[règjəléiʃn]（名）規則・規定
recommend[rèkəménd]（動）～を推薦する
thoroughly[θə́:rouli]（副）徹底的に
read through　　～を通し読みする
information[ìnfərméiʃn]（名）情報

reference[réfərəns]（名）参照
future[fjú:tʃər]（形）将来の・未来の
arise[əráiz]（動）生じる
in addition　　加えて・さらに
rent[rént]（動）賃貸する・賃借する
implement[ímpləmènt]（動）～を履行する
lease agreement　　賃貸契約
include[inklú:d]（動）～を含む
key[kí:]（形）重要な・主要な
suggest[sʌgdʒést]（動）～を提案する・示唆する
convenient[kənví:niənt]（形）便利な
location[loukéiʃn]（名）位置
update[ʌ̀pdéit]（動）～を更新する
occur[əkə́:r]（動）起こる
among[əmʌ́ŋ]（前）（3つ以上のもの）～の中で・の間で

management[mǽnidʒmənt]（名）経営・運営
local[lóukl]（形）地元の
police[pəlíːs]（名）警察
fire department[fáiər dipáːrtmənt]（名）消防署
owner[óunər]（名）所有者
consent[kənsént]（動）〜に同意する
outline[áutlàin]（動）〜の概要を述べる
procedure[prəsíːdʒər]（名）手順
suggestion[səgdʒéstʃən]（名）提案・示唆
in order to V原形　Vする目的で
maintain[meintéin]（動）〜を維持する
possible[pásəbl]（形）可能性のある
quality[kwáləti]（名）質
resident[rézidənt]（名）居住者
while[(h)wail]（接）〜の間

while Ving　Vしている間
hesitate to V原形　Vすることをためらう
intend[inténd]（動）〜を意図する
administrative assistant　管理スタッフ・総務アシスタント
resident[rézidənt]（名）居住者
customer service　顧客サービス
agent[éidʒənt]（名）代理人・仲介者
supervisor[súːpərvàizər]（名）監督者
purpose[páːrpəs]（名）目的
provide[prəváid]（動）〜を提供する
construction[kənstrʌ́kʃən]（名）建設
procedure[prəsíːdʒər]（名）手順
assign[əsáin]（動）〜を割り当てる
task[tæsk]（名）仕事・業務
useful[júːsfl]（形）役立つ
come to an agreement　合意に達する

解答&解説　（音読用英文はp.349）

Q1. For whom is the information most likely intended?（冒頭設問）
　　(A) An administrative assistant
　　(B) A resident
　　(C) A customer service agent
　　(D) A supervisor

問1．この情報は誰を対象にしていると思われますか。
(A) 総務アシスタント
(B) 居住者
(C) 顧客サービス担当者
(D) 監督者

179

正解　(B)

解説　9と全体的な内容から(B)に一致。マンションに住む者が、共有する注意事項を書いている内容である、この便覧を読む対象者に適さないので(A)(C)(D)は不一致。

第1設問なので、冒頭部分に正解があるかな、と推定します。選択肢が短いので、本文と照合しやすいです。第1段落の内容を読むと、居住者に向けて書かれてあるとわかります。

Q2. What's the purpose of this information?（冒頭設問)
　　(A) To provide construction procedures
　　(B) To assign a day-to-day task
　　(C) To provide useful advice
　　(D) To come to a lease agreement

問2．この情報の目的は何ですか。
(A) 建設手順を提供するため
(B) 日々の業務を割り当てるため
(C) 役立つアドバイスを提供するため
(D) 賃貸契約をするため

正解　(C)

解説　(C)は1、6、8、9の内容に一致。(A)(B)(D)の記述はありません。(D)について、賃貸契約はすでに終わっているので、この便覧を見ることができています。

本文の「目的」「理由」を聞く問題なので、冒頭に正解を探してみます。本文の内容を「換言」しているのが、(C)です。正解の選択肢は、本文の「換言」が頻発します。

Q3. In the information, the word "maintain" in paragraph 3, line 2, is closest in meaning to（部分設問)
　　(A) keep
　　(B) attend
　　(C) conduct
　　(D) dedicate

問3．この情報で、3段落2行目の "maintain" に一番近い意味は

正解　(A)「～を維持する」
解説　(B)「出席する」(C)「～を行う」(D)「～を捧げる・専心させる」

Q4. What is indicated about the information?（全体設問）
　　(A) The information includes a lease agreement.
　　(B) A reference can be made about an applicant.
　　(C) Renting an apartment is not permitted.
　　(D) Apartment owners have to follow the rules.

問4．この情報について何が示されていますか。
(A) この情報は賃貸契約を含みます。
(B) 応募者について照会がなされる可能性があります。
(C) マンションを貸すことが許可されていません。
(D) アパートの所有者は規則に従わなければなりません。

正解　(D)
解説　(D) は3、9に一致。(A)(B) は記述がありません。(C) は、5に「許可されている」記述があります。
「見出し」「太字」が少ない、視覚的にわかりにくい「記事」「長いEメール」「手紙」「仕様書・保証書・取り扱い説明書」は難易度が高いです。
それに加えて、「全体質問の数が多い」場合や「全体設問の選択肢中の文が長い」場合、正解するのに時間がかかります。「捨てる」勇気を持つことも必要です。Q4の正解は、第1段落の内容を読んで選ぶことができます。

Q5. In which of the positions marked [1], [2], [3] and [4] does the following sentence best belong?
"In addition, if you are renting your apartment unit, please implement the rules within this handbook as part of the lease agreement."（全体設問）

問5．次の文章が入るのは、[1][2][3][4]と示された、どの位置でしょうか。
「さらに、もし、あなたがアパートの部屋を賃貸ししているなら、この便覧を賃貸契約に入れてください。」

正解　(B)

解説　文挿入問題は「全体設問」です。正解を出すのに[1]〜[4]と示された広範囲を読む必要があります。"In addition（さらに）"は、前述と趣旨は変わらないが、新たな情報を付加するときに使います。4は、便覧を読む人に「遂行するように」薦めていることを書いています。「徹底的に目を通して」「参照してください」がそれにあたります。挿入文である「この便覧を賃貸契約に入れてください」も「遂行するように」薦めていることです。だから、[2]に入れるのが最適です。

[1][3][4]は、前の文と挿入する文の間に、"In addition（さらに）"を入れることができるような、意味のつながりがありません。

> ああああ〜、疲れたよ〜。もうダメだ〜。

よくがんばりましたね。

> STEP7の音読だけど、音読できていない英文が山積みになってるよ〜。

かまいません。**音読は、焦らずに、1つずつ**片づけていってください。

STEP5のまとめ　CD1-27

> 「全体問題」「部分問題」を学習したSTEP5のチェックシート

☐ 具体的詳細を問うのではなく、全体的なことを問う「全体設問」は、本文の広範囲を読む必要がある。

☐ 「全体設問の数が多い」場合や「全体設問の選択肢中の文が長い」場合、

正解するのに時間がかかる。「捨てる」勇気を持つことも必要。
- □「全体設問」であっても、選択肢が短い場合、選択肢の語句を「キーワード」にして、本文中で正解を探すと解答時間が短縮できる。
- □「全体設問」であっても、「見出し」「太字」は大きなヒントである。
- □「見出し」「太字」が少ない、視覚的にわかりにくい「記事」「長いEメール」「手紙」「仕様書・保証書・取り扱い説明書」は難易度が高い。それに加えて、「全体設問の数が多い」場合や、「全体設問の中の選択肢の文が長い」場合、正解するのに時間がかかる。「捨てる」勇気を持つことも必要。
- □「NOT問題」は「全体設問」で3つの選択肢を本文と照合して消去する必要があるので解答時間が長い。
- □「NOT問題」でも、選択肢が短いものは、解答時間が短縮できる。
- □「NOT問題で選択肢の短い設問は、解答時間が短縮できる。
- □「全体設問」「部分設問」共に、設問と選択肢の中の「名詞」が「キーワード」になることが多い。「キーワード」を本文の中に探す。「キーワード」周辺の英文に正解が探せる。
- □ 正解の選択肢は、本文の「換言」が頻発する。
- □「広告」の「見出し」は、広告の内容が凝縮されている。
- □ 時間・時期、回数、割合、金額、場所など、分かりやすい「キーワード」を問う設問は「部分設問」で得点の大チャンス。選択肢を読んで、本文中で選択肢と同一語を探す。
- □ 固有名詞・数字・場所・時期が設問や選択肢に含まれる問題は、「キーワード」が探しやすい。
- □「キーワード」が「人名」の場合、「姓」を確認する。
- □「語彙問題」は「部分設問」。
- □「語彙問題」は、問われた語彙を含む文と、その前後の文を読んで正解を出せない場合は「捨てる設問」。潔く捨てる。
- □「語彙問題」は、短時間で解答できるラッキーな設問。

チェックしたら手を描いてね！

STEP6

実はやさしいライオンハート

必ず印象が変わる!
恐れるなW&トリプルパッセージ!

STEP6

実はやさしいライオンハート

必ず印象が変わる！ 恐れるなW&トリプルパッセージ！

ポイント！

1. Wパッセージ（文書が2つ＆設問5問）、トリプルパッセージ（文書が2つ＆設問5問）への理解を深める。
2. 「全体設問」「部分設問」「冒頭設問」「末尾設問」の分類を定着させる。

PART7の設問を見て、「全体設問」「部分設問」「冒頭設問」「末尾設問」に分類することはできるようになりましたか。

うう～ん、なったような、なっていないような……。

1. 推定力と捨てる力

CD 2-1

TOEICの設問に、『「全体設問」「部分設問」「冒頭設問」「末尾設問」に分類しなさい』という設問はありません。この分類の要点は、設問を見て、「本文のこのあたりに正解があるのではないか」と推定する力、「捨てる設問」を見きわめる力、をつけることです。

この本を何度も繰り返すことで、その判断力が磨かれます。解説の部分を何度も読んで慣れれば大丈夫です。

Point
たしかに、「全体設問」「部分設問」「冒頭設問」「末尾設問」の分類を知らなかったときは、やみくもに設問に取り組んで、時間切れになっていた気がするよ。最近は「全体設問」で「選択肢が長文」のものは、「捨てる設問」にして、あと回しにしてるよ。

やってますね～。そうです、その調子。**正解できる設問を見きわめることが**

できれば、TOEICはすぐに600点を超えますよ。

> 今度はWパッセージとトリプルパッセージだね。解くときに時間がかかるんだ。Wパッセージやトリプルパッセージを解くときには、なんだかヤル気もなくなってくるんだよね。

そんなに嫌わないで。ボノちゃん。

実は、PART7は、Wパッセージよりも、**長いシングルパッセージで選択肢の英文が長いもの**や、**長いシングルパッセージで「全体設問」の数が多いもの**のほうが、正解を出すのに時間がかかり、Wパッセージよりも、難しいのです。

> そうなの？

はい。特に、「長いシングルパッセージ」の最後のほうに、この難問が入っていることが多いのです。その**難問に比べれば、Wパッセージの片方の文書が**「**視覚的にわかりやすい**」**ものになっている設問は、やさしい**のです。

> えっ？　知らなかったよ。

だから、「長いシングルパッセージ」の中で、「全体設問の数が多く、選択肢の英文が長い」場合は、その**「長いシングルパッセージ」ごと、すっ飛ばして、「やさしいWパッセージ」に時間を使うのも一考**です。

> へえ〜、Wパッセージは全部、難しいんだと思っていたよ〜。

Wパッセージは、5設問の中で「両文書問題」という、「1つ目の文書も2つ目の文書も、両方読まなければ解答できない設問」が、「難しい、時間がかかる」という先入観を生んでいるだけです。

　Wパッセージの「両文書問題」は5問中、大抵1問だけです。その他の問題は、「1つ目か2つ目のどちらの文書を見れば正解できるのか」を、見きわめられれば、「シングルパッセージ」と解き方はまったく変わらないのです。

> では、Wパッセージは、「1文書目か2文書目か、どちらを見て解くか」さえ、わかれば、やさしいのでございますね。

理解が早いですね。カチカチさん。その通りです。

2. イチかニかどちらか??
TOEICテストPART7・Wパッセージのポイント

① 「長いシングルパッセージで、選択肢の英文が長いもの」「長いシングルパッセージで『全体設問』の数が多いもの」よりも、Wパッセージのほうがやさしいことがある。
② 2つの文書のうち、1つが「広告」「チケット」「アンケート」「メモ」などの「視覚的にわかりやすい」文書の場合はやさしいと推定できる。
③ 「両文書問題（1つ目の文書も2つ目の文書も、両方読まなければ解答できない設問）」は、5問中、大抵1問で、第4設問か第5設問にくることが多い。これは「捨てる設問」にしても良い。
④ 「1文書目か2文書目かどちらを見て解くか」を見きわめられれば、格段に難易度が下がる。

> なんだか、Wパッセージを解くのが楽しみになってきたよ〜。早く解こうよ！！

おっ、やる気ですね。

今まで通り、「全体設問」「部分設問」「冒頭設問」「末尾設問」に分けて解けばいいの？

そうです。
加えて、「1文書目」か「2文書目」か「両文書（1つ目の文書も2つ目の文書も、両方）」を読むのか、も判断してください。

・設問の対象が「1文書目」「2文書目」「両文書」に分類する。
・「全体設問」「部分設問」「冒頭設問」「末尾設問」に分類する。だね。

さすが、ボノちゃん。

3. 恐れるに足らず！「トリプルパッセージ」

「冒頭設問」「末尾設問」「全体設問」「全体設問」「部分設問」に分類する、という設問への対処の仕方は、Wパッセージと変わらないんだよね？

そうですよ。ボノちゃん。トリプルパッセージの問題を解く前に、この本のシングルパッセージとWパッセージの問題を何度も復習すると、抵抗なくトリプルパッセージの問題に取り組むことができます。復習してくださいね。

TOEICテストPART7　トリプルパッセージのポイント

①落ち着いて設問から読む。
②設問＆選択肢中の語句の、同一語・同義語を本文中で探す。
③見当がつかない場合は、まず「1文書目」と「設問1問目」を照合する。

22ページの『TOEICテストPART7を解くポイント』を確認して、タイマーとマークシート用のエンピツを出してね。

Questions 1-5 refer to the following article and ticket.

Next Weekend-Annual Farm Festival held by Barclay Town Farming Association

Autumn's best

We're really proud of the fresh organic and regional ingredients we're able to offer and there's no better time than autumn to enjoy them!

We really couldn't talk about fresh fruits and vegetables without talking about the great suppliers we are very proud of. From family fruit and vegetable farmers to our partners in New Zealand who send us fresh fruits and veggies –you can meet all the suppliers here at this Farm Festival.

From its beginning, Barclay Town Farming Association has been developing best practices with their partner growers. Their shared goal is to extend Barclay's brief growing season. The Association selects organic farm partners with great care for the Farming Festival. Partners must share consumers' passion for organics, meet certain criteria, be open to innovative growing techniques, be family owned and operated, and follow eco-friendly farming methods.

The Farm Festival schedule is as below:
September 16, Sunday
10:00 AM Gate Opening
12:00 PM Lunchtime Performance on the Main Stage
2:00 PM Fruit and Vegetable Contest in the Festival Plaza

3:00 PM New Zealand Show in the Festival Plaza
4:00 PM Fruit and Vegetable Contest Award Ceremony on the Main Stage
5:30 PM Gate Closing

Ticket prices: Adult $10, Children (7-18) $6, Senior (60+) $6, Association member $3
Tickets for the Farm Festival are available online as of tomorrow. www.barclaytfa.com
We offer readers a $3 discount coupon. Enter the code: BBC1F

Annual Farm Festival   TICKET

Sunday, Sep 16, 2020

Gate Opening: 10:00AM Enter: Gate G (Reborn St.)
Venue: Cleveland Circle, 50 Lakeview Point

Ticket #: 14140   Price: $6
Name: Jim Hawkins
NO SMOKING•NO RE-ENTRY

Note: This ticket does not give any property rights or interest to the holder. The Barclay Town Farming Association reserves the right to void the license granted by this ticket at any time for any reason in its sole discretion, including if any attempted transfer or resale of the ticket does not comply with The Barclay Town Farming Association's policies.

Q1. According to the article, what is written about the Festival?
　　(A) It features a New Zealand performance show.
　　(B) It sells delicious meats and fish.
　　(C) It offers high grade natural food.
　　(D) It is ideal for seniors.

Q2. According to the article, what is true about the fee?
　　(A) It includes beverages and vegetables for takeout.
　　(B) It can be paid by credit card.
　　(C) It is waived for members.
　　(D) It can be discounted by using the code.

Q3. What most likely is Barclay Town Farming Association's main business?
- (A) Managing conferences
- (B) Catering to seniors
- (C) Operating restaurants
- (D) Promoting agricultural products

Q4. What is NOT stated about Barclay Town Farming Association?
- (A) It has been working together with the suppliers of organic planters.
- (B) It shares the same objectives with partner farmers.
- (C) It has definitely selected farmers for the Festival carefully.
- (D) The association's headquarters is located in Cleveland Circle.

Q5. According to the ticket, what most likely is prohibited for a ticket holder?
- (A) Cancelling a ticket
- (B) Selling the ticket to others
- (C) Conferring some property rights
- (D) Making a bank account

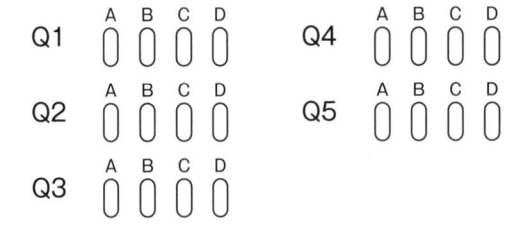

45ページの「TOEICテストPART7点数UPのための練習手順」を繰り返してね。

「Wパッセージ」「全体設問」「部分設問」「冒頭設問」「末尾設問」の解説

語彙力に不安がある場合は、英文の和訳を先に見てみましょう。

　　　　　―Q1に関連する部分　　　　　―Q2に関連する部分
　　　　　―Q3に関連する部分　　　　　―Q4に関連する部分
　　　　　―Q5に関連する部分

> 「ticket（チケット）」は「視覚的にわかりやすい」ので、やさしい問題ではないか、と推定できます。

Questions 1-5 refer to the following article and ticket.

Next Weekend Annual Farm Festival held by Barclay Town Farming Association

> 「見出し」「太字」は、本文の内容を推定する大きなヒントになります。

Autumn's best

We're really proud of the fresh organic and regional ingredients we're able to offer and there's no better time than autumn to enjoy them!

We really couldn't talk about fresh fruits and vegetables without talking about the great suppliers we are very proud of. From family fruit and vegetable farmers to our partners in New Zealand who send us fresh fruits and veggies –you can meet all the suppliers here at this Farm Festival.

> Q1の "natural food（自然の食物）" が、本文のorganic（有機の）、fresh fruit and veggies（新鮮な果物と野菜）、eco-friendly（地球環境にやさしい）、という言葉の「換言」です。正解の選択肢は、本文の「換言」が頻発します。

From its beginning, Barclay Town Farming Association has been developing best practices with their partner growers. Their shared goal is to extend Barclay's brief growing season. The Association selects organic farm partners with great care for the Farming Festival. Partners must share consumers' passion for organics, meet certain criteria, be open to innovative growing techniques, be family owned and operated, and follow eco-friendly farming methods.

The Farm Festival schedule is as below:
September 16, Sunday
10:00 AM Gate Opening
12:00 PM Lunchtime Performance on the Main Stage
2:00 PM Fruit and Vegetable Contest in the Festival Plaza
3:00 PM New Zealand Show in the Festival Plaza
4:00 PM Fruit and Vegetable Contest Award Ceremony on the Main Stage
5:30 PM Gate Closing

Ticket prices: Adult $10, Children (7-18) $6, Senior (60+) $6, Association member $3
Tickets for the Farm Festival are available online as of tomorrow. www.barclaytfa.com
We offer readers a $3 discount coupon. Enter the code: BBC1F

Annual Farm Festival TICKET
Sunday, Sep 16, 2020

Gate Opening: 10:00AM. Enter: Gate G (Reborn St.)
Venue: Cleveland Circle, 50 Lakeview Point

```
Ticket #: 14140        Price: $6
Name: Jim Hawkins
NO SMOKING・NO RE-ENTRY
```
Note: This ticket does not give any property rights or interest to the holder. The Barclay Town Farming Association reserves the right to void the license granted by this ticket at any time for any reason in its sole discretion, including if any attempted transfer or resale of the ticket does not comply with The Barclay Town Farming Association's policies.

Q1. According to the article, what is written about the Festival?（1文書目）（全体設問）
　(A) It features a New Zealand performance show.
　(B) It sells delicious meats and fish.
　(C) It offers high grade natural food.
　(D) It is ideal for seniors.

問1．記事によると祭りについて何が書かれていますか。
(A) ニュージーランドのパフォーマンスショーを目玉としています。
(B) 美味しい肉と魚を販売しています。
(C) レベルの高い自然食品を提供しています。
(D) 高齢者にとって理想的です。

正解　（C）

Q2. According to the article, what is true about the fee?（1文書目）（末

尾設問）
　　(A) It includes beverages and vegetables for takeout.
　　(B) It can be paid by credit card.
　　(C) It is waived for members.
　　(D) It can be discounted by using the code.

問２．記事によると、入場料金について当てはまるものは何ですか。
(A) 持ち帰りの飲み物と野菜が含まれます。
(B) クレジットカードで支払ができます。
(C) メンバーに対しては無料です［直訳：差し控えられます・撤回されます］。
(D) コードの利用により割引されます。

正解　（D）

> 2文書目の「チケット」には、Barclay Town Farming Association（バークレー市農業協会）の業務内容が記述されているとは考えにくいので、1文書目と推定できます。
> 選択肢中の「名詞」を「キーワード」として、「キーワード」を本文中で探します。

Q3. What most likely is Barclay Town Farming Association's main business?（1文書目）（全体設問）
　　(A) Managing conferences
　　(B) Catering to seniors
　　(C) Operating restaurants
　　(D) Promoting agricultural products

問３．バークレー市農業協会の主な業務は何だと思われますか。
(A) 会議を運営する
(B) 高齢者に食事を提供する
(C) レストランを運営する
(D) 農産物の普及を促進する

正解　（D）

> 「NOT問題」は「全体設問」です。「NOT問題」は選択肢３つを消去するため、選択肢３つすべてを本文と照合する必要があります。選択肢が長いので、解答に時間がかかる場合は「捨てる設問」です。選択肢中の「名詞」を「キーワード」として、「キーワード」を本文中で探します。2文書目に「キーワード」のCleveland Circleを探せたら、「両文書問題」と判断できます。「両文書問題」で「全体設問」なので、正解に時間がかかります。「両文書問題」は第４か第５設問に登場することが多いです。

Q4. What is NOT stated about Barclay Town Farming Association?（両

文書問題）（全体設問）
(A) It has been working together with the suppliers of organic planters.
(B) It shares the same objectives with partner farmers.
(C) It has definitely selected farmers for the Festival carefully.
(D) The association's headquarters is located in Cleveland Circle.

問4．バークレー市農業協会について述べられていないものは何ですか。
(A) パートナーの有機生産元とともに努力をしてきました。
(B) パートナー農家と同じ目的を共有しています。
(C) 注意を払って祭りのための農家を選んできたに違いありません。
(D) その協会の本社はクリーヴランドサークルにあります［直訳：立地させられています］。

正解　(D)

> チケットに関する設問なので「2文書目」と推定できます。
> prohibit（禁止する）は重要な「キーワード」です。禁止事項と推定できます。「2文書目」「末尾設問」と推定できれば、選択肢も短いので短時間で解答できる設問です。また、「常識」も駆使して推定することが可能です。TOEICでは常識に反する選択肢は不正解とするのが定番です。

Q5. According to the ticket, what most likely is prohibited for a ticket holder?（2文書目）（末尾設問）
(A) Cancelling a ticket
(B) Selling the ticket to others
(C) Conferring some property rights
(D) Making a bank account

問5．チケットによると、チケット所有者は何が禁じられていますか。
(A) チケットを取り消しすること
(B) 他人にチケットを売ること
(C) 何らかの所有権を与えること
(D) 銀行に口座を開くこと

正解　(B)

英文和訳

Questions 1-5 refer to the following article and ticket.

1 *Next Weekend-Annual Farm Festival held by Barclay Town Farming Association*

2 **Autumn's best**

3 **We're really proud of the fresh organic and regional ingredients we're able to offer and there's no better time than autumn to enjoy them!**

4 **We really couldn't talk about fresh fruits and vegetables without talking about the great suppliers we are very proud of. (Q4(A)参照)** 5 **From family fruits and vegetable farmers to our partners in New Zealand who send us fresh fruits and veggies —you can meet all the suppliers here at this Farm Festival.**

6 From its beginning, Barclay Town Farming Association has been developing best practices with their partner growers. (Q3(D)参照) (Q4(A)参照)

7 Their shared goal is to extend Barclay's brief growing season. (Q4(B)参照)

8 The Association selects organic farm partners with great care for the Farming Festival. (Q3(D)参照) (Q4(A)参照) (Q4(C)参照)

9 Partners must share consumers' passion for organics, meet certain criteria, be open to innovative growing techniques, be family owned and operated, and follow eco-friendly farming methods. (Q1(C)参照) (Q3(D)参照)

10 **The Farm Festival schedule is as below:**

11 September 16, Sunday
10:00 AM Gate Opening
12:00 PM Lunchtime Performance on the Main Stage
2:00 PM Fruit and Vegetable Contest in the Festival Plaza
3:00 PM New Zealand Show in the Festival Plaza
4:00 PM Fruit and Vegetable Contest Award Ceremony on the Main

198

Stage
5:30 PM Gate Closing
12 Ticket prices: Adult $10, Children (7—18) $6, Senior (60+) $6, Association member $3(Q2(C)参照)
13 Tickets for the Farm Festival are available online as of tomorrow. www.barclaytfa.com
14 We offer readers a $3 discount coupon. Enter the code: BBC1F (Q2(D)参照)

問1〜5は、次の記事とチケットに関するものです。

1 次の週末、バークレー市農業協会によって開催される年一度の農場祭

2 秋の最高のイベント［直訳：秋の最高のもの］
3 私たちが提供できる新鮮な有機で地元の素材のことを、非常に誇りに思っており、それを味わうために秋ほど素晴らしい時期はありません！

4 新鮮な果物と野菜について話すと、必ず、私どもが誇りに思っている素晴らしい生産元［直訳：（果物と野菜の）提供者］についてお話しすることになります［直訳：私どもが誇りに思っている素晴らしい提供者について話をすることなしに、新鮮な果物と野菜について話すことはできません］。(Q4(A)参照)
5 家族経営の果物と野菜の農家から、私たちに新鮮な野菜や果物を届けてくれるニュージーランドのパートナー農家まで——この農場祭では、すべての生産元にこの場で会うことができます。

6 （設立）当初から、バークレー市農業協会はパートナー経営の生産者とともに、最善の実践を進めてきました。(Q3(D)参照) (Q4(A)参照)
7 その共通の目標は、バークレーの短い生産期を伸ばすということです。(Q4(B)参照)
8 協会は農場祭のために、細心の注意を払って有機農場のパートナー農家を選んでいます。(Q3(D)参照) (Q4(A)参照) (Q4(C)参照)
9 パートナー農家は、有機に対する消費者の情熱を共有し、一定の基準を満たし、革新的な生産テクニックを受け入れ、家族所有で運営され、地球環境にやさしい農業手法に従わなければなりません。(Q1(C)参照) (Q3(D)参照)

10 農場祭のスケジュールは以下のようになっています：
11 9月16日日曜日
午前10時　開門
午後12時　本舞台での昼食時のパフォーマンス
午後2時　フェスティバルプラザでの果物と野菜のコンテスト
午後3時　フェスティバルプラザでのニュージーランドショー
午後4時　本舞台での果物と野菜のコンテストの授賞式

午後5時半　閉門
12 チケットの価格：大人10ドル、子供（7歳～18歳）6ドル、シニア（60歳～）6ドル、協会メンバー　3ドル(Q2(C)参照)
13 農場祭のチケットは明日からネット上で入手できます。www.barclaytfa.com
14 私どもは読者の方に3ドルの値引きクーポンを提供いたしております。コードを入力してください。BBC1Fです。(Q2(D)参照)

---

15 *Annual Farm Festival TICKET*
16 **Sunday, Sep 16, 2020**

17 **Gate Opening: 10:00AM　Enter: Gate G (Reborn St.)**
18 **Venue: Cleveland Circle, 50 Lakeview Point**

19 Ticket #: 14140　　　Price: $6
20 Name: Jim Hawkins
21 **NO SMOKING・NO RE-ENTRY**
22 *Note: This ticket does not give any property rights or interest to the holder.* 23 *The Barclay Town Farming Association reserves the right to void the license granted by this ticket at any time for any reason in its sole discretion, including if any attempted transfer or resale of the ticket does not comply with The Barclay Town Farming Association's policies.*(Q5(B)参照)

---

15 年一度の農業祭
16 2020年9月16日日曜日
17 開門：午前10時　入場：G門（リボーン通り）（から入場してください）
18 会場：レイクヴューポイント50番地。クリーヴランドサークル。

19 チケット番号：14140　価格：6ドル
20 名前：ジム・ホーキンス
21 禁煙・再入場不可
22 このチケットは所有者側に、財産権や利益を与えるものではありません。
23 バークレー市農業協会は、独自の決定権により、いかなるときでもいかなる理由でも、このチケットによって得られた使用権を無効にする権利を有しており、そして、それは、チケットの意図的な譲渡や再販売がバークレー市農業協会の方針に適合しないものかどうか、ということも含みます。(Q5(B)参照)

Words & Phrases

(動)動詞　(名)名詞　(形)形容詞　(副)副詞　(接)接続詞　(前)前置詞

next[nékst]（形）次の
weekend[wíːkènd]（名）週末
annual[ǽnjuəl]（形）年１回の
farm[fáːrm]（名）農場
festival[féstəvl]（名）祭り
farming[fáːrmiŋ]（形）農業の
association[əsòusiéiʃən]（名）協会
autumn[ɔ́ːtəm]（名）秋
be proud of ～　～を誇りに思う
really[ríːəli]（副）本当に
fresh[fréʃ]（形）新鮮な
organic[ɔːrgǽnik]（形）有機の
regional[ríːdʒənl]（形）地域の
ingredient[ingríːdiənt]（名）材料・素材
be able to V原形　Vできる
offer[ɔ́(ː)fər]（動）～を提供する
enjoy[endʒɔ́i]（動）～を楽しむ
vegetable[védʒətəbl]（名）野菜
without Ving　Vすることなしに
supplier[səpláiər]（名）提供者
farmer[fáːrmər]（名）農業従事者
partner[páːrtnər]（名）パートナー

New Zealand[n(j)ùːzíːlənd]（名）ニュージーランド
veggies　＝vegetables
meet[míːt]（動）～に会う
here[híər]（副）ここで
beginning[bigíniŋ]（名）最初
develop[divéləp]（動）～を発展させる
practice[prǽktis]（名）活動・実践・営業
grower[gróuər]（名）栽培者
share[ʃɛ́ər]（動）共有する
goal[góul]（名）ゴール・目標
extend[iksténd]（動）～を伸ばす
brief[bríːf]（形）短い
growing season　栽培期間
select[səlékt]（動）～を選ぶ
with great care　細心の注意を払って
great[gréit]（形）大きい
care[kɛ́ər]（名）注意
consumer[kənsjúːmər]（名）消費者
passion[pǽʃən]（名）情熱
certain[sə́ːrtn]（形）ある・一定の

criteria[kraitíəriə]（名）基準
be open to 〜　〜を受け入れている
innovative[ínəvèɪtɪv]（形）革新的な
technique[tekníːk]（名）テクニック
own[óun]（動）〜を所有する
operate[ápərèit]（動）〜を操業する・〜を作動する
follow[fálou]（動）〜に従う
eco-friendly[íːkou frén(d)li]（形）地球環境にやさしい
method[méθəd]（名）方法
as below　下のように
Sunday[sʌ́ndei]（名）日曜日
gate[géit]（名）門
performance[pərfɔ́ːrməns]（名）パフォーマンス
main[méin]（形）主要な
contest[kántest]（名）コンテスト
plaza[plǽzə]（名）広場
award[əwɔ́ːrd]（名）賞
ceremony[sérəmòuni]（名）式典
price[práis]（名）価格
adult[ədʌ́lt]（名）大人
senior[síːnjər]（名）高齢者
available[əvéiləbl]（形）入手できる
as of 〜　〜から
offer[ɔ́(ː)fər]（動）〜を提供する
reader[ríːdər]（名）読者
discount[dískaunt]（名）割引
coupon[kúːpɑn]（名）クーポン
enter[éntər]（動）〜を入力する
venue[vénjuː]（名）会場
re-entry[rìːéntri]（名）再入場
property[prápərti]（名）資産
right[ráit]（名）権利

interest[íntərəst]（名）利子
holder[hóuldər]（名）所持者
reserve[rizə́ːrv]（動）（権利）を有する
void[vɔ́id]（動）〜を無効にする
license[láisəns]（名）認可・許諾
grant[grǽnt]（動）〜を許諾する
reason[ríːzn]（名）理由
sole[sóul]（名）唯一の
discretion[diskréʃən]（名）決定権
include[inklúːd]（動）〜を含む
attempt[ətémpt]（動）〜を試みる
transfer[trǽnsfəːr]（名）譲渡
resale[ríːsèil]（名）再販売
comply with 〜　〜に適合する
policy[páləsi]（名）方針
according to 〜　〜によると
feature[fíːtʃər]（名）〜を特徴とする
delicious[dilíʃəs]（形）美味しい
high[hái]（形）高い
grade[gréid]（名）レベル
natural[nǽtʃərəl]（形）自然の
food[fúːd]（名）食べ物
ideal[aidíːəl]（形）理想的な
fee[fíː]　入場料
beverage[bévəridʒ]（名）飲み物
credit card　クレジットカード
waive A for B　BへのAを差し控える
A is waived for B　BへのAを差し控える
most likely　最も可能性が高い
manage[mǽnidʒ]（動）〜を管理する
cater[kéitər]（動）〜に配膳する
operate[ápərèit]（動）〜を運営する
promote[prəmóut]（動）〜を促進する

agricultural[ægrikʌ́ltʃərəl]（形）農業の
product[prɑ́dəkt]（名）製品
state[stéit]（動）〜を言う
work together　協力する
planter[plǽntər]（名）栽培者
same[séim]（形）同じ
objective[əbdʒéktiv]（名）目的
carefully[kɛ́ərfəli]（副）注意深く

headquarter[hédkwɔ̀ɚt̬ɚ]（名）本社
locate[loukéit]（動）〜を位置させる
prohibit[prouhíbət]（動）〜を禁じる
prohibit A from Ving　AがVすることを禁じる
cancel[kǽnsl]（動）〜を取り消しする
others[ʌ́ðərz]（名）他人
make a bank account　銀行口座を開く

解答&解説（音読用英文はp.352）

Q1. According to the article, what is written about the Festival?（全体設問）
(A) It features a New Zealand performance show.
(B) It sells delicious meats and fish.
(C) It offers high grade natural food.
(D) It is ideal for seniors.

問1．記事によると祭りについて何が書かれていますか。
(A) ニュージーランドのパフォーマンスショーを目玉としています。
(B) 美味しい肉と魚を販売しています。
(C) レベルの高い自然食品を提供しています。
(D) 高齢者にとって理想的です。

正解　(C)
解説　(C) は9に一致。(A) について、ニュージーランドのパフォーマンスショーは行われるが、農業主体の祭りの目玉ではない。(B)(D) は記述がありません。
設問1問目・設問2問目、は1文書目に正解があることが頻発します。
1文書目の見出しにある「Festival（祭り）」について、大きく聞かれており、選択肢と本文の冒頭部分を照合しただけでは、正解が出ないとわかるので「全体設問」です。
選択肢中の「名詞」を「キーワード」として、「キーワード」を本文中で探します（マークしてある部分が「キーワード」です）。

"natural food（自然の食物）"が、本文のorganic（有機の）、fresh fruits and veggies（新鮮な果物と野菜）、eco-friendly（地球環境にやさしい）、という言葉の「換言」です。正解の選択肢は、本文の「換言」が頻発します。

Q2. According to the article, what is true about the fee?（末尾設問）
　　(A) It includes beverages and vegetables for takeout.
　　(B) It can be paid by credit card.
　　(C) It is waived for members.
　　(D) It can be discounted by using the code.

問2．記事によると、入場料金について当てはまるものは何ですか。
(A) 持ち帰りの飲み物と野菜が含まれます。
(B) クレジットカードで支払ができます。
(C) メンバーに対しては無料です［直訳：差し控えられます・撤回されます］。
(D) コードの利用により割引されます。

正解　(D)
解説　(D) は14に一致。(A)(B) は記述がありません。(C) について、メンバーも12に6ドルとあります。
fee（料金）は、2文書目のチケットにも＄6と書いてありますが、選択肢を見ると、2文書目は関係ない、第2設問なので、2文書目は関係なさそうだ、と推定できます。
「問い合わせ先」「登録先」「チケット購入方法」は、本文の末尾あたりに記述されるのが定番です。
選択肢中の「名詞」を「キーワード」として、「キーワード」を本文中で探します。
discount（割引する）、code（コード）の同一語が本文に存在します。

Q3. What most likely is Barclay Town Farming Association's main business?（全体設問）
　　(A) Managing conferences
　　(B) Catering to seniors
　　(C) Operating restaurants
　　(D) Promoting agricultural products

問3．バークレー市農業協会の主な業務は何だと思われますか。
(A) 会議を運営する
(B) 高齢者に食事を提供する
(C) レストランを運営する
(D) 農産物の普及を促進する

正解　(D)
解説　(D) は全体的な内容と6、8、9に一致。(A)(B)(C) は記述がありません。「全体設問」ですが、第１文書のフェスティバルのスケジュール以前の部分に、協会の業務内容が書いてある、と推定することが可能です。
agricultural products（農業製品）はfruit and vegetable（野菜と果物）の「換言」です。Festival（祭り）を開催してpromote（販売促進）しているのです。

Q4. What is NOT stated about Barclay Town Farming Association?
（全体設問）
(A) It has been working together with the suppliers of organic planters.
(B) It shares the same objectives with partner farmers.
(C) It has definitely selected farmers for the Festival carefully.
(D) The association's headquarters is located in Cleveland Circle.

問4．バークレー市農業協会について述べられていないものは何ですか。
(A) パートナーの有機生産元とともに努力をしてきました。
(B) パートナー農家と同じ目的を共有しています。
(C) 注意を払って祭りのための農家を選んできたに違いありません。
(D) その協会の本社はクリーヴランドサークルにあります［直訳：立地させられています］。

正解　(D)
解説　(D) について、農業祭の会場はクリーヴランドサークルと18に記述がありますが、クリーヴランドサークルが協会の本社であるという記述はありません。(A)は、4、6、8で述べられています。(B)は7で述べられています。(C)は8で述べられています。(C)のcarefullyの「換言」は本文のwith great careです。「NOT問題」は「全体設問」です。「NOT問題」は選択肢3つを消去するため、

選択肢3つすべてを本文と照合する必要があります。2文書目に「キーワード」のCleveland Circleを探せたら、「両文書問題」と判断できます。
「両文書問題」で「全体設問」なので、正解に時間がかかります。「両文書問題」は第4か第5設問に登場することが多いです。

Q5. According to the ticket, what most likely is prohibited for a ticket holder? (末尾設問)
   (A) Cancelling a ticket
   (B) Selling the ticket to others
   (C) Conferring some property rights
   (D) Making a bank account

問5．チケットによると、チケット所有者は何が禁じられていますか。
(A) チケットを取り消しすること
(B) 他人にチケットを売ること
(C) 何らかの所有権を与えること
(D) 銀行に口座を開くこと

正解　(B)
解説　(B)は23に一致。(A)(C)(D)は記述がありません。
チケットに関する設問なので「2文書目」と推定できます。prohibit（禁止する）は重要な「キーワード」です。禁止事項と推定できます。「2文書目」「末尾設問」と推定できれば、選択肢も短いので短時間で解答できる設問です。また、「常識」も駆使して推定することが可能です。TOEICでは常識に反する選択肢は不正解とするのが定番です。

22ページの『TOEICテストPART7を解くポイント』を確認して、タイマーとマークシート用のエンピツを出してね。

CD 2-3　CD 2-25　制限時間 10分

Questions 1-5 refer to the following email and information.

Carlos,

It was great to meet you today. The ESL classes take place at Bristol Street Church. I do not know if it is too late to sign up for the summer classes. However, I know new English classes will be starting in the fall. The exact cost of the class varies depending on which type of class (conversational English, academic English, Grammar, etc.), but I think it is around $100-$150 which includes the cost of all class materials. During the summer, classes are on Tuesdays and Thursdays 9:30-11:30 am. The classes are all taught by volunteers including me.

You should email the director of ESL at Bristol Street Church, Karen Arnold, to ask questions, and sit for an online exam before you register. (email: karen@bristolstreet.org) Karen will be able to answer all your questions! I hope to see you again.

Best,
Lauren

ESL at Bristol Street Church

Summer ESL
Tuesdays & Thursdays 9:30 AM-11:30 AM   Starting Date: May 4th
Fees vary depending on the course. (for Detailed information: www.bristolst.esl.com)
No enrollment fee.

Autumn ESL Course
Wednesdays & Fridays 6:00 PM-8:00 PM   Fee & Starting Date: to be announced

Before starting your course;
1. Pick the course you want to apply for.
2. Visit our website or just visit Bristol Street Church to complete your payment.
3. Take a level-check test online.

If you have any questions, don't hesitate to email the director of ESL at Bristol Street Church, Karen Arnold.
email: karen@bristolstreet.org

Q1. What type of classes most likely are ESL?
(A) Technology classes
(B) Language classes
(C) Accounting classes
(D) Management classes

Q2. Who should Carlos contact to get more information?
(A) The director of ESL
(B) Lauren
(C) Bristol Street Church
(D) The ESL Manager

Q3. According to the information, how should Carlos apply for ESL classes?
(A) Just e-mail Karen
(B) Choose a course and pay the fee
(C) Pay to enrollment
(D) Access the Web

Q4. What most likely is Carlos required to do after he pays the fee?
   (A) E-mail Karen
   (B) Phone Lauren
   (C) Register his address
   (D) Take an exam

Q5. What is true about Bristol Street Church?
   (A) It is where Lauren teaches classes
   (B) It is notable for its architecture
   (C) It is where level-check tests are held
   (D) It is the only place you make payment

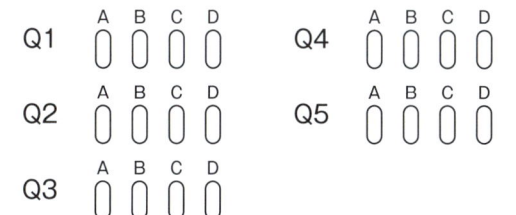

Q1 A B C D   Q4 A B C D
    ○ ○ ○ ○   ○ ○ ○ ○

Q2 A B C D   Q5 A B C D
    ○ ○ ○ ○   ○ ○ ○ ○

Q3 A B C D
    ○ ○ ○ ○

45ページの「TOEICテストPART7点数UPのための練習手順」を繰り返してね。

「Wパッセージ」「全体設問」「部分設問」「冒頭設問」「末尾設問」の解説

Q1-Q5と照らし合わせてみましょう。
　　　　—Q1に関連する部分　　　　—Q2に関連する部分
　　　　—Q3に関連する部分　　　　—Q4に関連する部分
　　　　—Q5に関連する部分

Questions 1-5 refer to the following email and information.

Carlos,

It was great to meet you today. The ESL classes take place at Bristol Street Church. I do not know if it is too late to sign up for the summer classes. However, I know new English classes will be starting in the fall. The exact cost of the class varies depending on which type of class (conversational English, academic English, Grammar, etc.), but I think it is around $100-$150 which includes the cost of all class materials. During the summer, classes are on Tuesdays and Thursdays 9:30-11:30 am. The classes are all taught by volunteers including me.

You should email the director of ESL at Bristol Street Church, Karen Arnold, to ask questions, and sit for an online exam before you register. (email: karen@bristolstreet.org) Karen will be able to answer all your questions! I hope to see you again.

Best,
Lauren

ESL at Bristol Street Church

Summer ESL
Tuesdays & Thursdays 9:30 AM-11:30 AM   Starting Date: May 4th
Fees vary depending on the course. (for detailed information: www.bristolst.esl.com)
No enrollment fee.

Autumn ESL Course
Wednesdays & Fridays 6:00 PM-8:00 PM　Fee & Starting Date: to be announced

Before starting your course;
1. Pick the course you want to apply for.
2. Visit our website or just visit Bristol Street Church to complete your payment.
3. Take a level-check test online.

If you have any questions, don't hesitate to email the director of ESL at Bristol Street Church, Karen Arnold.
email: karen@bristolstreet.org

Q1. What type of classes most likely are ESL?（1文書目）（部分設問）
　　(A) Technology classes
　　(B) Language classes
　　(C) Accounting classes
　　(D) Management classes

問1．ESLはどのような形態の授業であると思われますか。
(A) 技術工学
(B) 言語
(C) 会計
(D) 経営・管理

正解　(B)

> 「問い合わせ先」「登録先」「チケット購入方法」は、本文の末尾あたりに記述されるのが定番です。これは「問い合わせ先」に当たります。
> 第2設問なので「1文書目」に正解があると推定できますが、「2文書目」でも正解が探せます。
> 選択肢が短いので、容易に正解を見つけることが可能です。

Q2. Who should Carlos contact to get more information?（1文書目or2文書目）（末尾設問）
　　(A) The director of ESL
　　(B) Lauren
　　(C) Bristol Street Church
　　(D) The ESL Manager

問２．より多くの情報を得るためにカルロスは誰に連絡を取るべきですか。
(A) ESLの理事長
(B) ローレン
(C) ブリストル通り教会
(D) ESLの部長

正解　(A)

> the information（情報）と限定しているので、「2文書目」を見ます。設問内で「1文書目」か「2文書目」かを限定している場合は解答時間が短縮できます。
> 「登録先」は、本文の末尾あたりに記述されるのが定番です。設問と選択肢中の「名詞」を「キーワード」として、「キーワード」を本文中で探します。

Q3. According to the information, how should Carlos apply for ESL classes?（2文書目）（末尾設問）
　　(A) Just e-mail Karen
　　(B) Choose a course and pay the fee
　　(C) Pay to enrollment
　　(D) Access the Web

問３．この情報によると、カルロスはどのようにESLの授業に応募すべきですか。
(A) カレンさんにEメールするだけ
(B) コースを選択し授業料を支払う

(C) 入会に対して支払う
(D) インターネットをつなぐ

正解 (B)

Q4. What most likely is |Carlos| required to do |after he pays the fee|?（2文書目）（部分設問）
　(A) E-mail Karen
　(B) Phone Lauren
　(C) Register his address
　(D) Take an exam

> 第4設問なので、「2文書目」かな、と推定します。after he pays the fee（カルロスが授業料を支払ったあと）と具体的に記述があるので「部分設問」です。
> 選択肢も短かく、Q3との関連性も深いので、短時間で解答できます。

問4．カルロスが授業料を支払ったあと、行うように要求されることは何だと思われますか。
(A) カレンにEメールをする
(B) ローレンに電話する
(C) カルロスの住所を登録する
(D) 試験を受ける

正解 (D)

> 両文書全体を広範囲に読む必要があるので、時間がかかる場合は「捨てる設問」です。
> ただ、Q3&4を解答する過程で、正解が出る設問でもあります。

Q5. What is true about Bristol Street Church?（両文書問題）（全体設問）
　(A) It is where Lauren teaches classes
　(B) It is notable for its architecture
　(C) It is where level-check tests are held
　(D) It is the only place you make payment

問5．ブリストル通り教会について当てはまることは何ですか。
(A) ローレンが授業を行っている
(B) 建築で有名
(C) レベルをチェックするテストが開催される
(D) 支払いをするために訪問する唯一の場所

正解 (A)

英文和訳

Questions 1-5 refer to the following email and information.

1 Carlos,

2 It was great to meet you today. 3 The ESL classes take place at Bristol Street Church. 4 I do not know if it is too late to sign up for the summer classes. 4 However, I know new English classes will be starting in the fall. 5 The exact cost of the class varies depending on which type of class (conversational English, academic English, Grammar etc.) (Q1(B)参照), but I think it is around $100-$150 which includes the cost of all class materials. 6 During the summer, classes are on Tuesdays and Thursdays 9:30-11:30 am. 7 The classes are all taught by volunteers including me. (Q5(A)参照)

8 You should email the director of ESL at Bristol Street Church, Karen Arnold, to ask questions（Q2&Q3(A)参照）, and sit for an online exam before you register(Q4(D)参照). (email: karen@bristolstreet.org) 9 Karen will be able to answer all your questions! 10 I hope to see you again.

11 Best,
Lauren

問1～5は、次のEメールと情報に関するものです。

1 カルロスへ

2 本日、お目にかかれて、うれしかったです。3 ESLの授業はブリストル通教会で行われます。
4 夏の授業には、申し込むのに時期が遅すぎるのか［直訳：あまりに時期が遅すぎて申し込めないか］どうかは、私はわかりません。しかしながら、新しい英語の授業は秋に始まります。5 正確な授業料はどの形態の授業か（英会話、

英語理論、文法など）(Q1(B)参照)によって変わりますが、私が思うに授業料は、授業のすべての教材費［直訳：材料費］を含め、約100ドルから150ドルです。6 夏の間、授業は火曜日と木曜日の午前9時半〜11時半です。7 授業は私を含めすべてボランティアで行われて［直訳：教えられて］います。(Q5(A)参照)

8 質問をするためには、ブリストル通教会のESL理事長、カレン・アーノルドさんにEメールをしなければなりません。(Q2&Q3(A)参照)そして、（授業の）登録前には、インターネット上でテストを受けなければなりません。(Q4(D)参照) (Eメールは：karen@bristolstreet.org)。9 カレンはあなたのすべての質問に答えることができますよ。10 また、お目にかかれるのを祈っています。

11 では。ローレン

12 ESL at Bristol Street Church

13 *Summer ESL*
14 Tuesdays & Thursdays 9:30 AM-11:30 AM　Starting Date: May 4th
15 Fees vary depending on the course. (for detailed information: www.bristolst.esl.com)
16 No enrollment fee. (Q3(C)参照)

17 *Autumn ESL Course*
Wednesdays & Fridays 6:00 PM-8:00 PM
18 Fee & Starting Date: to be announced

19 *Before starting your course; (Q3(B)参照)*
20 1. Pick the course you want to apply for. (Q3(B)参照) (Q4(D)参照)
21 2. Visit our website(Q5(D)参照) or just visit Bristol Street Church to complete your payment. (Q2(B)参照) (Q4(D)参照)
22 3. Take a level-check test online. (Q4(D)参照)

23 If you have any questions, don't hesitate to email the director of ESL at Bristol Street Church, Karen Arnold. (Q2&Q3(A)参照)
email: karen@bristolstreet.org

12 ブリストル通り教会のESL

13 夏のESL
14 火曜日と木曜日の9時半～11時半　開始日：5月4日
15 料金はコースによって変わります。（詳細の情報は：www.bristolst.esl.com）
16 入会金はなし(Q3(C)参照)

17 秋のESLコース　水曜日と金曜日の午後6時から午後8時
18 料金と開始日は：まだ公表されていません。

19 コースを開始する前に：(Q3(B)参照)
20 （1）申込みしたいコースを選んでください。(Q3(B)参照) (Q4(D)参照)
21 （2）支払を完了させるためには、私どものホームページに訪問するか(Q5(D)参照)、ブリストル通り教会にちょっとお立ち寄りください［直訳：単に訪問してください］。(Q2(B)参照) (Q4(D)参照)
22 （3）インターネット上でレベルをチェックするテストを受けてください。(Q4(D)参照)

23 もし、何か質問があれば、ブリストル通り教会のESL理事長、カレン・アーノルドに遠慮なくEメールしてください。(Q2&Q3(A)参照)
Eメール：karen@bristolstreet.org

Words & Phrases

（動）動詞　（名）名詞　（形）形容詞　（副）副詞　（接）接続詞　（前）前置詞

great [gréit]（形）素晴らしい・偉大な
class[klǽs]（名）授業
take place　起こる（＝happen）
street[strí:t]（名）通り
church[tʃə́:rtʃ]（名）教会
too ~ to V原形　あまりにも～すぎてVできない
sign up for ~　～に名前を登録する
summer[sʌ́mər]（名）夏
however[hauévər]（副）しかしながら

fall[fɔ́:l]（名）秋
exact[igzǽkt]（名）正確な
depend on ~　～次第である
conversational[kὰnvərséiʃənəl]（形）会話の
academic[ὰkədémik]（形）学問的な・理論的な
include[inklú:d]（動）～を含む
cost[kɔ́(:)st]（名）価格
material[mətíəriəl]（名）材料

during[djúəriŋ]（前）〜の間
Tuesday[tjúːzdei]（名）火曜日
Thursday[θə́ːrzdei]（名）木曜日
volunteer[vàləntíər]（動）ボランティアで行う
email[íːmèil]（動）〜にEメールをする
director[dəréktər]（名）重役・理事長
sit for 〜　（試験）を受ける
register[rédʒistər]（動）登録する
fee [fíː]（名）料金
vary[véəri]（動）変わる
detail[ditéil]（名）詳細
enroll[inróul]（動）〜を入会させる
autumn[ɔ́ːtəm]（名）8月
Wednesday[wénzdei]（名）水曜日
Friday[fráidei]（名）金曜日
announce[ənáuns]（動）〜を発表する
pick[pík]（動）〜を選ぶ
apply for 〜　〜に申し込む

payment[péimənt]（名）支払
online[ánlàin]（副）インターネットで
complete[kəmplíːt]（動）〜を完成させる
level[lévl]（名）基準
hesitate[hézitèit]（動）躊躇する
type[táip]（名）型
conversation[kànvərséiʃən]（名）会話
language[lǽŋgwidʒ]（名）言語
accounting[əkáuntiŋ]（名）会計
management[mǽnidʒmənt]（名）経営・管理
pay[péi]（動）〜を支払う
access[ǽkses]（動）〜に接続する
manager[mǽnidʒər]（名）管理者
require[rikwáiər]（動）〜を要求する
notable[nóutəbl]（形）有名な
architecture[ɑ́ːrkətèktʃər]（名）建築

解答&解説　（音読用英文はp.357）

Q1. What type of classes most likely are ESL?（部分設問）
　　(A) Technology classes
　　(B) Language classes
　　(C) Accounting classes
　　(D) Management classes

問１．ESLはどのような形態の授業であると思われますか。
(A) 技術工学
(B) 言語
(C) 会計
(D) 経営・管理

正解　(B)

解説　(B) は4に一致。(A)(C)(D)は記述がありません。
設問1問目・設問2問目、は1文書目に正解があることが頻発します。
Eメールは視覚的に見えづらいですが、選択肢が短いので、容易に正解を見つけることが可能です。
設問と選択肢中の「名詞」を「キーワード」として、「キーワード」を本文中で探します。
「逆接」を示す、以下のような語句を含む文は、設問で問われることが頻発します。
however, though, although, but, yet, など。正解を含む文はhoweverが存在します。

Q2. Who should Carlos contact to get more information?（末尾設問）
　　(A) The director of ESL
　　(B) Lauren
　　(C) Bristol Street Church
　　(D) The ESL Manager

問2．より多くの情報を得るためにカルロスは誰に連絡を取るべきですか。
(A)　ESLの理事長
(B)　ローレン
(C)　ブリストル通り教会
(D)　ESLの部長

正解　(A)
解説　(A) は8、23に一致。(B)(C)(D)は記述がありません。
「問い合わせ先」「登録先」「チケット購入方法」は、本文の末尾あたりに記述されるのが定番です。これは「問い合わせ先」に当たります。
第2設問なので「1文書目」に正解があると推定できますが、「2文書目」でも正解が探せます。
選択肢が短いので、容易に正解を見つけることが可能です。

Q3. According to the information, how should Carlos apply for ESL classes?（末尾設問）
　　(A) Just e-mail Karen
　　(B) Choose a course and pay the fee

(C) Pay to enrollment
(D) Access the Web

問3．この情報によると、カルロスはどのようにESLの授業に応募すべきですか。
(A) カレンさんにEメールするだけ
(B) コースを選択し授業料を支払う
(C) 入会に対して支払う
(D) インターネットをつなぐ

正解　(B)
解説　(B) は19、20、21に一致。(A) について、8と23にカレンさんにEメールをするのは質問するためだと書かれています。(C) について、16にno enrollment fee（入会金は不要）と書いてあります。(D) について、インターネットをつないだだけでは応募できません。
apply for ESL classes（ESLの授業に申し込む）の「換言」がstarting your course（コースを始める）です。
「登録先」は、本文の末尾あたりに記述されるのが定番です。
the information（情報）と限定しているので、「2文書目」を見ます。設問内で「1文書目」か「2文書目」かを限定している場合は解答時間が短縮できます。
設問と選択肢中の「名詞」を「キーワード」として、「キーワード」を本文中で探します。

Q4. What most likely is Carlos required to do after he pays the fee?
（部分設問）
　(A) E-mail Karen
　(B) Phone Lauren
　(C) Register his address
　(D) Take an exam

問4．カルロスが授業料を支払ったあと、行うように要求されることは何だと思われますか。
(A) カレンにEメールをする
(B) ローレンに電話する
(C) カルロスの住所を登録する

(D) 試験を受ける

正解　(D)
解説　(D) は20、21、22に一致。(A)(B)(C) は記述がありません。
第4設問なので、「2文書目」かな、と推定します。after Carlos pays the fee（カルロスが授業料を支払ったあと）と具体的に記述があるので「部分設問」です。選択肢も短かく、Q3との関連性も深いので、短時間で解答できます。
after Carlos pays the fee（カルロスが授業料を支払ったあと）の「換言」が、complete your payment（支払いを完了する）です。

Q5. What is true about Bristol Street Church?（全体設問）
　　(A) It is where Lauren teaches classes
　　(B) It is notable for its architecture
　　(C) It is where level-check tests are held
　　(D) It is the only place you visit to make payment

問5．ブリストル通り教会について当てはまることは何ですか。
(A) ローレンが授業を行っている
(B) 建築で有名
(C) レベルをチェックするテストが開催される
(D) 支払いをするために訪問する唯一の場所

正解　(A)
解説　(A) は7に一致。(B)(C) は記述がありません。(D) は21にホームページ上でも支払ができると書いてあるので不一致。
「記事」「長いEメール」「手紙」「仕様書・保証書・取扱い説明書・契約書」は視覚的に見えづらい文書です。
それに加えて、「全体質問の数が多い」場合や、「全体設問の中の選択肢の文が長い」場合、正解するのに時間がかかる。「捨てる」勇気を持つことも必要です。両文書全体を広範囲に読む必要があるので、時間がかかる場合は「捨てる設問」です。ただ、Q3&4を解答する過程で、正解が出る設問でもあります。

22ページの『TOEICテストPART7を解くポイント』を確認して、タイマーとマークシート用のエンピツを出してね。

Questions 1-5 refer to the following article and list.

Newly Published Books for Booklovers

Published November 11
"James Brian" by Timothy Roth
A chronicle of James Brian's campaign to secure equal voting rights via an epic march from Brook Bay Bridge to Montray City.

Published November 12
"I will be here" by Nela Kings
After a near-fatal plane crash on the Atlantic Ocean, Nela Kings spends a catastrophic 35 days in a raft with 2 other passengers before he's found by the Navy.

Published November 13
"Never let it go" by Heidi Young
In an American coastal town, Heidi is forced to fight the corrupt mayor when she is told that her house will be destroyed because of a political measure. She hires a lawyer friend to help her, but the woman's recruitment brings further misfortune for Heidi.

Published November 14
"Sorry, you are right" by Jonas Wu
A sickly woman overhears what she thinks is a murder plot and attempts to prevent it.

Published November 15
"The Code" by Naomi Emmerrich

During the First World War, a physicist named Kennith tries to break a mysterious code with the help from fellow mathematicians.

XYZ BOOKSTORE Bestsellers
The first week of December

Ranking	Ranking Last Week	Title	Price
1	4	**"Never let it go" by Heidi Young** Takes a corrupt mayor to court The case brings her misfortune	$22.45
2	2	**"Business on the Internet" by George Carpenter** How to start a business on the Internet	$35.65
3	5	**"Asian Diet" by Joanne Suzuki** The exquisite Japanese diet	$19.00
4	3	**"The Code" by Naomi Emmerrich** A physicist cracks the code in WW I	$15.55
5	6	**"Cookbook for Food Enthusiasts" by Hudson Dikstra** Hudson's "Easy-Fast" Recipes	$12.90
6	1	**"With King John" by Murray Keith** The love story of a woman and a king	$21.55
7	22	**"I will be here" by Nela Kings** Surviving a plane crash on the Atlantic Ocean	$20.55
8	40	**"Super Fit" by Mark Karl** Audio book about fitness	$14.55

Q1. What is the purpose of the article?
  (A) To announce a new publishing company will be established
  (B) To hold a discussion about newly published books
  (C) To introduce some recommendable books to readers
  (D) To publish new books

Q2. What is true about the book written by Heidi Young?
  (A) It is a love story about a woman living in a coastal town who meets a politician.

(B) It is a story relating to an abusive politician and a lawyer who makes things worse.
(C) It is a story of politicians who fight against a corrupt government.
(D) It is a story that inspires many mayors who try to force people to follow the rules.

Q3. What book sold the most copies the previous week?
(A) *Never let it go*
(B) *Sorry, you are right*
(C) *Business on the Internet*
(D) *With King John*

Q4. What is suggested in the list?
(A) *"Super fit"* is probably a book that contains information readers would listen to.
(B) The book by Hudson Dikstra was out of the top 10 last week.
(C) The book that ranked no.2 this week was published on November 13.
(D) Naomi Emmerrich wrote the book about a soldier in World War I.

Q5. What's the title of the book mentioned in the article that is NOT in the ranking?
(A) *Never let it go*
(B) *I will be here*
(C) *The Code*
(D) *James Brian*

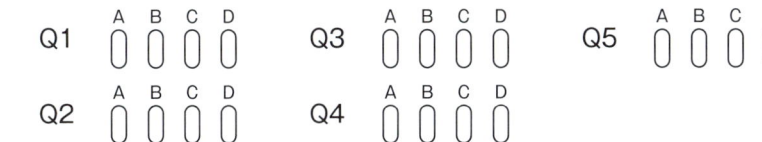

45ページの「TOEICテストPART7点数UPのための練習手順」を繰り返してね。

「Wパッセージ」「全体設問」「部分設問」「冒頭設問」「末尾設問」の解説

語彙力に不安がある場合は、先に解答＆解説を見てください。

　▬▬▬ーQ1に関連する部分　　▬▬▬ーQ2に関連する部分
　▬▬▬ーQ3に関連する部分　　▭▭▭ーQ4に関連する部分
　▬▬▬ーQ5に関連する部分

> 「記事」は通常「視覚的に見えづらい」ですが、本文は「見出し」「太字」が多く、英文の量も少ないので短時間で解ける問題と判断できます。

Questions 1-5 refer to the following article and list.

Newly Published Books for Booklovers

> Q1のrecommendable books for readers（読者の方にとって推薦できる本）の「換言」がnewly published books for booklovers（愛読者へ向けての新しく出版された本）です。正解の選択肢は、本文の「換言」が頻発します。

> 「見出し」「太字」は正解のヒントや「キーワード」を探すことができる場合が頻発します。

Published November 11
"James Brian" by Timothy Roth
A chronicle of James Brian's campaign to secure equal voting rights via an epic march from Brook Bay Bridge to Montray City.

Published November 12
"I will be here" by Nela Kings
After a near-fatal plane crash on the Atlantic Ocean, Nela Kings spends a catastrophic 35 days in a raft with 2 other passengers before he's found by the Navy.

> Q2のabusive politician（不正な政治家）、lawyer who makes things worse.（事態をより悪くする法律家）の「換言」がcorrupt mayor（賄賂にまみれた市長）、the woman's recruitment brings further misfortune for Heidi.（女性を雇用したことがハイジにさらなる不幸をもたらす）です。butなど逆接の語を含む文は、設問で問われる場合が頻発します。

Published November 13
"Never let it go" by Heidi Young
In an American coastal town, Heidi is forced to fight the corrupt mayor when she is told that her house will be destroyed because of a political measure. She hires a lawyer friend to help her, but the woman's recruitment brings further misfortune for Heidi.

Published November 14
"Sorry, you are right" by Jonas Wu
A sickly woman overhears what she thinks is a murder plot and attempts to prevent it.

Published November 15
"The Code" by Naomi Emmerrich
During the First World War, a physicist named Kennith tries to break a mysterious code with the help from fellow mathematicians.

> Q3のprevious week（前週）の「換言」がlast week（先週）です。正解の選択肢は、本文の「換言」が頻発します。

XYZ BOOKSTORE BestSellers: The first week of December			
Ranking	Ranking Last Week	Title	Price
1	4	"Never let it go" by Heidi Young Takes a corrupt mayor to court The case brings her misfortune	$22.45
2	2	"Business on the Internet" by George Carpenter How to start a business on the Internet	$35.65
3	5	"Asian Diet" by Joanne Suzuki The exquisite Japanese diet	$19.00

4	3	**"The Code"** by Naomi Emmerrich A physicist cracks the code in WWI	$15.55
5	6	**"Cookbook for Food Enthusiasts"** by Hudson Dikstra Hudson's "Easy-Fast" Recipes	$12.90
6	1	**"With King John"** by Murray Keith The love story of a woman and a king	$21.55
7	22	**"I will be here"** by Nela Kings Surviving in a plane crash on the Atlantic Ocean	$20.55
8	40	**" Super Fit "** by Mark Karl Audio book about fitness	$14.55

> Q4のreaders listen to（読者が聴く）の「換言」がAudio book（聴く本→オーディオブック）です。

> article（記事）（つまり1文書目）と限定している設問です。設問内で「1文書目」か「2文書目」かを限定している場合は解答時間が短縮できます。第1設問で「目的」を聞かれているので「冒頭設問」と推定し、1文書目の冒頭あたりに正解を探します。

Q1. What is the purpose of the article?（1文書目）（冒頭設問）
   (A) To announce that a new publishing company will be established
   (B) To hold a discussion about newly published books
   (C) To introduce some recommendable books to readers
   (D) To publish new books

問1．この記事の目的は何ですか？
(A) 新しい出版社が設立されることを発表するため
(B) 新しく出版される本について話し合いをするため
(C) 読者に推薦できる本を紹介するため
(D) 新しい本を出版するため

正解　（C）

> Heidi Youngが特定されているので、選択肢は長いながらも、本文中から探しやすい設問です。

Q2. What is true about the book written by Heidi Young?（1文書目）（部分設問）
   (A) It is a love story about a woman living in a coastal town who meets a politician.
   (B) It is a story relating to an abusive politician and a lawyer who makes things worse.
   (C) It is a story of politicians who fight against a corrupt government.
   (D) It is a story that inspires many mayors who try to force people to follow the rules.

問2．ハイジ・ヤングによって書かれた本について、当てはまるものは何ですか？
(A) 海岸沿いの町に住む女性が政治家と会う恋物語
(B) 不正な政治家と事態をより悪くする弁護士に関連する物語
(C) 腐敗した政府に戦いを挑む政治家の物語
(D) 人々に規則を守ることを強制しようとする多くの市長を啓発する物語

正解　(B)

Q3. What book sold the most copies the previous week?（2文書目）（部分設問）
   (A) *Never let it go*
   (B) *Sorry, you are right*
   (C) *Business on the Internet*
   (D) *With King John*

> 2文書目が「ランキング」を表すことさえわかれば、すぐに2文書目の問題だと判断できます。the previous week（先週）のランキング1位を探せば良いので「部分設問」です。

問3．先週、どの本が一番売れましたか？

正解　(D)

> list（表）と特定されており、探すのが容易です。選択肢は長いですが、list自体は見やすいので短時間で正解できます。

Q4. What is suggested in the list?（2文書目）（全体設問）
   (A) *"Super fit"* is probably a book that contains information

227

readers would listen to.
(B) The book by Hudson Dikstra was out of the top 10 last week.
(C) The book that ranked no.2 this week was published on November 13.
(D) Naomi Emmerrich wrote the book about a soldier in World War I.

問4．リストの中で何がわかりますか？
(A) 『スーパーフィット』はおそらく、その内容を読者が聞くという本です。
(B) ハドソン・デイクストラによる本は先週リストの10位圏外でした。
(C) 今週ランキング2位の本は11月13日に出版されました。
(D) ナオミ・エマーリックは、第一次世界大戦の兵士についての本を書きました。

正解　(A)

Q5. What's the title of the book mentioned in the article that is NOT in the ranking?（両文書問題）（全体設問）
(A) *Never let it go*
(B) *I will be here*
(C) *The Code*
(D) *James Brian*

「NOT問題」は「全体設問」です。the article（記事）、the ranking（ランキング）と設問にあるので「両文書問題」と判断できます。選択肢が短いので比較的短時間で解けると判断します。

問5．記事の中で言及されている本でランキングに入っていない本のタイトルは何ですか？

正解　(D)

英文和訳

Questions 1-5 refer to the following article and list.

1 **Newly Published Books for Booklovers**

2 **Published November 11**
3 **"James Brian" by Timothy Roth**
4 A chronicle of James Brian's campaign to secure equal voting rights via an

epic march from Brook Bay Bridge to Montray City.

5 **Published November 12**
6 **"I will be here" by Nela Kings**
7 After a near-fatal plane crash on the Atlantic Ocean, Nela Kings spends a catastrophic 35 days in a raft with 2 other passengers before he's found by the Navy.

8 **Published November 13**
9 **"Never let it go" by Heidi Young**
10 In an American coastal town, Heidi is forced to fight the corrupt mayor when she is told that her house will be destroyed because of a political measure. 11 She hires a lawyer friend to help her, but the woman's recruitment brings further misfortune for Heidi.　(Q2(B)参照)

12 **Published November 14**
13 **"Sorry, you are right" by Jonas Wu**
14 A sickly woman overhears what she thinks is a murder plot and attempts to prevent it.

15 **Published November 15**
16 **"The Code" by Naomi Emmerrich**
17 During the First World War, a physicist named Kennith tries to break a mysterious code with the help from fellow mathematicians. (Q4(D)参照)

問1〜5は、次の記事とリストに関するものです。

1 愛書家のために新しく出版された本

2 11月11日出版[直訳：出版された]
3 『ジェームス・ブライアン』ティモシー・ロス著
4 ブルック湾橋からモントレー市までの壮大な行進を通じて、平等な選挙権を確実に手に入れるための、ジェームス・ブライアンの運動の年代記。

5 11月12日出版

6 『私はここにいるだろう』ネラ・キングス著
7 大西洋上で、危うく命を落とすような飛行機墜落のあと、ネラ・キングスは、海軍に見つけられるまで、他の2人の乗客とゴムボートの中で悲惨な35日を過ごす。

8 11月13日出版
9 『決してあきらめないで』ハイジ・ヤング著
10 アメリカの海沿いの町で、政策が理由で自分の家が破壊されると告げられたとき、ハイジは賄賂にまみれた市長と戦うことを余儀なくされる。11 彼女は自分を手助けする弁護士の友人を雇うが、その女性を雇ったことが、ハイジにさらなる不幸をもたらす。(Q2(B)参照)

12 11月14日出版
13 『ごめんなさい、あなたが正しいわ』ジョナス・ウー著
14 病弱な女性が、殺人の策略と思えることを小耳にはさみ、それを防ごうとする。

15 11月15日出版
16 『暗号』ナオミ・エマーリック著
17 第一次世界大戦中、物理学者ケニスは、仲間の数学者の援助を受け、不可解な暗号を解こうとする。(Q4(D)参照)

18 XYZBOOK STORE Bestsellers: The first week of December			
19 Ranking	20 Ranking Last Week	21 Title	22 Price
1	4	23 **"Never let it go" by Heidi Young** (Q2(B)参照) 24 Takes a corrupt mayor to court 25 The case brings her misfortune	$22.45
2	2 (Q4(C)参照)	26 **"Business on the Internet" by George Carpenter** 27 How to start a business on the Internet	$35.65

3	5	28 **"Asian Diet" by Joanne Suzuki** 29 The exquisite Japanese diet	$19.00
4	3	30 **"The Code" by Naomi Emmerrich** 31 A physicist cracks the code in WWI	$15.55
5	6 (Q4(B)参照)	32 **"Cookbook for Food Enthusiasts" by Hudson Dikstra** 33 Hudson's "Easy-Fast" Recipes	$12.90
6	1 (Q3(D)参照)	34 **"With King John" by Murray Keith** 35 The love story of a woman and a king	$21.55
7	22	36 **"I will be here" by Nela Kings** 37 Surviving in a plane crash on the Atlantic Ocean	$20.55
8	40	38 **"Super Fit" by Mark Karl** 39 Audio book about fitness (Q4(A)参照)	$14.55

18 XYZ書店　ベストセラー：12月1週目			
19 ランキング	20 先週の ランキング	21 書名	22 価格
1	4	23 『決してあきらめないで』ハイジ・ヤング著 (Q2(B)参照) 24 腐敗にまみれた市長と法廷で争う 25 その事件は彼女に不幸をもたらす	$22.45
2	2 (Q4(C)参照)	26 『インターネットでのビジネス』ジョージ・カーペンター著 27 インターネットでビジネスを始める方法	$35.65

3	5	28 『アジアの食生活』ジョアン・スズキ著 29 日本の極上の食生活	$19.00
4	3	30 『暗号』ナオミ・エマーリック著 31 第一次世界大戦で暗号を破る物理学者	$15.55
5	6 (Q4(B)参照)	32 『食べ物の大ファンへの料理本』ハドソン・デイクストラ著 33 ハドソンの『簡単一早い』調理法	$12.19
6	1 (Q3(D)参照)	34 『ジョン王と一緒に』マレー・キース著 35 女性と王の恋物語	$21.55
7	22	36 『私はここにいるだろう』ネラ・キングス著 37 大西洋上の飛行機墜落での生存	$20.55
8	40	38 『スーパーフィット』マーク・カール著 39 運動による健康のオーディオ本 (Q4(A)参照)	$14.55

Words & Phrases

（動）動詞　（名）名詞　（形）形容詞　（副）副詞　（接）接続詞　（前）前置詞

article [á:rtikl]（名）記事
list[líst]（名）リスト
newly[njú:li]（副）新しく
publish[pʌ́bliʃ]（動）〜を出版する
booklover[búklʌ̀vər]（名）愛読家
November[nouvémbər]（名）11月
chronicle[kránikl]（名）年代記
campaign[kæmpéin]（名）運動
secure[sikjúər]（動）〜を確保する
equal[í:kwəl]（形）平等の
vote[vóut]（動）投票する

right[ráit]（名）権利
via[váiə]（前）〜を経由して
epic[épik]（形）壮大な
march[má:rtʃ]（名）行進
bay[béi]（名）湾
near[níər]（形）近い
fatal[féitl]（形）致命的な
plane[pléin]（名）飛行機
crash[krǽʃ]（名）衝突
the Atlantic Ocean[ði ətlǽntik óuʃn]（名）大西洋

catastrophic[kæ̀təstráfik]（形）悲惨な
raft[rǽft]（名）ゴムボート
passenger[pǽsən(d)ʒər]（名）乗客
Navy[néivi]（名）海軍
coastal[kóustəl]（形）海岸の
force[fɔ́ːrs]（動）〜を強要する
corrupt[kərʌ́pt]（形）腐敗した
mayor[méiər]（名）市長
destroy[distrɔ́i]（動）〜を破壊する
because of〜　〜が原因で
political[pəlítikl]（形）政治的な
measure[méʒər]（名）手段
hire[háiər]（動）〜を雇う
lawyer[lɔ́ːjər]（名）弁護士
recruitment[rikrúːtmənt]（名）採用
further[fə́ːrðər]（形）さらなる
misfortune[misfɔ́ːrtʃn]（名）不運
sickly[síkli]（形）病弱な
overhear[òuvərhíər]（動）小耳にはさむ
murder[mə́ːrdər]（名）殺人
plot[plát]（名）策略
attempt[ətémpt]（動）試みる
prevent[privént]（動）〜を避ける
the First World War　第一次世界大戦
physicist[fízisist]（名）物理学者
mysterious[mistíəriəs]（形）不可解な
mathematician[mæ̀θəmətíʃən]（名）数学者
bookstore　本屋
Third[θə́ːrd]　第3番目の
week[wíːk]（名）週
ranking[rǽŋkiŋ]（名）ランキング

last week　先週
title[táitl]（名）タイトル
price[práis]（名）価格
court[kɔ́ət/kɔ́ːt]（名）法廷
case[kéis]（名）事件
the Internet[ði íntərnit]（名）インターネット
how to V原形　Vする方法
exquisite[ikskwízit]（形）極上の
diet[dáiət]（名）食生活
World War I　第一次世界大戦＝First World War
Cookbook[kúkbúk]　料理本
enthusiast[enθjúːziæ̀st]（名）熱狂する人・大ファン
easy[íːzi]（形）簡単な
fast[fǽst]（形）速い
recipe[résəpi]（名）レシピ
survive[sərváiv]（動）生存
fitness[fítnis]（名）（運動を通じた）健康
purpose[pə́ːrpəs]（名）目的
announce[ənáuns]（動）〜を公表する
publishing company　出版社
establish[istǽbliʃ]（動）〜を設立する
hold[hóuld]（動）〜を開催する
discussion[diskʌ́ʃn]（名）話し合い
introduce[ìntrədjúːs]（動）〜を紹介する
recommendable[rèkəméndəbl]（形）推薦できる
reader[ríːdər]（名）読者
publication[pʌ̀blikéiʃən]（名）出版
mention[ménʃən]（動）〜について言う

233

true[trú:]（形）当てはまる	copy[kápi]（名）（本の）1部
inspire[inspáiər]（動）～を啓発する	previous[prí:viəs]（形）前の
try to V原形　Vしようとする	suggest[sʌgdʒést]（動）～を示唆する
force 目的語to V原形　目的語にVするよう強要する	probably[prábəbli]（副）おそらく
	out of ～　～から外へ（に）
follow[fálou]（動）～に従う	wrote[róut]（動）writeの過去形
rule[rú:l]（名）規則・ルール	soldier[sóuldʒər]（名）兵士

解答&解説　（音読用英文はp.360）

Q1. What is the purpose of the article?（冒頭設問）
    (A) To announce a new publishing company will be established
    (B) To hold a discussion about newly published books
    (C) To introduce some recommendable books to readers
    (D) To publish new books

問1．この記事の目的は何ですか？
(A) 新しい出版社が設立されることを発表するため
(B) 新しく出版される本について話し合いをするため
(C) 読者に推薦できる本を紹介するため
(D) 新しい本を出版するため

正解　(C)
解説　1～17の内容を見ると、読者に本を紹介しているのがわかるので(C)に一致。(A)についての記述はありません。(B)について、hold a discussion（〈本〉について話す）という記述はありません。(D)について、もう出版されてしまった本について述べられており、(D)のように、これから新しい本を出版することについては書かれていません。
「記事」は通常「視覚的に見えづらい」ですが、本文は「見出し」「太字」が多く、英文の量も少ないので短時間で解ける問題と判断できます。
「見出し」「太字」は正解のヒントや「キーワード」を探すことができる場合が頻発します。
article（記事）（つまり1文書目）と限定している設問です。設問内で「1文書目」か「2文書目」かを限定している場合は解答時間が短縮できます。第1設問で「目的」を聞かれているので「冒頭設問」と推定し、1文書目の冒頭あたりに正解

を探します。
recommendable books for readers（読者の方にとって推薦できる本）の「換言」がnewly published books for booklovers（愛読者へ向けての新しく出版された本）です。
正解の選択肢は、本文の「換言」が頻発します。

Q2. What is true about the book written by Heidi Young?（部分設問）
  (A) It is a love story about a woman living in a coastal town who meets a politician.
  (B) It is a story relating to an abusive politician and a lawyer who makes things worse.
  (C) It is a story of politicians who fight against a corrupt government.
  (D) It is a story that inspires many mayors who try to force people to follow the rules.

問2．ハイジ・ヤングによって書かれた本について、当てはまるものは何ですか？
(A) 海岸沿いの町に住む女性が政治家と会う恋物語
(B) 不正な政治家と事態をより悪くする弁護士に関連する物語
(C) 腐敗した政府に戦いを挑む政治家の物語
(D) 人々に規則を守ることを強制しようとする多くの市長を啓発する物語

正解　(B)
解説　(B) は10、11と一致。(A) はa love story（恋物語）が不一致。(C) (D) の記述はありません。
Heidi Youngが特定されているので、選択肢は長いながらも、本文中から探しやすい設問です。
abusive politician（不正な政治家）、lawyer who makes things worse.（事態をより悪くする法律家）の「換言」がcorrupt mayor（賄賂にまみれた市長）、the woman's recruitment brings further misfortune for Heidi.（女性を雇用したことがハイジにさらなる不幸をもたらす）です。
butなど逆接の語を含む文は、設問で問われる場合が頻発します。

Q3. What book sold the most copies the previous week?（部分設問）

(A) *Never let it go*
(B) *Sorry, you are right*
(C) *Business on the Internet*
(D) *With King John*

問3．先週、どの本が一番売れましたか？

正解　(D)

解説　(D) は34のRanking Last Week（先週のランキング）の1位になっています。
2文書目が「ランキング」を表すことさえわかれば、すぐに2文書目の問題だと判断できます。
the previous week（先週）のランキング1位を探せば良いので「部分設問」です。
previous week（前週）の「換言」がlast week（先週）です。

Q4. What is suggested in the list? (全体設問)
　　(A) "Super fit" is probably a book that contains information readers would listen to.
　　(B) The book by Hudson Dikstra was out of the top 10 last week.
　　(C) The book that ranked no.2 this week was published on November 13.
　　(D) Naomi Emmerrich wrote the book about a soldier in World War I.

問4．リストの中で何がわかりますか？
(A)　『スーパーフィット』はおそらく、その内容を読者が聞くという本です。
(B)　ハドソン・デイクストラによる本は先週リストの10位圏外でした。
(C)　今週ランキング2位の本は11月13日に出版されました。
(D)　ナオミ・エマーリックは、第一次世界大戦の兵士についての本を書きました。

正解　(A)

解説　39にaudio book（オーディオ本）とあるので (A) に一致。(B) は、先週6位であることが、32の先週のランキングでわかるので10位圏内。(C) につ

いて、今週ランキング2位の本 "Business on the Internet" は、記事の中には書かれていません。(D) は、17に不一致で、soldier（兵士）について書かれた本ではありません。readers listen to（読者が聴く）の「換言」がaudio book（聴く本—オーディオブック）です。
list（表）と特定されており、探すのが容易です。選択肢は長いですが、list自体は見やすいので短時間で正解できます。

Q5. What's the title of the book mentioned in the article that is NOT in the ranking? (全体設問)
(A) *Never let it go*
(B) *I will be here*
(C) *The Code*
(D) *James Brian*

問 5. 記事の中で言及されている本でランキングに入っていない本のタイトルは何ですか？

正解 (D)
解説 (A) は23、(B) は36、(C) は30でランクインしているのがわかります。「NOT問題」は「全体設問」です。the article（記事）・the ranking（ランキング）と設問にあるので「両文書問題」と判断できます。選択肢が短いので比較的短時間で解けると判断します。

22ページの『TOEICテストPART7を解くポイント』を確認して、タイマーとマークシート用のエンピツを出してね。

CD 2-5　CD 2-27　制限時間 10分

Questions 1-5 refer to the following article and survey.

Terra Art Museum

Summer Contemporary Art Exhibition –Room 252–

This summer Terra Art Museum features 21st century pottery.
You can see fascinating and fantastic pottery with flower patterns. Walk around the room to look at all the details.
We are sure you will enjoy the elaborately decorated pottery shown in this room.
Compare the flower patterns on the pottery to the patterns you have seen in Room 251. How are the flower patterns similar to or different from those in Room 251?

Some of the pottery was repainted due to exposure to the weather for some unknown reasons.
Flowers are in so many works of art around the Museum.

You can purchase postcards and ceramic replicas in the museum shop on the ground floor near the east entrance.

From August 11th to November 21st, an exhibition called "Thailand Batik" is coming to our Autumn Exhibition.

Give us your FEEDBACK!

Based on this visit, what is the likelihood that you will recommend this Museum to others in the next 30 days?
☐Highly likely ☐Likely ☑Somewhat likely ☐Not very likely ☐Not at all likely

Will you return to this Museum in the next 30 days?
☐Highly likely ☐Likely ☑Somewhat likely ☐Not very likely ☐Not at all likely

Please rate your overall satisfaction with your visit.
   ☐Highly satisfied   ☐ Satisfied   ☐Neither satisfied nor dissatisfied
☑Dissatisfied ☐Highly dissatisfied

In the survey above if you said you were less than satisfied with your overall experience at our Museum, please tell us why.

I had to wait in a long line to purchase postcards.

There was wi-fi only in the museum cafe.

Including this visit, how often do you visit us?
　☐Almost every day or more　☐4 to 6 times per week
　☐2 to 3 times per week　☐Once a week　☐2 to 3 times per month
　☐Once a month　☑Less than once a month
　☐This was my first visit

Are you enrolled in the Museum Loyalty Program where you earn points towards free beverages at the museum cafe?
　☐Yes　☑No

These final questions are for classification purposes only.
Please indicate your gender
　☑Male ☐Female ☐Prefer not to answer

Please indicate your age.
　☐Under 18　☐18 to 24　☐25 to 34　☑35 to 44　☐55 to 64
　☐65 and over　☐Prefer not to answer

Please indicate your annual household income.
　☐Under $ 20,000　☐$20,000 to less than $50,000
　☐$ 50,000 to less than $80,000
　☐$80,000 to less than $ 100,000　☐$ 100,000 or more
　☑Prefer not to answer

Q1. According to the article, what most likely is the Exhibition's main piece of work?
　(A) A fascinating flower

(B) A 19th century painting
(C) Pottery
(D) A postcard

Q2. According to the article, what is indicated about the Museum?
    (A) All the details on the Summer Exhibition are in Room 252.
    (B) Ceramic replicas are on the ground.
    (C) A museum cafe is located near the east entrance.
    (D) Another Exhibition will be held during the Autumn vacation.

Q3. What most likely is available in the Museum cafe at all times?
    (A) Books on architecture
    (B) Free Wi-fi
    (C) A telephone extension
    (D) A registration desk

Q4. What did the visitor find unsatisfactory?
    (A) He wanted to purchase some postcards.
    (B) He couldn't use wi-fi in the Museum.
    (C) He couldn't buy any postcards.
    (D) He waited for a long time to shop.

Q5. What is true about the person who answered this survey?
    (A) He is interested in the Museum Loyalty Program.
    (B) He doesn't like to disclose his age.
    (C) He complains about the museum shop.
    (D) He is unemployed.

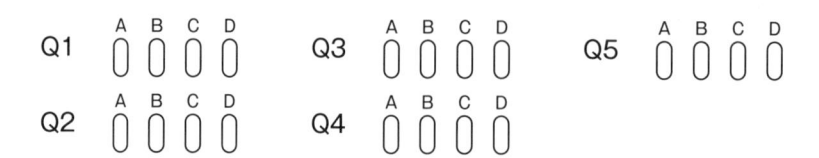

	A	B	C	D			A	B	C	D			A	B	C	D
Q1	○	○	○	○		Q3	○	○	○	○		Q5	○	○	○	○
Q2	○	○	○	○		Q4	○	○	○	○						

> 制限時間内に解けなかったよ〜。
> 最後はヤマカンで選んだよ。

　最初のうちは、ヤマカンでもいいのです。
「制限時間内に解く」ことを続けているうちに、「PART7」に臨む**時間感覚が身につきます**。
「ヤマカン」で解答しても、正解している場合もあります。それは「ヤマカン」なのではなく、短時間でなんとか正解を探し当てた可能性が高いのです。制限時間内に解く訓練をしていると、**短時間で正解を出す「嗅覚」**のようなものも磨かれます。本番でも「ヤマカン」で解いたかな？と思ったものが、正解だったりするのです。

> 45ページの「TOEICテストPART7点数UPのための練習手順」を繰り返してね。

「Wパッセージ」「全体設問」「部分設問」「冒頭設問」「末尾設問」の解説

Q1-Q5と照らし合わせて、気づいたことは書き出しましょう。
　▬▬▬—Q1に関連する部分　　▬▬▬—Q2に関連する部分
　▬▬▬—Q3に関連する部分　　▬▬▬—Q4に関連する部分
　▬▬▬—Q5に関連する部分

Questions 1-5 refer to the following article and survey.

> 「article（記事）」は「視覚的要素が少ない」ため、読みづらいですが、本文は「Exhibition（展覧会）」と「見出し」からわかるため、常識で内容を推定しやすいです。PART7の本文は、常識で内容を推定することも大切です。

Terra Art Museum

Summer Contemporary Art Exhibition –Room 252–

This summer Terra Art Museum features 21st century pottery.
You can see fascinating and fantastic pottery with flower patterns. Walk around the room to look at all the details.

> Q2のRoom252、all the detailsの同一語を本文で探せます。

We are sure you will enjoy the elaborately decorated pottery shown in this room.
Compare the flower patterns on the pottery to the patterns you have seen in Room 251. How are the flower patterns similar to or different from those in Room 251?

Some of the pottery was repainted due to exposure to the weather for some unknown reasons.
Flowers are in so many works of art around the Museum.

You can purchase postcards and ceramic replicas in the museum shop on the ground floor near the east entrance.

From August 11th to November 21st, an exhibition called "Thailand Batik" is coming to our Autumn Exhibition.

Give us your FEEDBACK!

Based on this visit, what is the likelihood that you will recommend this Museum to others in the next 30 days?
☐Highly likely ☐Likely ☑Somewhat likely ☐Not very likely
☐Not at all likely

Will you return to this Museum in the next 30 days?
☐Highly likely ☐Likely ☑Somewhat likely ☐Not very likely
☐Not at all likely

Please rate your overall satisfaction with your visit.
☐Highly satisfied ☐ Satisfied ☐Neither satisfied nor dissatisfied

☑Dissatisfied ☐Highly dissatisfied

> Q4のunsatisfactory（不満足）の「換言」がdissatisfied（不満足）、less than satisfied（満足以下）です。

In the survey above if you said you were less than satisfied with your overall experience at our Museum, please tell us why.

I had to wait in a long line to purchase postcards. There was wi-fi only in the museum cafe.

> Q5（C）のcomplainsの「換言」が本文の「手書き部分」です。

> 「手書きの部分」「アンケートのコメント部分」「クレーム部分」は設問になる場合が頻発します。

Including this visit, how often do you visit us?
☐Almost every day or more ☐4 to 6 times per week
☐2 to 3 times per week ☐Once a week ☐2 to 3 times per month
☐Once a month ☑Less than once a month ☐This was my first visit

Are you enrolled in the Museum Loyalty Program where you earn points towards free beverages at the museum cafe?
☐Yes ☑No

These final questions are for classification purposes only.
Please indicate your gender

☑Male ☐Female ☐Prefer not to answer

Please indicate your age.
☐Under 18 ☐18 to 24 ☐25 to 34 ☑35 to 44 ☐55 to 64
☐65 and over ☐Prefer not to answer.

Please indicate your annual household income
☐Under $ 20,000 ☐$20,000 to less than $50,000
☐$ 50,000 to less than $80,000 ☐$80,000 to less than $ 100,000
☐$ 100,000 or more ☑Prefer not to answer

> 設問1問目・設問2問目、は1文書目に正解があることが頻発します。
> Exhibition（展覧会）の主要作品は冒頭で紹介されると推定できます。

Q1. According to the article, what most likely is the Exhibition's main piece of work?（1文書目）（冒頭設問）
 (A) A fascinating flower
 (B) A 19th century painting
 (C) Pottery
 (D) A postcard

問１．この記事によると、展覧会の主要な作品は何だと思われますか。
(A) 魅力的な花
(B) 19世紀の絵画
(C) 陶磁器
(D) ハガキ

正解　（C）

> article（記事）で「1文書目」と特定されています。
> Museum（美術館）について聞かれており、具体的ではないので「全体設問」です。正解が短時間で出ない場合「捨てる設問」です。
> 選択肢中の「名詞」を「キーワード」として、「キーワード」を本文中で探します。
> 本問は（A）が正解で（A）は本文の冒頭に該当部分があるので、短時間で正解が出しやすいです。

Q2. According to the article, what is indicated about the Museum?（1文書目）（全体設問）
 (A) All the details on the Summer Exhibition are in Room 252.
 (B) Ceramic replicas are on the ground.
 (C) A museum café is located near the east entrance.
 (D) Another Exhibition will be held during the Autumn vacation.

問２．記事によると、美術館について何が示されていますか。
(A) 夏の展覧会の一部始終は252の部屋にあります。
(B) 磁器の複製が地面にあります。
(C) 美術館カフェは東入場口の近くに位置しています。
(D) 別の展覧会が秋休みに開催されます。

正解　（A）

Q3. What most likely is available in the Museum cafe at all times？(2文書目)（部分設問）
　　(A) Books on architecture
　　(B) Free Wi-fi
　　(C) A telephone extension
　　(D) A registration desk

> Museum caféは、どちらの文書に存在するか特定するのは難しいです。しかし、「手書きの部分」「アンケートのコメント部分」「クレーム部分」は設問になる場合が頻発するという鉄則を知っておけば、2文書目のコメントに注目し、正解できる設問です。

問3．常時、美術館のカフェでは何がありますか［直訳：何を入手することができますか］。
(A) 建築の本
(B) 無料インターネット
(C) 電話の内線
(D) 登録受付デスク

正解　(B)

> unsatisfactory（不満足）が記述されているのは2文書目のアンケート中と推定できます。「手書きの部分」「クレーム部分」は設問になる場合が頻発します。

Q4. What did the visitor find unsatisfactory ?（2文書目）（部分設問）
　　(A) He wanted to purchase some postcards .
　　(B) He couldn't use wi-fi in the Museum .
　　(C) He couldn't buy any postcards .
　　(D) He waited for a long time to shop.

問4．来館者は不満足を何に対して感じましたか。
(A) 彼はハガキを購入したかった。
(B) 彼は美術館内でインターネットを使えなかった。
(C) 彼はハガキをまったく買うことができなかった。
(D) 彼は買い物をするために長い間待った。

正解　(D)

> survey（アンケート）なので「2文書目」です。the person who answered this survey（このアンケートに答えた人）と具体的なので、正解が探しやすいです。選択肢中の「名詞」を「キーワード」として、「キーワード」を本文中で探します。

Q5. What is true about the person who answered this survey?（2文書目）（部分設問）
　(A) He is interested in the Museum Loyalty Program.
　(B) He doesn't like to disclose his age.
　(C) He complains about the museum shop.
　(D) He is unemployed.

問5．このアンケートに答えた人について当てはまることは何ですか。
(A) 彼は美術館お得意様サービスに興味を持っています。
(B) 彼は自分の年齢を公表することを好んでいません。
(C) 彼は美術館ショップについて不満を言っています。
(D) 彼は失業しています。

正解　（C）

英文和訳　　　CD 2-5　CD 2-27

Question 1-5 refer to the following article and survey.

1 Terra Art Museum

2 Summer Contemporary Art Exhibition −Room 252−（Q2(A)参照）

3 This summer Terra Art Museum features 21th century pottery.（Q1(C)参照）
4 You can see fascinating and fantastic pottery with flower patterns.
5 Walk around the room to look at all the details.
6 We are sure you will enjoy the elaborately decorated pottery shown in this room.
7 Compare the flower patterns on the pottery to the patterns you have seen in Room 251. 8 How are the flower patterns similar to or different

246

from those in Room 251?

9 Some of the pottery was repainted due to exposure to the weather for some unknown reasons.

10 Flowers are in so many works of art around the Museum.

11 You can purchase postcards and ceramic replicas in a museum shop on the ground floor near the east entrance. (Q2(B)(C)参照)

12 From August 11th to November 21st, an exhibition called "Thailand Batik" is coming to our Autumn Exhibition. (Q2(D)参照)

問1〜5は、次の記事とアンケートに関するものです。

1 テラ美術館

2 夏の現代美術展―252番の部屋― (Q2(A)参照)

3 この夏、テラ美術館は21世紀の陶磁器を特集しています。(Q1(C)参照)
4 花柄がついた、魅力的で素晴らしい陶磁器をご覧になれます。5 一部始終をご覧になるために、部屋を歩き回ってください。
6 皆さんが、この部屋で展示されている念入りに装飾された陶器を見るのを楽しむことを、私どもは確信しています。
7 このような陶磁器の花柄と、251番の部屋で皆さんがご覧になった柄を比べてください。
8 251番の部屋の花柄とどのように類似していて、どのように異なりますか。
9 陶磁器の中には、なぜかわからないのですが、外気にさらされたため、再着色されたものもあります。
10 美術館じゅうの芸術作品の非常に多くに、花が使われています［直訳：花があります］。

11 東入場口の近くの1階の美術館ショップで、ハガキや磁器の複製を購入することができます。(Q2(B)(C)参照)

12 8月11日〜11月21日まで(Q2(D)参照)、「タイのろうけつ染め」と呼ばれる展示会が秋の展示会として行われます［直訳：やって来ます］。

13 *Give us your FEEDBACK!*

Based on this visit, what is the likelihood that you will recommend this Museum to others in the next 30 days?
☐Highly likely ☐Likely ☑Somewhat likely
☐Not very likely ☐Not at all likely

14 Will you return to this Museum in the next 30 days?
☐Highly likely ☐Likely ☑Somewhat likely
☐Not very likely ☐Not at all likely

15 Please rate your overall satisfaction with your visit.
☐Highly satisfied ☐ Satisfied ☐Neither satisfied nor dissatisfied
☑Dissatisfied ☐Highly dissatisfied

16 In the survey above if you said you were less than satisfied with your overall experience at our Museum, please tell us why.

17 I had to wait in a long line to purchase postcards. There was wi-fi only in the museum cafe. (Q3(B)参照) (Q4(D)参照) (Q5(C)参照)

18 Including this visit, how often do you visit us?
☐Almost every day or more ☐4 to 6 times per week
☐2 to 3 times per week ☐Once a week ☐2 to 3 times per month
☐Once a month ☑Less than once a month ☐This was my first visit

19 Are you enrolled in the Museum Loyalty Program where you earn points towards free beverages at the museum cafe? (Q5(A)参照)
☐Yes ☑No

20 These final questions are for classification purposes only.
21 Please indicate your gender(Q5(B)参照)

☑Male ☐Female ☐Prefer not to answer

22 Please indicate your age. (Q5(B)参照)
☐Under 18　☐18 to 24　☐25 to 34　☑35 to 44
☐55 to 64　☐65 and over　☐Prefer not to answer.

23 Please indicate your annual household income
☐Under $ 20,000　☐$20,000 to less than $50,000
☐$ 50,000 to less than $80,000
☐$80,000 to less than $ 100,000　☐$ 100,000 or more　☑Prefer not to answer

13 あなたのフィードバックを私どもにください。

今回の来館を基準にすると、これから30日間でこの美術館を他の方に薦める可能性はどれくらいですか。
☐高い可能性がある　☐可能性がある　☑いくぶんか可能性がある
☐あまり可能性はない　☐まったく可能性はない

14 これから30日間でこの美術館を再来館しますか。
☐高い可能性がある　☐可能性がある　☑いくぶんか可能性がある
☐あまり可能性はない　☐まったく可能性はない

15 来館に対する総体的な満足度を評価してください。
☐非常に満足している　☐満足している　☐満足してもいないし、不満足でもない　☑不満である　☐非常に不満である

16 上記のアンケートで、もし美術館で全体的に感じたことに関して、満足している、よりも悪い評価をされた［直訳：美術館での全体的な体験に関して、満足度が低かったとあなたが答えた］なら、理由を教えてください。

17 ハガキを買うために長い列に並ばなければならなりませんでした。美術館のカフェでのみしか、無線インターネットが通じませんでした。(Q3(B)参照) (Q4(D)参照) (Q5(C)参照)

18 今回の来館を含め、どれくらいの頻度であなたは当館に来館していますか。
☐ほとんど毎日かそれ以上　☐1週間に4〜6回

☐1週間に2～3回　☐1週間に1回　☐1カ月につき2～3回
☐1カ月につき1回　☑1カ月につき1回未満　☐今回が初めての来館

19 美術館のカフェでの無料の飲み物がもらえる［直訳：無料の飲み物に向けての］ポイントを獲得する美術館のお得意様サービスに入会しますか。(Q5(A)参照)
☐はい　☑いいえ

20 この最後の質問は分類目的のためです。
21 性別を示してください。
☑男性　☐女性　☐未回答［直訳：答えることを好みません］
22 年齢を示してください。(Q5(B)参照)
☐18歳以下　☐18～24歳　☐25～34歳　☑35～44歳
☐55～64歳　☐65歳以上　☐未回答［直訳:答えることを好みません］

23 世帯年収を示してください。
☐20,000ドル未満　☐20,000ドル～50,000ドル未満
☐50,000ドル～80,000ドル未満　☐80,000ドル～100,000ドル未満　☐100,000ドルあるいはそれ以上　☑未回答

Words & Phrases

（動）動詞　（名）名詞　（形）形容詞　（副）副詞　（接）接続詞　（前）前置詞

art museum[ɑ́:rt mju:zíəm]　美術館
contemporary[kəntémpərèri]（形）現代の
exhibition[èksəbíʃən]（名）展覧会
feature[fí:tʃər]（動）～を特集する
century[sén(t)ʃəri]（名）世紀
pottery[pɑ́təri]（名）陶磁器
fascinating[fǽsənèitiŋ]（形）魅力的な
fantastic[fæntǽstik]（形）素晴らしい
pattern[pǽtərn]（名）柄
walk around　歩き回る
all the details　一部始終

sure[ʃúər]（形）確信している
elaborately[ɪlǽbrətlí]（副）念入りに
decorate[dékərèit]（動）～を装飾する
be similar to ～　～に似ている
be different from ～　～と違う
repaint[ripéint]（動）～を再び塗る
exprosure to ～　～にさらされる
for some unknown reasons　なぜだかわからないが
purchase[pə́:rtʃəs]（動）～を購入する
ceramic[sərǽmik]（名）磁器
replica[réplikə]（名）模造品

ground floor　1階
near[níər]（前）〜の近くに（で）
east[íːst]（名）東
entrance[éntrəns]（名）玄関
August[ɔ́ːgʌst]（名）8月
November[nouvémbər]（名）11月
Thailand[táilænd / -lənd]（名）タイ
based on 〜　〜に基づく
visit[vízət]（名）訪問
likelihood[láiklihùd]（名）可能性
recommend[rèkəménd]（動）〜を推薦する
likely[láikli]（形）可能性がある
somewhat[sʌ́mhwàt]（副）いくぶんか
return to 〜　〜に返る
next[nékst]（形）次の
rate[réit]（動）〜を評価する
satisfaction[sætisfǽkʃən]（名）満足
survey[sə́rvei]（名）アンケート
overall[óuvərɔ̀ːl]（形）全体的な
postcard[póus(t)kàːrd]（名）ハガキ
connect[kənékt]（動）〜をつなげる
café[kæféi]（名）カフェ・喫茶店
include[inklúːd]（動）〜を含む
often[ɔ́f(t)n / ɑ́f(t)n]（副）頻繁に
almost[ɔ́ːlmoust]（副）ほとんど
enroll[inróul]（動）〜入会させる

loyalty service　お得意様サービス
earn[ə́ːrn]（動）〜を稼ぐ
towards[tɔ́ːrdz]（前）〜に向けて
beverage[bévəridʒ]（名）飲み物
classification[klæsəfikéiʃən]（名）分類
purpose[pə́ːrpəs]（名）目的
prefer[prifə́ːr]（動）（2者のうち）〜をより好む
household[háushòuld]（名）家庭の
article[áːrtikl]（名）記事
main[méin]（形）主要な
another[ənʌ́ðər]（形）別の
vacation[veikéiʃən]（名）休暇
available[əvéiləbl]（形）利用できる
at all times　常時
architecture[áːrkətèktʃər]（名）建築
free[fríː]（形）無料の
extension[iksténʃən]（名）内線
visitor[vízətər]（名）訪問者
wait for 〜　〜を待つ
be interested in 〜　〜に興味を持つ
disclose[disklóuz]（動）〜を公表する
complain about 〜　〜について不平を言う
unemployed[ʌ̀nimplɔ́id]（形）失業している

解答&解説　（音読用英文はp.364）

Q1. According to the article, what most likely is the Exhibition's main piece of work? (冒頭設問)
　　(A) A fascinating flower
　　(B) A 19th century painting

(C) Pottery
(D) A postcard

問1．この記事によると、展覧会の主要な作品は何だと思われますか。
(A) 魅力的な花
(B) 19世紀の絵画
(C) 陶磁器
(D) ハガキ

正解　(C)
解説　(C) は3に一致。(A)(B)(D)は、本文の単語を使った引っかけの選択肢。設問1問目・設問2問目、は1文書目に正解があることが頻発します。
Exhibition（展覧会）の主要作品は冒頭で紹介されると推定できます。
「article（記事）」は「視覚的要素が少ない」ため、読みづらいですが、本文は「Exhibition（展覧会）」と「見出し」からわかるため、常識で内容を推定しやすいです。PART7の本文は、常識で内容を推定することも大切です。

Q2. According to the article, what is indicated about the Museum?（全体設問）
(A) All the details on the Summer Exhibition are in Room 252.
(B) Ceramic replicas are on the ground.
(C) A museum cafe is located near the east entrance.
(D) Another Exhibition will be held during the Autumn vacation.

問2．記事によると、美術館について何が示されていますか。
(A) 夏の展覧会の一部始終は252の部屋にあります。
(B) 磁器の複製が地面にあります。
(C) 美術館カフェは東入場口の近くに位置しています。
(D) 別の展覧会が秋休みに開催されます。

正解　(A)
解説　(A) は2に一致。(B) は11に不一致。(C) について、museum caféではなくmuseum shopが11にあると書かれているので不一致。(D) について、12にはvacation（休暇）とは書かれていないので不一致。
Room 252、all the detailsの同一語が本文冒頭で探せます。Museum（美術館）

について聞かれており、具体的ではないので「全体設問」です。正解が短時間で出ない場合「捨てる設問」です。
選択肢中の「名詞」を「キーワード」として、「キーワード」を本文中で探します。
本問は（A）が正解で（A）は本文の冒頭に該当部分があるので、短時間で正解が出しやすいです。

Q3. What most likely is available in the Museum cafe at all times?（部分設問）
　　(A) Books on architecture
　　(B) Free Wi-fi
　　(C) A telephone extension
　　(D) A registration desk

問3．常時、美術館のカフェでは何がありますか［直訳：何を入手することができますか］。
(A) 建築の本
(B) 無料インターネット
(C) 電話の内線
(D) 登録受付デスク

正解　(B)
解説　(B) は17に一致。(A)(C)(D) は記述がありません。
Museum caféは、どちらの文書に存在するか特定するのは難しいです。しかし、「手書きの部分」「アンケートのコメント部分」「クレーム部分」は設問になる場合が頻発するという鉄則を知っておけば、2文書目のコメントに注目し、正解できる設問です。

Q4. What did the visitor find unsatisfactory?（部分設問）
　　(A) He wanted to purchase some postcards.
　　(B) He couldn't use wi-fi in the Museum.
　　(C) He couldn't buy any postcards.
　　(D) He waited for a long time to shop.

問4．来館者は不満足を何に対して感じましたか。

(A) 彼はハガキを購入したかった。
(B) 彼は美術館内でインターネットを使えなかった。
(C) 彼はハガキをまったく買うことができなかった。
(D) 彼は買い物をするために長い間待った。

正解　(D)
解説　(D)は17に一致。(A)は不満足を感じた理由として挙げられていません。(B)について、17に美術館のカフェでは使えたと書いてあるので不一致。(C)について、まったく買うことができなかった、という記述はありません。unsatisfactory（不満足）が記述されているのは2文書目のアンケート中と推定できます。
「手書きの部分」「クレーム部分」は設問になる場合が頻発します。
unsatisfactory（不満足）の「換言」がdissatisfied（不満足）、less than satisfied（満足以下）です。

Q5. What is true about the person who answered this survey?（部分設問）
(A) He is interested in the Museum Loyalty Program.
(B) He doesn't like to disclose his age.
(C) He complains about the museum shop.
(D) He is unemployed.

問5．このアンケートに答えた人について当てはまることは何ですか。
(A) 彼は美術館お得意様サービスに興味を持っています。
(B) 彼は自分の年齢を公表することを好んでいません。
(C) 彼は美術館ショップについて不満を言っています。
(D) 彼は失業しています。

正解　(C)
解説　(C)は17に一致。(A)は19に不一致。(B)は22に不一致。(D)は記述がありません。
complainsの「換言」が本文の「手書き部分」です。
the person who answered this survey（このアンケートに答えた人）と具体的なので、正解が探しやすいです。
選択肢中の「名詞」を「キーワード」として、「キーワード」を本文中で探し

ます。

Wパッセージ、ホネがあるね。でも、前みたいに「ただがんばる!」んじゃなくて「捨てる設問」がわかってきたよ!!

よかったですね〜。

は〜い!!

189ページの「TOEICテストPART7トリプルパッセージのポイント」を読んでください。トリプルパッセージを解く前に、シングルパッセージとWパッセージの問題を十分に復習しましょう。

22ページの『TOEICテストPART7を解くポイント』を確認して、タイマーとマークシート用のエンピツを出してね。

CD 2-6　CD 2-28　制限時間 **15**分

Questions 1-5 refer to the following information, memo, and e-mail.

Dolphin Watching Tour
With Experts from Marlborough Aquarium
Get schooled by experts!

Experts trained by Marlborough Aquarium will be on board each cruise to explain all about the dolphin's remarkable life.

Our destination for every weekday morning cruise is Coventry Bay in the world heritage area, one of the world's famous wildlife viewing spots right in Coventry City's backyard. Many white-sided dolphins may put in an appearance.

You will learn: How to track individual animals
How to identify species
The habitat of dolphins

Guaranteed Sightings
If you don't see anything, we will reticket you for a future trip or reimburse you.

Call or just visit our concierge desk.

Concierge desk
Coventry Hotel

Message

Message for: Karen Allen
Message from: Kim Chan Gill
Date: November 14
Time: 4:30 PM

Details: The Dolphin Tour you asked me to book is all set and confirmed. The tickets' price (2 adults and your 2 kids) amounts to $180 and you can pay by credit card on the spot as you requested. (Tomorrow's pick up time is 10:30AM in the lobby of "Casanova Hotel" which is located just next to us. Make sure you bring your own lunch (you can order your lunch through our breakfast restaurant named Silver Star on the ground floor by calling ex. 224 by 0:00 tonight) and your passport. If you have any questions please don't hesitate to call our concierge desk at ex.226. Thank you and goodnight.

From: Karen Allen
To: Coventry Hotel Customer Service   Manager
Date: November 20
Subject: Dolphin Tour

I'm e-mailing to complain about the Dolphin Tour I joined through your concierge desk on November 15.
I had ordered our lunch the night before, but it was not ready on the day of the tour. We were very disappointed and had to rush to look for a place where we could buy our lunch.
Even though we arrived at the meeting point 10 minutes earlier than the scheduled time, nobody came to pick us up. And we ourselves had to check with the tour desk to see if somebody would really come and pick us up.
We were already tired before the tour started because of the disorganization which I mentioned above.
I frequently stay at your hotel, so I would welcome the opportunity to discuss matters further and to learn of how you propose to prevent a similar situation from recurring.
I look forward to hearing from you.

Sincerely,
Karen Allen

Q1. How can participants make a reservation for tickets?
　　(A) Through the hotel housekeeping staff
　　(B) By e-mail
　　(C) By visiting the tour desk in person
　　(D) By calling the concierge desk

Q2. Who most likely is Kim Chan Gill?
　　(A) A member of the hotel staff
　　(B) A member of the Dolphin Tour staff
　　(C) A hotel guest
　　(D) Karen's child

Q3. What is true about the tour tickets?
　　(A) Military members pay less than senior citizens.

(B) Participants can pay on the day they go on the tour.
(C) Adults have to pay in cash.
(D) Tour tickets are issued online.

Q4. What is true about Ms. Allen?
(A) She often visits Casanova Hotel.
(B) She paid the tour fee by credit card the night before the tour.
(C) She enjoyed the tour very much.
(D) She ordered her lunch at Silver Star.

Q5. What time did Ms. Allen arrive at the lobby of Casanova Hotel?
(A) 4:30PM
(B) 10:30AM
(C) 0:00AM
(D) 10:20AM

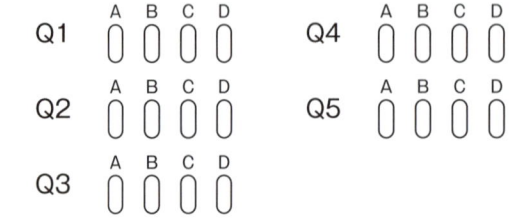

	A	B	C	D		A	B	C	D
Q1	○	○	○	○	Q4	○	○	○	○
Q2	○	○	○	○	Q5	○	○	○	○
Q3	○	○	○	○					

45ページの「TOEICテストPART7点数UPのための練習手順」を繰り返してね。

「トリプルパッセージ」「全体設問」「部分設問」「冒頭設問」「末尾設問」の解説

―Q1に関連する部分　　―Q2に関連する部分

_____ —Q3に関連する部分　　☐—Q4に関連する部分
_____ —Q5に関連する部分

Question 1-5 refer to the following information, memo, and e-mail.

Dolphin Watching Tour

With Experts from Marlborough Aquarium
Get schooled by experts!

Experts trained by Marlborough Aquarium will be on board each cruise to explain all about the dolphin's remarkable life.
Our destination for every weekday morning cruise is Coventry Bay in the world heritage area, one of the world's famous wildlife viewing spots right in Coventry City's backyard. Many white-sided dolphins may put in an appearance.

You will learn:
　　　How to track individual animals
　　　How to identify species
　　　The habitat of dolphins

Guaranteed Sightings
If you don't see anything, we will reticket you for a future trip or reimburse you.

Call or just visit our concierge desk.

> 「問合せ先」「登録先」「チケット購入方法」は末尾あたりに出てくる、という鉄則。3つの文書の末尾を、ざっと眺めると、1文書目に「チケット購入方法の記載があるのがわかります。

Concierge desk
Coventry Hotel

> Q2の"Hotel Staff"の換言がConcierge

Message

Message for: Karen Allen
Message from: Kim Chan Gill
Date: November 14
Time: 4:30 PM

Details: The Dolphin Tour you asked me to book is all set and confirmed. The tickets' price (2 adults and your 2 kids) amounts to $180 and you can pay by credit card on the spot as you requested.

(Tomorrow's pick up time is 10:30AM in the lobby of "Casanova Hotel" which is located just next to us. Make sure you bring your own lunch (you can order your lunch through our breakfast restaurant named Silver Star on the ground floor by calling ex. 224 by 0:00 tonight) and your passport. If you have any questions please don't hesitate to call our concierge desk at ex.226. Thank you and goodnight.

From: Karen Allen

To: Coventry Hotel Customer Service Manager

Date: November 20

Subject: Dolphin Tour

I'm e-mailing to complain about the Dolphin Tour I joined through your concierge desk on November 15.

I had ordered our lunch the night before, but it was not ready on the day of the tour. We were very disappointed and had to rush to look for a place where we could buy our lunch.

Even though we arrived at the meeting point 10 minutes earlier than the scheduled time, nobody came to pick us up. And we ourselves had to check with the tour desk to see if somebody would really come and pick us up.

> 数字が登場するのは、この問題の中で限られた箇所です。目立つので探しやすいでしょう。

We were already tired before the tour started because of the disorganization which I mentioned above.

I frequently stay at your hotel, so I would welcome the opportunity to discuss matters further and to learn of how you propose to prevent a similar situation from recurring.

I look forward to hearing from you.

Sincerely,

Karen Allen

Q1. How can participants make a reservation for tickets?（1文書目）（末尾設問）

(A) Through the hotel housekeeping staff
(B) By e-mail
(C) By visiting the tour desk in person
(D) By calling the concierge desk

> 設問1問目で、第3文書に正解があることは考えにくい。

問1．参加者はチケットについてどのように予約をすることができますか。
(A) ホテルの客室清掃部のスタッフを通して
(B) Eメールで
(C) 本人が直接ツアーデスクを訪問する

(D) コンシェルジュデスクに電話する

　　　　　　　　　　　　　　　　　　　　　　　　　　正解（D）

　Q2. Who most likely is Kim Chan Gill?（1・2文書目）（部分設問）
　　　(A) A member of the hotel staff
　　　(B) A member of the Dolphin Tour staff
　　　(C) A hotel guest
　　　(D) Karen's child

問2．キム・チャン・ギルさんは誰だと思われますか。
(A) ホテルのスタッフ
(B) イルカツアーのスタッフ
(C) ホテルの客
(D) カレンの子供

　　　　　　　　　　　　　　　　　　　　　　　　　　正解（A）

　Q3. What is true about the tour tickets?（2文書目）（部分設問）
　　　(A) Military members pay less than senior citizens.
　　　(B) Participants can pay on the day they go on the tour.
　　　(C) Adults have to pay in cash.
　　　(D) Tour tickets are issued online.

> 選択肢に"pay"が繰り返し登場します。何度も繰り返される語句は「キーワード」である可能性が高いです。

問3．ツアーのチケットについて何が当てはまりますか。
(A) 軍従事者は高齢者よりも支払いは少ないです。
(B) 参加者はツアーに行くその日に支払うことができます。
(C) 大人は現金で支払わねばなりません。
(D) ツアーチケットはインターネット上で発券できます。

　　　　　　　　　　　　　　　　　　　　　　　　　　正解（B）

Q4. What is true about Ms. Allen ?（2・3文書目）（全体設問）
　　(A) She often visits Casanova Hotel .
　　(B) She paid the tour fee by credit card the night before the tour .
　　(C) She enjoyed the tour very much.
　　(D) She ordered her lunch at Silver Star .

> Casanova Hotel は2文書目にあります。固有名詞は目立つので、固有名詞を探すことで、何番目の文書に解答のヒントがあるのか推定する手がかりにできます。(D) のSilver Starも同様です。

> 選択肢が長いと、初習者は「難しい」と感じます。しかし、トリプルパッセージでは、選択肢が長くて情報が多いと、解答のヒントを探しやすいのです。

問4．アレンさんについて何が当てはまりますか。
(A) 彼女はよくカサノヴァホテルを訪問します。
(B) 彼女はツアーの前の晩に、クレジットカードでツアー代金を支払いました。
(C) 彼女はそのツアーを、とても楽しみました。
(D) 彼女はシルバー・スターで昼食を注文しました。

正解（D）

Q5. What time did Ms. Allen arrive at the lobby of Casanova Hotel?（2・3文書目）（部分設問）
　　(A) 4:30PM
　　(B) 10:30AM
　　(C) 0:00AM
　　(D) 10:20AM

> Allenさんが登場するのは、2・3文書目、カサノヴァホテルが登場するのは2文書目です。まず、2文書目を見ます。しかし、2文書目だけでは正解は出ません。クレームの内容は、設問で問われることが多い、とわかっていれば、クレームの内容が書かれてある3文書目の内容を見て (D) が正解と判断します。

問5．アレンさんは、カサノヴァホテルのロビーに何時に到着しましたか。
(A) 午後4時半
(B) 午前10時半
(C) 午前0時
(D) 午前10時20分

正解（D）

英文和訳

Questions 1-5 refer to the following information, memo, and e-mail.

Dolphin Watching Tour
With Experts from Marlborough Aquarium
Get schooled by experts!

Experts trained by Marlborough Aquarium will be on board each cruise to explain all about the dolphin's remarkable life.
Our destination for every weekday morning cruise is Coventry Bay, in the world heritage area, one of the world's famous wildlife viewing spots right in Coventry City's backyard. Many white-sided dolphins may put in an appearance.

You will learn:
How to track individual animals
How to identify species
The habitat of dolphins

Guaranteed Sightings
If you don't see anything, we will reticket you for a future trip or reimburse you.

Call or just visit our concierge desk. (Q1(D)参照)

Concierge desk
Coventry Hotel

問1～5は、お知らせ、メモ、Eメールに関するものです。

1 イルカ観察ツアー

2 マルボロ水族館からの専門家と一緒に
3 専門家に教えてもらおう！

4 驚くべきイルカの生活のすべてについて説明をするために、マルボロ水族館で訓練を受けた専門家が毎回の航行で船に乗っています。

5 平日の毎朝の目的地は、世界遺産地域にあるコベントリー湾で、それは、コベントリー市を真後ろに控えた野生生物を観察する有名な場所のうちの1つです。多くのカマイルカが姿を現す可能性があります。

6 あなたが学ぶのは：
7 個々の動物を追跡する方法
8 種を識別する方法
9 イルカの習性

10 イルカを見る保証がされています［直訳：保証されている目撃］。
11 もし何も見えなかったら、次のツアーへの再参加［直訳：将来のツアーへの再発券］、あるいは払い戻しをします。

12 我々の（ホテルの）コンシェルジュデスクに電話するか、訪問してください。(Q1(D)参照)
13 コンシェルジュデスク
14 コヴェントリーホテル

15 Message
16 Message for: Karen Allen
Message from: Kim Chan Gill (Q2(A)参照)
Date: November 14
Time: 4:30 PM

17 Details:
18 The Dolphin Tour you asked me to book is all set and confirmed. 19 The tickets' price (2 adults and your 2 kids) amounts to $180 and you can pay by credit card on the spot as you requested. (Q3(B)参照) 20 Tomorrow's pick up time is 10:30AM in the lobby of "Casanova Hotel" which is located just next to us. (Q5(D)参照) 21 Make sure you bring your own lunch (you can order your lunch through our breakfast restaurant named Silver Star on the ground floor by calling ex. 224 by 0:00 tonights) and your passport. (Q4(D)参照) 22 If you have any questions please don't hesitate to call our concierge desk at ex.226. (Q2(A)参照) 23 Thank you and goodnight.

15 メッセージ
16 メッセージの宛先：カレン・アレン
メッセージの差出人：キム・チャン・ギル (Q2(A)参照)
日付：11月14日
時刻：午後4時半

17 詳細：
18 お客様が私に予約するように頼まれたイルカツアーはすべて完了し確約されました。19 チケットの価格は(大人2名とお客様のお子様2名)合計180ドルで、お客様が要望されたように現地でクレジットカードでお支払いになれます。(Q3(B)参照) 20 明日のお迎え時間は、私どものちょうど隣に位置する「カサノヴァホテル」のロビーに午前10時半です。(Q5(D)参照) 21 お客様ご自身の昼食(1階にある、シルバースターという名前の［直訳：シルバースターと名づけられた］朝食レストランを通じて、あるいは、今晩深夜0時までに内線224に電話することで、昼食を注文することができます) とパスポートをお持ちになることを忘れないでください。(Q4(D)参照)
22 もし何か質問がございましたら、内線226の私に遠慮なく電話なさってください。(Q2(A)参照) 23 ありがとうございました、おやすみなさい。

24 From: Karen Allen
To: Coventry Hotel Customer Service　Manager
Date: November 20
Subject: Dolphin Tour

25 I'm e-mailing to complain about the Dolphin Tour I joined through your concierge desk on November 15.
26 I had ordered our lunch the night before, but it was not ready on the day of the tour. (Q4(D)参照) 27 We were very disappointed and had to rush to look for a place where we could buy our lunch.
28 Even though we arrived at the meeting point 10 minutes earlier than the scheduled time, nobody came to pick us up. (Q5(D)参照) 29 And we ourselves had to check with the tour desk to see if somebody would really come and pick us up.
30 We were already tired before the tour started because of the disorganization which I mentioned above.

31 I frequently stay at your hotel, so I would welcome the opportunity to discuss matters further and to learn of how you propose to prevent a similar situation from recurring.
32 I look forward to hearing from you.

33 Sincerely,
Karen Allen

24 差出人：カレン・アレン
受取人：コヴェントリーホテル顧客サービス部長
日付：11月20日
件名：イルカツアー

25 11月15日に、コンシェルジュデスクを通じて参加したイルカツアーについてクレームをするためにEメールを送信しています。
26 前夜に昼食を注文したのですが、ツアー当日に準備されていませんでした。(Q4(D)参照) 27 非常にがっかりし、昼食が買える場所を探すために焦らねばなりませんでした。28 予定時刻の10分前に集合場所に到着したのに、誰も私たちを車で迎えに来てくれませんでした。(Q5(D)参照) 29 ですから、私たちは、自分たちでツアーデスクに確認し、誰かが本当に我々を迎えに来てくれるかどうか確かめなければなりませんでした。
30 上記に述べた不手際が原因で、ツアーが始まる前に私たちはすでに疲れていました。
31 私は頻繁に御ホテルに滞在します。ですから、このことについて話し合いを重ね、同じような状況が再発することを防ぐために、どのような提案をされるのかを知る機会があればうれしいです ［直訳：事態について、さらに話し合い、同じような状況が再発することを防ぐために、御ホテルがどのような提案をされるのかを知る機会を歓迎するでしょう］。
32 お返事を楽しみにしています。

33 よろしくお願いします。
　　カレン・アレン

Words & Phrases
（動）動詞　（名）名詞　（形）形容詞　（副）副詞　（接）接続詞　（前）前置詞

confirm[kənfə́:rm]（動）〜を確かめる
amount up to 〜　合計〜なる
credit card　クレジットカード
on the spot　その場で
request[rikwést]（動）〜を要求する
pick up 〜　〜を（車で）迎えに行く
lobby[lábi]（名）ロビー
locate[lóukeit]（動）〜を位置させる
next to 〜　〜の隣に
make sure 〜　〜確かめる
order[ɔ́:rdər]（動）〜を注文する
through[θru:]（前）〜を通して
name[néim]（動）〜を名づける
hesitate to　V原形　Vすることを躊躇する
manager[mǽnidʒər]（名）部長
e-mail[í:meil]（動）〜にEメールを送る
complain[kəmpléin]（動）不満を言う
join[dʒɔ́in]（動）〜に参加する
through[θru:]（前）〜を通して
concierge[kànsiɛ́ərʒ]（名）（ホテルなどの）コンシェルジュ、案内人
order[ɔ́:rdər]（動）〜を注文する
ready[rédi]（形）準備している
disappoint[dìsəpɔ́int]（動）〜を失望させる
rush[rʌ́ʃ]（動）急ぐ、焦る
even though　〜だけれども
check[tʃék]（動）調べる・確認する
see if 〜　〜かどうか確認する
already[ɔ:lrédi]（副）すでに
tire[táiər]（動）〜を疲れさせる

because of 〜　〜が原因で
disorganization[disɔ̀:rgənəzéiʃən]（名）無秩序、いいかげんさ
mention[ménʃən]（動）〜について言う
above[əbʌ́v]（副）上に
frequently[frí:kwəntli]（副）頻繁に
opportunity[àpərtjú:nəti]（名）機会
discuss[diskʌ́s]（動）〜について話し合う
further[fə́:rðər]（副）さらに
learn[lə́:rn]（動）〜を知る
propose[prəpóuz]（動）〜を提案する
prevent[privént]（動）〜を防ぐ
prevent　目的語　from Ving　目的語がVすることを防ぐ
similar[símələr]（形）類似の
situation[sìtʃu:éiʃən]（名）状況
recur[rikə́:r]（動）再発する
look forward to Ving　Vすることを楽しみに待つ
hear from 〜　〜から便りをもらう
sincerely　結語、日本語の「敬具」のようなもの。
make a reservation　予約する
housekeeping[háuskì:piŋ]（名）客室清掃部
military[mílətèri]（形）軍の
senior[sí:njər]（形）老齢の
participant[pɑ:rtísəpənt]（名）参加者
issue[íʃu:]（動）〜を発行する
often[ɔ́f(t)n / ǽf(t)n]（副）頻繁に

解答&解説 （音読用英文はp.370）

Q1. How can participants make a reservation for tickets?
　　(A) Through the hotel housekeeping staff
　　(B) By e-mail
　　(C) By visiting the tour desk in person
　　(D) By calling the concierge desk

問１．参加者はチケットについてどのように予約をすることができますか。
(A) ホテルの客室清掃部のスタッフを通して
(B) Eメールで
(C) 本人が直接ツアーデスクを訪問する
(D) コンシェルジュデスクに電話する

正解　(D)
解説　(D) は12に一致。(A) について、12にhotel concierge（ホテルのコンシェルジュ）と書いており不一致。

Q2. Who most likely is Kim Chan Gill?
　　(A) A member of the hotel staff
　　(B) A member of the Dolphin Tour staff
　　(C) A hotel guest
　　(D) Karen's child

問２．キム・チャン・ギルさんは誰だと思われますか。
(A) ホテルのスタッフ
(B) イルカツアーのスタッフ
(C) ホテルの客
(D) カレンの子供

正解　(A)
解説　(A) は16、22に一致。Kim Chan Gillと同一語が「2文書目」に存在。トリプルパッセージは同一語・同義語に着目する。

Q3. What is true about the tour tickets?

(A) Military members pay less than senior citizens.
  (B) Participants can pay on the day they go on the tour.
  (C) Adults have to pay in cash.
  (D) Tour tickets are issued online.

問3．ツアーのチケットについて何が当てはまりますか。
(A) 軍従事者は高齢者よりも支払いは少ないです。
(B) 参加者はツアーに行くその日に支払うことができます。
(C) 大人は現金で支払わなければなりません。
(D) ツアーチケットはインターネット上で発券できます。

正解　(B)
解説　(B)は19に一致。(A)(C)(D)は記述がありません。ツアーについて「1文書目」の最後の「申し込み方法」に支払いに関する記述が見つからないので、「2文書目」の支払いについての語句を探すことになる。

Q4. What is true about Ms. Allen?
  (A) She often visits Casanova Hotel.
  (B) She paid the tour fee by credit card the night before the tour.
  (C) She enjoyed the tour very much.
  (D) She ordered her lunch at Silver Star.

問4．アレンさんについて何が当てはまりますか。
(A) 彼女はよくカサノヴァホテルを訪問します。
(B) 彼女はツアーの前の晩に、クレジットカードでツアー代金を支払いました。
(C) 彼女はツアーを非常に楽しみました。
(D) 彼女はシルヴァースターで昼食を注文しました。

正解　(D)
解説　(D)は21、26に一致。(A)について、24の通り、アレンさんが頻繁に滞在するのはコヴェントリーホテルです。カサノヴァホテルではありません。(B)について、19の通り、ツアー代金は前夜でなく当日現地で支払いました。(C) 25の通り、クレームを書いているので不一致。

Q5. What time did Ms. Allen arrive at the lobby of Casanova Hotel?
   (A) 4:30PM
   (B) 10:30AM
   (C) 0:00AM
   (D) 10:20AM

問5．アレンさんは、カサノヴァホテルのロビーに何時に到着しましたか。
(A) 午後4時半
(B) 午前10時半
(C) 午前0時
(D) 午前10時20分

正解　（D）
解説　（D）は20、28で、集合時間が午前10時半で、その10分前に集合場所であるカサノヴァホテルのロビーに到着したので一致。

22ページの『TOEICテストPART7を解くポイント』を確認して、タイマーとマークシート用のエンピツを出してね。

CD 2-7　CD 2-29
制限時間 15分

Question 1-5 refer to the following schedule, notice and e-mail.

Taitan Inc. June Meeting Room A Schedule

Monday	Tuesday	Wednesday	Thursday	Friday
	1	2 9:00-11:00 Marketing Department Monthly Meeting	3	4 All Day Seminar: Confidentiality Agreement

7	8 14:00-16:30 Billing Department Staff Meeting	9	10 All Day Recruitment Interview	11 16:30- Whiteboard Cleaning
14	15	16	17	18 16:30- Cabinet Cleaning
21	22 12:00-13:00 In-Company Socializing Committee Luncheon Gathering	23	24 15:00- Communications Division Monthly Meeting	25
26 All Afternoon Departmental Directors' Meeting	27	28 10:00-12:00 Meeting With Employment Agencies	29 13:00- Executive Directors' Meeting	30 All Day Room Cleaning

The Procedure to book a meeting room

To book a meeting room, contact Richard directly by visiting him on the ground floor or e-mailing him.

How to book a meeting room by e-mailing Richard (Administrative Assistant):

1. Select your date and time.
2. E-mail Richard.
3. Confirm your meeting room. →You are done!

(Whiteboard, Music Players, Projector, and Water Pitchers and glasses are available on request.)

To: Richard Williams
From: Lindsay Kato

Time: 10:30AM

I want to request Meeting Room A on Friday June 25th.
We have some new employees coming next month and we would like to hold a Personnel Department Orientation Program and to offer them some training, so we are planning to occupy the room all day. But we can move to Room B if that is not possible. We want to use a projector and 50 glasses. I hope that day will work.
I want to know if I could confirm our meeting room as soon as possible, so just call me on EXT 212, which is quicker than e-mail. I will be in the office all this afternoon.

Thank you.
Lindsay

Q1. What is stated about Meeting Room A?
   (A) It is the largest room in this company.
   (B) It is cleaned on a daily basis.
   (C) There are some monthly meetings held there.
   (D) A Board of Directors meeting was held there last month.

Q2. How should a meeting room be reserved?
   (A) Go online and make a reservation on the website
   (B) Contact the administrative assistant
   (C) Select a date and time and place a call
   (D) Mark a reservation on a scheduling paper

Q3. What is NOT true about Richard Williams?
   (A) He organizes the meeting room schedule.
   (B) He will be in the office every afternoon.
   (C) He will probably make a phone call to Lindsay Kato.
   (D) He most likely works for Taitan Inc.

Q4. What is mentioned about Lindsay Kato?
   (A) He is conducting some training for newcomers.

(B) He is involved in a marketing project at the moment.
(C) He wears glasses when having meetings.
(D) He prefers Meeting Room B.

Q5. What does Lindsay Kato ask Richard Williams?
　　(A) To get permission to see the administrative manager
　　(B) To confirm the meeting room he wants to use
　　(C) To talk with the project administrator
　　(D) To call him to advance a project

	A	B	C	D		A	B	C	D
Q1	○	○	○	○	Q4	○	○	○	○
Q2	○	○	○	○	Q5	○	○	○	○
Q3	○	○	○	○					

45ページの「TOEICテストPART7点数UPのための練習手順」を繰り返してね。

「トリプルパッセージ」「全体設問」「部分設問」「冒頭設問」「末尾設問」の解説

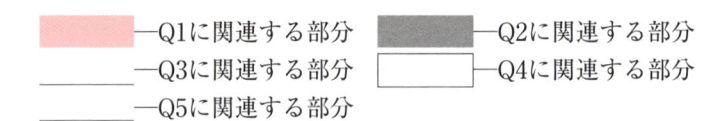

　　―Q1に関連する部分　　　―Q2に関連する部分
　　―Q3に関連する部分　　　―Q4に関連する部分
　　―Q5に関連する部分

Question 1-5 refer to the following schedule, notice and e-mail.

Taitan Inc. June Meeting Room A Schedule

Monday	Tuesday	Wednesday	Thursday	Friday

1	2 9:00-11:00 Marketing Department Monthly Meeting	3	4 All Day Seminar: Confidentiality Agreement
7	8 14:00-16:30 Billing Department Staff Meeting	9	10 All Day Recruitment Interview	11 16:30- Whiteboard Cleaning
14	15	16	17	18 16:30- Cabinet Cleaning
21	22 12:00-13:00 In-Company Socializing Committee Luncheon Gathering	23	24 15:00- Communications Division Monthly Meeting	25
26 All Afternoon Departmental Directors' Meeting	27	28 10:00-12:00 Meeting With Employment Agencies	29 13:00- Executive Directors' Meeting	30 All Day Room Cleaning

The Procedure to book a meeting room

To book a meeting room, contact Richard directly by visiting him on the ground floor or e-mailing him.

How to book a meeting room by e-mailing Richard (Administrative Assistant):

1. Select your date and time.

2. E-mail Richard.
3. Confirm your meeting room. →You are done!
(Whiteboard, Music Players, Projector, and Water Pitchers and glasses are available on request.)

To: Richard Williams
From: Lindsay Kato
Time: 10:30AM

「Eメール」「手紙」「メモ」などは、差出人と受取人を確認します。

Q4のnewcomersの換言がnew employeesです。

I want to request Meeting Room A on Friday June 25th. We have some new employees coming next month and we would like to hold a Personnel Department Orientation Program and to offer them some training, so we are planning to occupy the room all day. But we can move to Room B if that is not possible. We want to use a projector and 50 glasses. I hope that day will work.

ビジネス文書の場合、Eメールでは単刀直入に話を切り出すことが多いと考えられます。Lindsay Katoが求めていることは冒頭文にあります。

I want to know if I could confirm our meeting room as soon as possible, so just call me on EXT 212, which is quicker than e-mail. I will be in the office all this afternoon.

Thank you.
Lindsay

設問1問目から複数文書について問う設問は出ないのではないか、と推定し、1文書目と推定できる。設問自体はMeeting Room Aについて、漠然と聞いているので「全体設問」。

Q1. What is stated about Meeting Room A?（1文書目）（全体設問）
　　(A) It is the largest room in this company.
　　(B) It is cleaned on a daily basis.
　　(C) There are some monthly meetings held there.
　　(D) A Board of Directors meeting was held there last month.

問1．会議室Aについて何が述べられていますか？
(A) それがこの会社で一番大きな部屋です。
(B) 毎日、掃除されます。

選択肢と本文の同一語や同義語を探すのは、正解を導く1つの手段です。

(C) いくつか月例会議が開かれています［直訳：開催されるいくつかの月例会議があります］。
(D) 先月、取締役会議が開かれました。

正解　(C)

> 1文書目は表だけの記載なので、1文書目は関係ない、と即座に判断できます。2文書目の冒頭にbookとあり、reserveと同義語なので、このあたりに正解のヒントがある、と推定できます。

Q2. How should a meeting room be reserved?（2文書目）（部分設問）
(A) Go online and make a reservation on the website
(B) Contact the administrative assistant
(C) Select a date and time and place a call
(D) Mark a reservation on a scheduling paper

問2．どのように会議室は予約されるはずですか？
(A) インターネットをつないでウェブサイト上で予約する。
(B) 管理スタッフに連絡を取る。
(C) 日時を選び電話する。
(D) スケジュール用紙に予約の印をつける。

正解　(B)

> 「NOT問題」は「全体設問」です。「トリプルパッセージ」で「全体設問」は、解答に時間を要します。TOEIC600点を目指す程度なら、「捨てる設問」とすることも時には大切です。

Q3. What is NOT true about Richard Williams?（1・2・3文書目）（全体設問）
(A) He organizes the meeting room schedule.
(B) He will be in the office every afternoon.
(C) He will probably make a phone call to Lindsay Kato.
(D) He most likely works for Taitan Inc.

問3．リチャード・ウィリアムズについて、当てはまらないのは何ですか？
(A) 彼は会議室のスケジュールを調整しています。
(B) 彼は毎日午後会社にいます。
(C) 彼はおそらくリンゼイ・カトウに電話をします。

(D) 彼はタイタン会社で働いていると思われます。

正解　(B)

> Lindsay Katoが登場するのは、3文書目のみなので、正解のヒントは3文書目にあると推定できます。Lindsay Katoのことが広く問われているため「全体設問」ですが、3文書目、と特定できるので、トリプルパッセージの中では比較的解きやすい設問です。

Q4. What is mentioned about Lindsay Kato ?（3文書目）（全体設問）
　　(A) He is conducting some training for newcomers .
　　(B) He is involved in a marketing project at the moment.
　　(C) He wears glasses when having meetings.
　　(D) He prefers Meeting Room B.

問4．リンゼイ・カトウについて何が述べられていますか？
(A) 彼は新人に訓練を行います。
(B) 彼は現在マーケティングのプロジェクトに関わっています。
(C) 彼は会議をするときメガネをかけます。
(D) 彼は会議室Bのほうが好きです。

正解　(A)

> トリプルパッセージでは、設問と選択肢を見て、どの文書に正解のヒントがあるかを推定します。Lindsay Katoは3文書目に登場し、Lindsay Katoが要求している内容は冒頭にあると推定できるので、正解のヒントがある場所が特定しやすい設問です。

Q5. What does Lindsay Kato ask Richard Williams?（3文書目）（部分設問）
　　(A) To get permission to see the administrative manager
　　(B) To confirm the meeting room he wants to use
　　(C) To talk with the project administrator
　　(D) To call him to advance a project

問5．リンゼイ・カトウはリチャード・ウィリアムズに何を求めていますか？
(A) 総務部長に会う許可を得ること
(B) リンゼイが使いたい部屋を確保すること
(C) プロジェクトの管理者と話をすること
(D) プロジェクトを進めるためにリンゼイに電話をすること

正解　(B)

英文和訳

Question 1-5 refer to the following schedule, notice and e-mail.

1 Taitan Inc. June Meeting Room A Schedule

2 Monday	3 Tuesday	4 Wednesday	5 Thursday	6 Friday
	1	2 9:00-11:00 7 Marketing Department Monthly Meeting (Q1(C)参照)	3	4 8 All Day Seminar: Confidentiality Agreement
7	8 14:00-16:30 9 Billing Department Staff Meeting	9	10 10 All Day Recruitment Interview	11 16:30- 11 Whiteboard Cleaning
14	15	16	17	18 16:30- 12 Cabinet Cleaning
21	22 12:00-13:00 13 In-Company Socializing Committee Luncheon Gathering	23	24 15:00- 14 Communications Division Monthly Meeting (Q1(C)参照)	25
26 15 All Afternoon Departmental Directors' Meeting	27	28 10:00-12:00 16 Meeting With Employment Agencies	29 13:00- 17 Executive Directors' Meeting	30 All Day 18 Room Cleaning

問1～5は、スケジュール、お知らせ、Eメールに関するものです。

1 タイタン社　6月の会議室Aスケジュール

2 月曜日	3 火曜日	4 水曜日	5 木曜日	6 金曜日
	1	2 9:00-11:00 7 マーケティング部　月例会議 (Q1(C)参照)	3	4 8 終日 セミナー： 機密保持契約
7	8 14:00-16:30 9 経理部 スタッフ会議	9	10 10 終日 採用面接試験	11 16:30- 11 ホワイトボード 清掃
14	15	16	17	18 16:30- 12 戸棚清掃
21	22 12:00-13:00 13 社内交流委員会 昼食会	23	24 15:00- 14 広報部 月例会 (Q1(C)参照)	25
26 15 午後すべて 部門別取締役会議	27	28 10:00-12:00 16 人材紹介会社様との会議	29 13:00- 17 専務取締役会議	30 18 終日 部屋清掃

19 **The Procedure to book a meeting room**

20 To book a meeting room, contact Richard directly by visiting him on the ground floor or e-mailing him.

21 **How to book a meeting room by e-mailing Richard (Administrative Assistant):**(Q2(B)参照)(Q3(A)参照)

22 1. Select your date and time.

2. E-mail Richard. (Q2(B)参照)
3. Confirm your meeting room. →You are done!
23 (Whiteboard, Music Players, Projector, and Water Pitchers and glasses are available on request.)

19 会議室を予約するための手順
20 会議室を予約するためには、1階に訪問するかEメールをして、直接リチャードに連絡を取ってください。(Q2(B)参照) (Q3(A)参照)
21 リチャード（管理アシスタント）にEメールして会議室を予約する方法
22
１．日時を選んでください。
２．Eメールをリチャードに送信してください。(Q2(B)参照)
３．会議室の予約を確定してください［直訳：会議室を確約してください］。→完了です！
23 （ホワイトボード、音楽プレーヤー、プロジェクター、水差しとグラスは、ご要望に応じて提供可能です。）

24 To: Richard Williams
From: Lindsay Kato
25 Time: 10:30AM

26 I want to request Meeting Room A on Friday June 25th.
27 We have some new employees coming next month and we would like to hold a Personnel Department Orientation Program and to offer them some training (Q4(A)参照), so we are planning to occupy the room all day. 28 But we can move to Room B if that is not possible. 29 We want to use a projector and 50 glasses. 30 I hope that day will work. 31 I want to know if I could confirm our meeting room as soon as possible, (Q5(B)参照) so just call me on EXT 212 (Q3(C)参照), which is quicker than e-mail. 32 I will be in the office all this afternoon.

Thank you.
Lindsay

24 受信者：リチャード・ウィリアムズ

送信者：リンゼイ・カトウ
25 時間：午前10時半

26 6月25日金曜日に会議室Aを使うリクエストをしたいと思います。
27 来月、数名、新入社員が来るので、人事部のオリエンテーションプログラムを開催し、訓練も行いたいのです(Q4(A)参照) [直訳：新入社員に訓練を提供したいのです]。ですから、終日、部屋を使うつもりです [直訳：部屋を占拠することを計画しています]。
28 しかし、無理であれば [= if that is not possible 直訳：可能でなければ]、会議室Bに移動することが可能です。29 プロジェクターとグラス50個も使用したいと思います。30 その日が大丈夫であればと願っております。
31 できるだけ早く、会議室の予約が確定したかどうかを知りたいので(Q5(B)参照)、[直訳：私どもの会議室が確約できるかどうかを知りたい、だから、] 内線212に、とりあえず電話をかけてください(Q3(C)参照)。そのほうがEメールよりも速いので [直訳：内線212に、電話をちょっとかけてください。なぜなら、それはEメールよりも速いからです]。
32 今日の午後はずっと会社におります。

ありがとうございます。リンゼイ。

Words & Phrases

(動) 動詞　(名) 名詞　(形) 形容詞　(副) 副詞　(接) 接続詞　(前) 前置詞

Inc.[ink] (名) 会社・有限会社
June[dʒú:n] (名) 6月
meeting room　会議室
Monday[mʌ́ndei] (名) 月曜日
Tuesday[tjú:zdei] (名) 火曜日
Wednesday[wénzdei] (名) 水曜日
Thursday[θə́:rzdei] (名) 木曜日
Friday[fráidei] (名) 金曜日
marketing department　マーケティング部
monthly[mʌ́nθli] (形) 月例の
seminar[sémənà:r] (名) セミナー

confidentiality[kànfədenʃiǽləti] (名) 秘密性・機密性
agreement[əgrí:mənt] (名) 同意・契約
billing department　経理部
recruitment[rikrú:tmənt] (名) 採用
interview[íntərvjù:] (名) 面接
whiteboard[hwáitbɔ̀:rd] (名) ホワイトボード
cabinet[kǽbənit] (名) 戸棚
in-company[in kʌ́mpəni] (形) 社内の
socialize[sóuʃəlàiz] (動) 社交的に交際する

committee[kəmíti / kàmitíː]（名）委員会
luncheon[lʌ́n(t)ʃn]（名）昼食会
gathering[gǽðəriŋ]（名）集まり
communications division　広報部
departmental[dipàːrtméntl]（形）部門別の
director[dəréktər]（名）重役
employment agency　人材派遣会社
executive[igzékjətiv]（名）幹部・重役
book[búk]（動）〜を予約する
administrative assistant　管理スタッフ・総務アシスタント
select[səlékt]（動）〜を選ぶ
confirm[kənfə́ːrm]（動）〜を確約する
you are done.　完了です
projector[prədʒéktər]（名）プロジェクター
water pitcher　水差し
glass[glǽs]（名）コップ・ガラス
available[əvéiləbl]（形）入手できる
request[rikwést]（名）要求
request[rikwést]（動）要求する
employee[implɔ́iiː]（名）従業員
personnel department　人事部
orientation[ɔ̀ːriəntéiʃən]（名）オリエンテーション
offer[ɔ́(ː)fər]（動）〜を提供する
training[tréiniŋ]（名）トレーニング
plan to V原形　Vする計画をする
occupy[ákjəpài]（動）〜を占める
move to 〜　〜に移動する
possible[pásəbl]（形）可能である

work[wə́ːrk]（動）うまくいく・機能する
as soon as possible　できるだけ早く
quick[kwík]（形）速い
state[stéit]（動）〜を述べる
on daily basis　日常的に
go online　ネットをつなぐ
board of directors' meeting　取締役会
reservation[rèzərvéiʃən]（名）予約
make a reservation　予約する
contact[kɔ́ntəkt]（動）〜と連絡を取る
mark[máːrk]（動）〜に印をつける
organize[ɔ́ːrgənàiz]（動）〜を体系化する・整頓する
every[évri]（形）毎・すべての
afternoon[æftərnúːn]（名）午後
probably[prábəbli]（副）おそらく
mention[ménʃən]（動）〜について言う
newcomer[njúːkʌ̀mər]（名）新人
project[prádʒekt]（名）プロジェクト・計画
at the moment　今のところ
glasses[glǽsəz]（名）メガネ
prefer[prifə́ːr]（動）（2者のうち）〜をより好む
permission[pərmíʃən]（名）許可
administrative manager　総務部長
administrator[ədmínistrèitər]（名）管理者
advance[ədvǽns]（動）〜を進める

解答&解説 （音読用英文はp.375）

Q1. What is stated about Meeting Room A?
　　(A) It is the largest room in this company.
　　(B) It is cleaned on a daily basis.
　　(C) There are some monthly meetings held there.
　　(D) A Board of Directors meeting was held there last month.

問１．会議室Aについて何が述べられていますか？
(A) それがこの会社で一番大きな部屋です。
(B) 毎日、掃除されます。
(C) いくつか月例会議が開かれています［直訳：開催されるいくつかの月例会議があります］。
(D) 先月、取締役会議が開かれました。

正解　(C)
解説　(C) は7、14に一致。(B) について、6月30日の1日しか掃除スケジュールが入っていないので、on daily basis（毎日）とは言えません。(D) について、先月のことは不明ですし、6月が先月かどうかもわかりません。

Q2. How should a meeting room be reserved?
　　(A) Go online and make a reservation on the website
　　(B) Contact the administrative assistant
　　(C) Select a date and time and place a call
　　(D) Mark a reservation on a scheduling paper

問２．どのように会議室は予約されるはずですか？
(A) インターネットをつないでウェブサイト上で予約する。
(B) 管理スタッフに連絡を取る。
(C) 日時を選び電話する。
(D) スケジュール用紙に予約の印をつける。

正解　(B)
解説　(B) は19、21と一致。(A)(C)(D) は記述がありません。(A) のウェブサイト上で予約することは、Eメールを送ることとは異なります。

Q3. What is NOT true about Richard Williams?
　　(A) He organizes the meeting room schedule.
　　(B) He will be in the office every afternoon.
　　(C) He will probably make a phone call to Lindsay Kato.
　　(D) He most likely works for Taitan Inc.

問３．リチャード・ウィリアムズについて、当てはまらないのは何ですか？
(A) 彼は会議室のスケジュールを調整しています。
(B) 彼は毎日午後会社にいます。
(C) 彼はおそらくリンゼイ・カトウに電話をします。
(D) 彼はタイタン会社で働いていると思われます。

正解　(B)
解説　32で、リンゼイ・カトウは今日の午後会社にいる、と記述があるが、リチャード・ウィリアムズについては何も記述はないので、(B) は当てはまりません。(A) について、20に会議室を予約するときは、リチャード・ウィリアムズに連絡を取るようにと書かれてあるので、当てはまります。(C) について、31でリンゼイ・カトウが、リチャード・ウィリアムズに電話をするように言っているので当てはまります。(D) について、タイタン会社の会議室のスケジュールを調整するのがリンゼイ・カトウですから、タイタン会社で働いていると思われます。

Q4. What is mentioned about Lindsay Kato?
　　(A) He is conducting some training for newcomers.
　　(B) He is involved in a marketing project at the moment.
　　(C) He wears glasses when having meetings.
　　(D) He prefers Meeting Room B.

問４．リンゼイ・カトウについて何が述べられていますか？
(A) 彼は新人に訓練を行います。
(B) 彼は現在マーケティングのプロジェクトに関わっています。
(C) 彼は会議をするときメガネをかけます。
(D) 彼は会議室Bのほうが好きです。

正解　(A)

解説　(A) は27と一致。(B)(C)(D) は記述がありません。

Q5. What does Lindsay Kato ask Richard Williams?
(A) To get permission to see the administrative manager
(B) To confirm the meeting room he wants to use
(C) To talk with the project administrator
(D) To call him to advance a project

問5．リンゼイ・カトウはリチャード・ウィリアムズに何を求めていますか？
(A) 総務部長に会う許可を得ること
(B) リンゼイが使いたい部屋を確約すること
(C) プロジェクトの管理者と話をすること
(D) プロジェクトを進めるためにリンゼイに電話をすること

正解　(B)
解説　(B) は31のconfirm our meeting roomと一致。(A)(C) は記述がありません。(D) について、電話をかけることを求めていますが、それはadvance a project（プロジェクトを進める）ためではありません。

22ページの『TOEICテストPART7を解くポイント』を確認して、タイマーとマークシート用のエンピツを出してね。

CD 2-8　CD 2-30
制限時間 13分

Questions 1-5 refer to the following notice and webpages.

Free Fun Saturdays!

The Pam Foundation is underwriting free Saturday admissions at a wide variety of museums, historical sites and other attractions throughout the town this winter!

The following programs will be offered this Saturday, Feb 1. These events are very popular so to register early call or go to our website: http://www.maryfoundation.com

This Saturday's Free Admissions
Worcester Art Museum
Lenox Theater
Tanglewood Movie Theater

The Pam Foundation
1 Beacon St. Marlborough
TEL 614-655-6000

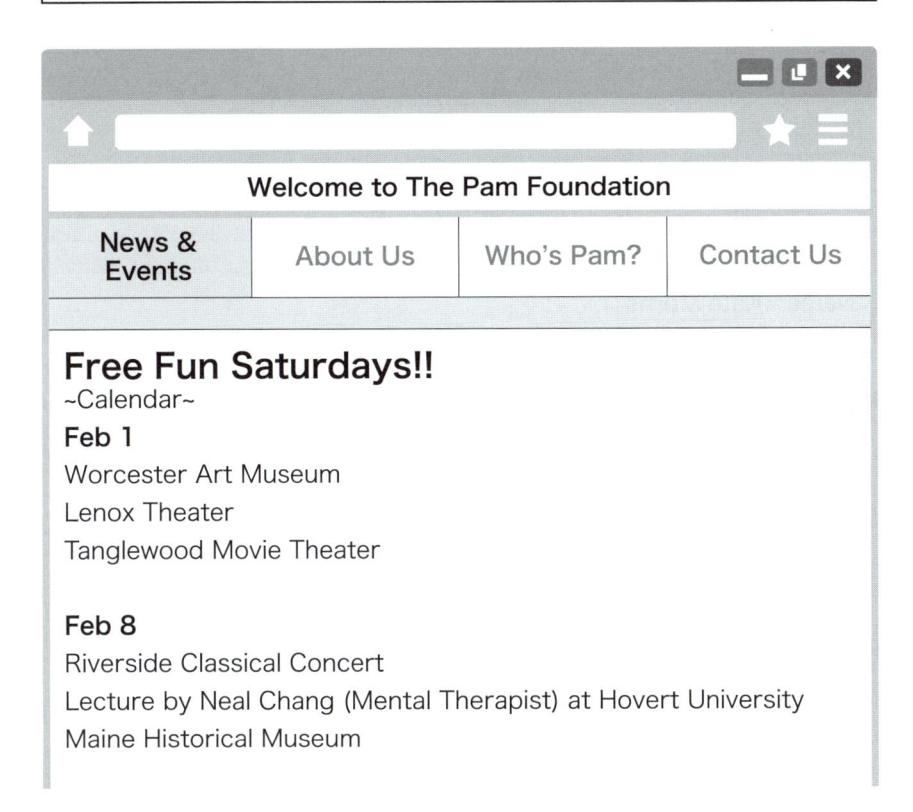

Welcome to The Pam Foundation

| News & Events | About Us | Who's Pam? | Contact Us |

Free Fun Saturdays!!
~Calendar~

Feb 1
Worcester Art Museum
Lenox Theater
Tanglewood Movie Theater

Feb 8
Riverside Classical Concert
Lecture by Neal Chang (Mental Therapist) at Hovert University
Maine Historical Museum

Feb 15
Funfair in Lenox Park
Jazz Concert in City Hall

Feb 22
Natural History Museum
Fine Art Museum of Tanglewood
Lecture by Jinny Chou (Fashion Designer)

Click here to register for a free ticket→Enter
*Your free ticket will arrive about 2 business days after registration.

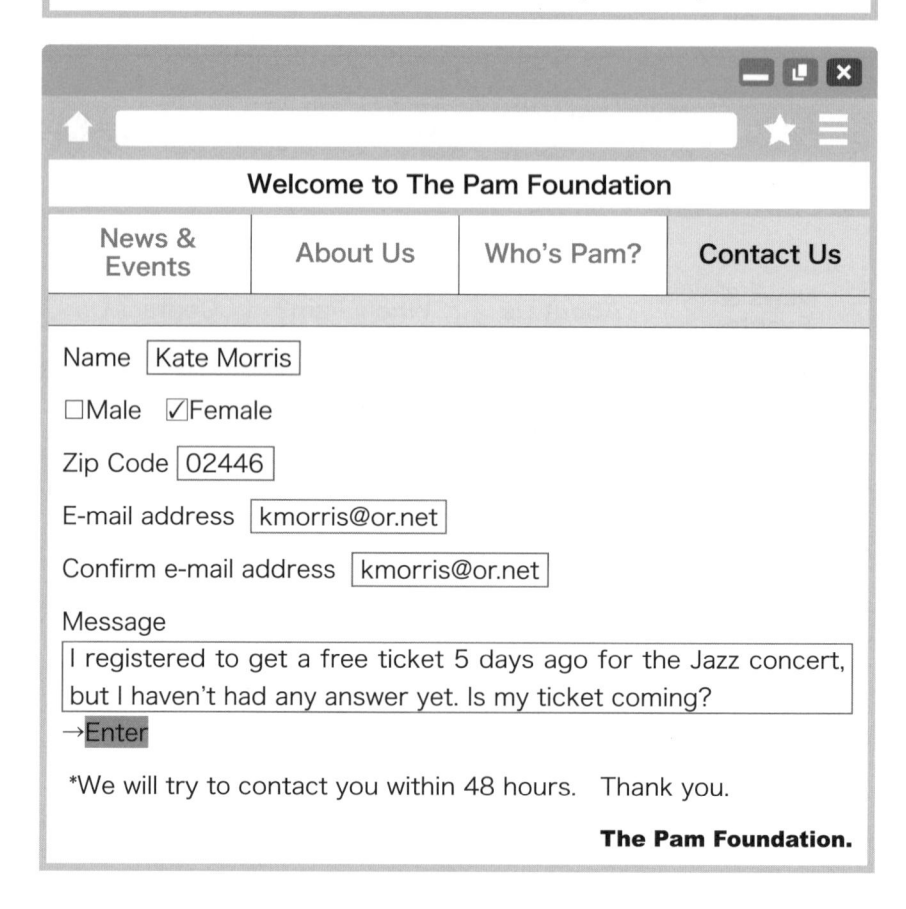

Welcome to The Pam Foundation

| News & Events | About Us | Who's Pam? | Contact Us |

Name Kate Morris
☐Male ☑Female
Zip Code 02446
E-mail address kmorris@or.net
Confirm e-mail address kmorris@or.net
Message
I registered to get a free ticket 5 days ago for the Jazz concert, but I haven't had any answer yet. Is my ticket coming?
→Enter

*We will try to contact you within 48 hours.　Thank you.

The Pam Foundation.

Q1. What happens on "Free Fun Saturdays"?
   (A) The Pam Foundation issues tickets to enter many famous places.
   (B) People can visit many places including museums built by Pam.
   (C) People have fun at the events held by the Pam Foundation.
   (D) The Pam Foundation celebrates its establishment.

Q2. What is mentioned about February 1?
   (A) People have to hurry to get a ticket for the movie at Hovert University.
   (B) The free tickets for Lenox Theater and the Funfair in Lenox Park are available.
   (C) February 1 is probably the first week of Free Fun Saturdays.
   (D) Tanglewood Movie Theater is located beside Lenox Theater.

Q3. What is indicated on the Pam Foundation website?
   (A) The Riverside Classical Concert will be held one week after the Jazz Concert.
   (B) Maine Historical Museum can be entered for free on February 22.
   (C) Pam of The Pam Foundation is not introduced on the website.
   (D) Free tickets will be issued after clicking the enter button.

Q4. Why has Ms. Morris contacted the Pam Foundation?
   (A) To confirm her purchase of the ticket.
   (B) To know the exact date of the concert.
   (C) To ask the reason why her name was not registered.
   (D) To ask if her ticket is on its way.

Q5. When does Ms. Morris want to go to the concert?
   (A) February 1
   (B) February 8
   (C) February 15

(D) February 22

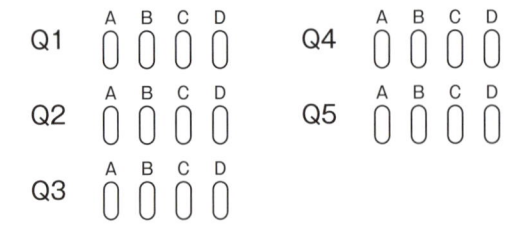

Q1 A B C D
Q2 A B C D
Q3 A B C D
Q4 A B C D
Q5 A B C D

> 45ページの「TOEICテストPART7点数UPのための練習手順」を繰り返してね。

「トリプルパッセージ」「全体設問」「部分設問」「冒頭設問」「末尾設問」の解説

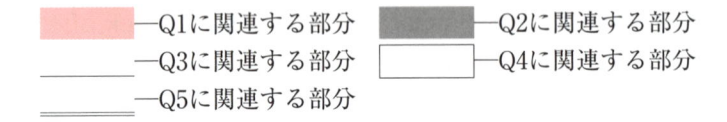

- ─Q1に関連する部分
- ─Q2に関連する部分
- ─Q3に関連する部分
- ─Q4に関連する部分
- ─Q5に関連する部分

Questions 1-5 refer to the following notice and webpages.

Free Fun Saturdays!

> 見出しの確認は重要です。設問1問目のFree Fun Saturdaysと同一語です。

The Pam Foundation is underwriting fr... admissions at a wide variety of museums, historical sites and other attractions throughout the town this winter!

The following programs will be offered this Saturday, Feb 1. These events are very popular so to register early call or go to our website: http://www.maryfoundation.com

This Saturday's Free Admissions
Worcester Art Museum
Lenox Theater
Tanglewood Movie Theater

The Pam Foundation
1 Beacon St. Marlborough
TEL 614-655-6000

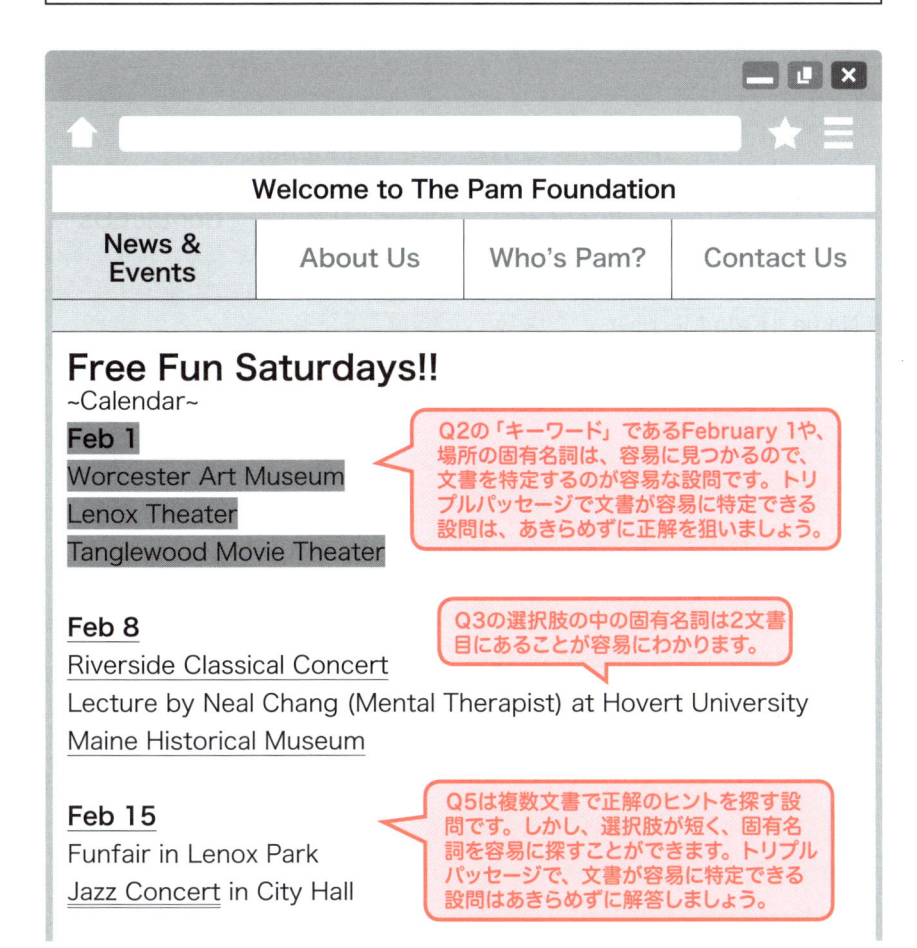

Welcome to The Pam Foundation

| News & Events | About Us | Who's Pam? | Contact Us |

Free Fun Saturdays!!
~Calendar~

Feb 1
Worcester Art Museum
Lenox Theater
Tanglewood Movie Theater

Q2の「キーワード」であるFebruary 1や、場所の固有名詞は、容易に見つかるので、文書を特定するのが容易な設問です。トリプルパッセージで文書が容易に特定できる設問は、あきらめずに正解を狙いましょう。

Feb 8
Riverside Classical Concert
Lecture by Neal Chang (Mental Therapist) at Hovert University
Maine Historical Museum

Q3の選択肢の中の固有名詞は2文書目にあることが容易にわかります。

Feb 15
Funfair in Lenox Park
Jazz Concert in City Hall

Q5は複数文書で正解のヒントを探す設問です。しかし、選択肢が短く、固有名詞を容易に探すことができます。トリプルパッセージで、文書が容易に特定できる設問はあきらめずに解答しましょう。

Feb 22
Natural History Museum
Fine Art Museum of Tanglewood
Lecture by Jinny Chou (Fashion Designer)

　　　　　　　　Click here to register for a free ticket→Enter
*Your free ticket will arrive about 2 business days after registration.

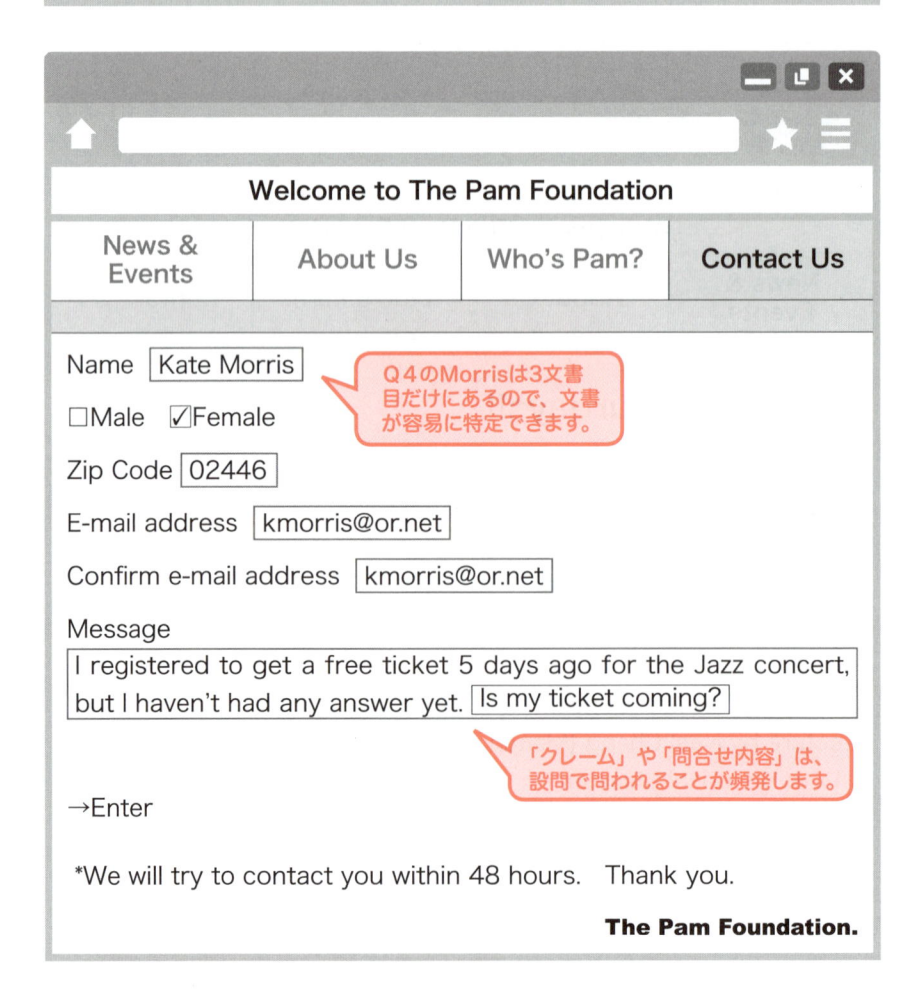

Welcome to The Pam Foundation

| News & Events | About Us | Who's Pam? | Contact Us |

Name [Kate Morris]

☐ Male　☑ Female

> Q4のMorrisは3文書目だけにあるので、文書が容易に特定できます。

Zip Code [02446]

E-mail address [kmorris@or.net]

Confirm e-mail address [kmorris@or.net]

Message

[I registered to get a free ticket 5 days ago for the Jazz concert, but I haven't had any answer yet. [Is my ticket coming?]]

> 「クレーム」や「問合せ内容」は、設問で問われることが頻発します。

→Enter

*We will try to contact you within 48 hours.　Thank you.

The Pam Foundation.

> 設問1問目なので、1文書目に正解のヒントがある、と推定します。

Q1. What happens on "Free Fun Saturdays"？（1文書目）（全体設問）
   (A) The Pam Foundation issues tickets to enter many famous places.
   (B) People can visit many places including museums built by Pam.
   (C) People have fun at the events held by the Pam Foundation.
   (D) The Pam Foundation celebrates its establishment.

問1．「無料のFun Saturdays（愉快な土曜日）」には何がありますか［直訳：起こりますか］。
(A) パム財団が多くの有名な場所に入るためのチケットを発行します。
(B) パムによって建てられた美術館のようなところ［直訳：いくつかの場所］を含む、多くの場所を、人々は訪問することができます。
(C) パム財団によって催されるイベントで、人々は楽しみます。
(D) パム財団は財団の設立を祝います。

正解　(A)

> February 1（2月1日）の記述は、2文書目にしかなく、文書を容易に特定できる設問です。トリプルパッセージで文書が容易に特定できる設問は、あきらめずに解答しましょう。

Q2. What is mentioned about February 1？（2文書目）（部分設問）
   (A) People have to hurry to get a ticket for the movie at Hovert University.
   (B) The free tickets for Lenox Theater and the Funfair in Lenox Park are available.
   (C) February 1 is probably the first week of Free Fun Saturdays.
   (D) Tanglewood Movie Theater is located beside Lenox Theater.

問2．2月1日について、何が述べられていますか？
(A) 人々はホヴァート大学での映画のチケットを入手するために、急がねばなりません。
(B) レノックス劇場とレノックス公園の遊園地の無料チケットが入手できま

293

す。
(C) 2月1日は、おそらく、無料Fun Saturdaysの初週でしょう。
(D) タングルウッド映画館はレノックス劇場の傍らに立地しています。

正解　(C)

> the website（ホームページ）は、2・3文書両方ですが、選択肢の中の固有名詞は3文書目にはないことが容易にわかります。トリプルパッセージで文書が容易に特定できる設問は、あきらめずに解答しましょう。

Q3. What is indicated on the Pam Foundation website?（2文書目）（全体設問）
   (A) The Riverside Classical Concert will be held one week after the Jazz Concert.
   (B) Maine Historical Museum can be entered for free on February 22.
   (C) Pam of The Pam Foundation is not introduced on the website.
   (D) Free tickets will be issued after clicking the enter button.

問3．パム財団のウェブページで、何が示されていますか？
(A) 川沿いのクラシックコンサートがジャズコンサートよりも1週間遅く開催されるでしょう。
(B) メイン歴史博物館は2月22日に無料で入場することができるでしょう。
(C) パム財団のパムはウェブサイトで紹介されていません。
(D) 無料チケットがエンターボタンを押したあとに発行されるでしょう。

正解　(D)

> 固有名詞のMorrisで3文書目であると特定できます。トリプルパッセージで文書が容易に特定できる設問は、あきらめずに解答しましょう。

Q4. Why has Ms. Morris contacted the Pam Foundation?（3文書目）（部分設問）
   (A) To confirm her purchase of the ticket.
   (B) To know the exact date of the concert.
   (C) To ask the reason why her name was not registered.
   (D) To ask if her ticket is on its way.

問4．なぜ、モリスさんはパム財団に連絡したのですか。
(A) 自分のチケットの購入を確認するため
(B) コンサートの正確な日にちを知るため
(C) 彼女の名前がなぜ登録されていないかという理由を知るため
(D) 自分のチケットがくるのかを尋ねるため

正解　(D)

Q5. When does Ms. Morris want to go to the concert?（2・3文書目）（部分設問）
　(A) February 1
　(B) February 8
　(C) February 15
　(D) February 22

> 選択肢が短い、文書の特定がしやすい、設問は、トリプルパッセージであっても、正解を出せる設問です。あきらめずに解答しましょう。

問5．いつモリスさんはコンサートに行きたいと思っていますか。
(A) 2月1日
(B) 2月8日
(C) 2月15日
(D) 2月22日

正解　(C)

英文和訳

CD 2-8　CD 2-30

Questions 1-5 refer to the following notice and Web pages.

1 **Free Fun Saturdays!**

2 The Pam Foundation is underwriting free Saturday admissions at a wide variety of museums, historical sites and other attractions throughout the town this winter!（Q1(A)参照）

3 The following programs will be offered this Saturday, Feb 1.
4 These events are very popular so to register early call or go to our website: http://www.maryfoundation.com

₅ This Saturday's Free Admissions
Worcester Art Museum
Lenox Theater
Tanglewood Movie Theater

The Pam Foundation
1 Beacon St. Marlborough
TEL 614-655-6000

問1〜5は、次のお知らせとウェブページに関するものです。

1 無料のFun Saturdays!（愉快な土曜日）
2 パム財団は、この冬、町中の、非常に様々な美術館（博物館）、名所旧跡、そして、その他の催し物で、土曜無料の入場料を負担しています。(Q1(A)参照)

3 次のプログラムは、この土曜日2月1日に提供される予定です。
4 このような催しはとても人気が高いので［直訳：人気が高いです。だから］、早く登録するために電話かウェブサイトを見てください：
http://www.maryfoundation.com

5 この土曜日の入場料無料（の場所）
ウスター美術館
レノックス劇場
タングルウッド映画館

パム財団
1番地　ビーコン通り、マルボロ
電話　614-655-6000

₆ **Welcome to The Pam Foundation**			
₇ News & Events	₈ About Us	₉ Who's Pam?	₁₀ Contact Us
₁₁ **Free Fun Saturdays!!**(Q2(C)参照)			

12 ~Calendar~(Q2(C)参照)
13 Feb 1 (Q2(C)参照)
Worcester Art Museum
Lenox Theater
Tanglewood Movie Theater

14 Feb 8
Riverside Classical Concert
Lecture by Neal Chang (Mental Therapist) at Hovert University
Maine Historical Museum

15 Feb 15 (Q2(B)参照)
Funfair in Lenox Park
Jazz Concert in City Hall (Q5(C)参照)

16 Feb 22
Natural History Museum
Fine Art Museum of Tanglewood
Lecture by Jinny Chou (Fashion Designer)

17 Click here to register for a free ticket→Enter
18 *Your free ticket will arrive about 2 business days after registration.

| 6 パム財団へようこそ ||||
| 7 ニュースとイベント | 8 私どもについて | 9 パムは誰のことか | 10 問い合わせ［直訳：私どもにご連絡ください］ |

11 無料のFun Saturdays!!　　(Q2(C)参照)
12 ~カレンダー~　　(Q2(C)参照)
13 2月1日　　(Q2(C)参照)
ウスター美術館
レノックス劇場

タングルウッド映画館

14 2月8日
川沿いのクラシックコンサート
ホヴァート大学での（精神療法家）ニール・チャンによる講義
メイン歴史博物館

15 2月15日　（Q2(B)参照）
レノックス公園の遊園地
市役所のジャズコンサート　（Q5(C)参照）

16 2月22日
自然史博物館
タングルウッド美術館
（ファッションデザイナー）ジニー・チョウによる講義

17 無料チケットのための登録はこちらをクリック→Enterボタン
18 登録から約2営業日で無料チケットは届きます。

| 19 **Welcome to The Pam Foundation** ||||
| 20 News & Events | 21 About Us | 22 Who's Pam? | 23 Contact Us |

24 Name [Kate Morris]

25 ☐Male　☑Female

26 Zip Code [02446]

27 E-mail address [kmorris@or.net]

28 Confirm e-mail address [kmorris@or.net]

29 Message

30 I registered to get a free ticket 5 days ago for the Jazz concert (Q5(C)参照), but I haven't had any answer yet. Is my ticket coming? (Q4(D)参照)

→Enter

> 31 *We will try to contact you within 48 hours.　Thank you.
> The Pam Foundation.

19 パム財団にようこそ
20 ニュースとイベント　21 私どもについて　22 パムとは誰のことか。
23 問合せ

24 名前　ケイト・モリス

25 □男性　☑女性

26 郵便番号 02446
27 Eメールアドレス　kmorris@or.net
28 Eメールアドレスの確認　kmorris@or.net

29 問合せ内容［直訳：メッセージ］
30 私は5日前にジャズコンサートの無料チケットを入手するために登録しましたが、（Q5(D)参照）まだ返信をいただいていません。31 私のチケットはくるのでしょうか。（Q4(D)参照）

→エンターボタン

32 *48時間以内に連絡をするよう努めます。ありがとうございました。
　　パム財団

Words & Phrases

（動）動詞　（名）名詞　（形）形容詞　（副）副詞　（接）接続詞　（前）前置詞

free[fríː]（形）無料の
admission[ədmíʃən]（名）入場料
a wide variety of ～　様々な
historical[histɔ́(ː)rikl]（形）歴史の
site[sáit]（名）場所

attraction[ətrǽkʃən]（名）呼び物、催物
throughout ～ [θruː(ː)áut]（前）～じゅう
offer[ɔ́(ː)fər]（動）～を提供する

event[ivént]（名）イベント
register[rédʒistər]（動）登録する
art museum　美術館
welcome to ～　～へようこそ
contact[kəntǽkt]（動）～と連絡を取る
riverside[rívərsàid]（形）川沿いの
lecture[léktʃər]（名）講義
funfair[fʌ́nfɛ̀ər]（名）遊園地
natural[nǽtʃərəl]（形）自然の
fine art　美術、高度な技術
business day　営業日
male[méil]（名）男性
female[fí:meil]（名）女性
zip code　郵便番号
confirm[kənfə́:rm]（動）～を確認する
not ～ yet　まだ～ない
try to V原形　Vしようとする
within[wiðín]（前）～以内
happen[hǽpn]（動）起こる
issue[íʃu:]（動）～を発行する
enter[éntər]（動）～に入る
famous[féiməs]（形）有名な
visit[vízət]（動）～を訪問する
include[inklú:d]（動）～を含む
built[bílt]（動）buildの過去・過去分詞形
have fun　楽しむ

celebrate[séləbrèit]（動）～を祝う
establishment[istǽbliʃmənt]（名）設立
visitor[vízətər]（名）訪問者
complementary[kàmpləméntəri]（形）無料の
pick up　～を引き取る
need to V原形　Vする必要がある
place a call　電話する
make an entry　記載する
visitor's book　来客者名簿
mention[ménʃən]（動）～について言う
have to V原形　Vしなければならない
hurry[hə́:ri]（動）急ぐ
available[əvéiləbl]（形）入手する
locate[lóukeit]（動）～を位置させる
beside[bisáid]（前）～のそばに（で）
held[héld]（動）holdの過去・過去分詞形
later[léitər]（形）lateの比較級
late[léit]（形）（時間が）遅い
than[ðən / ðǽn]（前）～よりも
for free　無料で
introduce[intrədjú:s]（動）～を紹介する
click[klík]（動）クリックする

解答&解説　（音読用英文はp.379）

Q1. What happens on "Free Fun Saturdays"?
　　(A) The Pam Foundation issues tickets to enter many famous places.
　　(B) People can visit many places including museums built by

Pam.
　　(C) People have fun at the events held by the Pam Foundation.
　　(D) The Pam Foundation celebrates its establishment.

問1．「無料のFun Saturdays（愉快な土曜日）」には何がありますか［直訳：起こりますか］。
(A) パム財団が多くの有名な場所に入るためのチケットを発行します。
(B) パムによって建てられた美術館のようなところ［直訳：いくつかの場所］を含む、多くの場所を、人々は訪問することができます。
(C) パム財団によって催されるイベントで、人々は楽しみます。
(D) パム財団は財団の設立を祝います。

正解　(A)
解説　(A) は2に合致。(B) は、「人々は多くの場所を訪問できる」とは書いてありますが、そのような場所が built by Pam（パムによって建てられた）わけではありません。(C) もthe events held by the Pam Foundation（パム財団によって催されるイベント）とは書かれていません。(D) は記述がありません。

Q2. What is mentioned about February 1?
　　(A) People have to hurry to get a ticket for the movie at Hovert University.
　　(B) The free tickets for Lenox Theater and the Funfair in Lenox Park are available.
　　(C) February 1 is probably the first week of Free Fun Saturdays.
　　(D) Tanglewood Movie Theater is located beside Lenox Theater.

問2．2月1日について、何が述べられていますか？
(A) 人々はホヴァート大学での映画のチケットを入手するために、急がねばなりません。
(B) レノックス劇場とレノックス公園の遊園地の無料チケットが入手できます。
(C) 2月1日は、おそらく、無料Fun Saturdaysの初週でしょう。
(D) タングルウッド映画館はレノックス劇場の傍らに立地しています。

正解　(C)

解説　ウェブサイトの11、12、13を見ると、カレンダーの冒頭が、2月1日から始まっているので、無料Fun Saturdaysは2月1日から始まると考えられますから、(C) に一致。(A) について、14のホヴァート大学の催しは映画ではありません。(B) はレノックス劇場は2月1日ですが、レノックス公園の遊園地は2月1日ではなく、15の通り、2月15日に記載があります。(D) は記述がありません。

Q3. What is indicated on the Pam Foundation website?
　　(A) The Riverside Classical Concert will be held one week after the Jazz Concert.
　　(B) Maine Historical Museum can be entered for free on February 22.
　　(C) Pam of The Pam Foundation is not introduced on the website.
　　(D) Free tickets will be issued after clicking the enter button.

問3．パム財団のウェブページで、何が示されていますか？
(A) 川沿いのクラシックコンサートがジャズコンサートよりも1週間遅く開催されるでしょう。
(B) メイン歴史博物館は2月22日に無料で入場することができるでしょう。
(C) パム財団のパムはウェブサイトで紹介されていません。
(D) 無料チケットがエンターボタンを押したあとに発行されるでしょう。

正解　(D)

解説　(D) は17に一致。(A) について、14の川沿いのクラシックコンサートは15のジャズコンサートよりも、1週間「遅く」ではなく「早く」開催されます。(B) について、14のメイン歴史博物館は2月8日に無料入場できます。(C) は9の通り、紹介されています。

Q4. Why has Ms. Morris contacted the Pam Foundation?
　　(A) To confirm her purchase of the ticket.
　　(B) To know the exact date of the concert.
　　(C) To ask the reason why her name was not registered.
　　(D) To ask if her ticket is on its way.

問4．なぜ、モリスさんはパム財団に連絡したのですか。
(A) 自分のチケットの購入を確認するため
(B) コンサートの正確な日にちを知るため
(C) 彼女の名前がなぜ登録されていないかという理由を知るため
(D) 自分のチケットがくるのかを尋ねるため

正解　（D）
解説　（D）は30に一致。（A）について、30の通り、チケットは無料なので、購入する、というのは不一致。（B）（C）は記述がありません。

Q5. When does Ms. Morris want to go to the concert?
(A) February 1
(B) February 8
(C) February 15
(D) February 22

問5．いつモリスさんはコンサートに行きたいと思っていますか。
(A) 2月1日
(B) 2月8日
(C) 2月15日
(D) 2月22日

正解　（C）
解説　30で、モリスさんはジャズコンサートのチケット、と書いています。ジャズコンサートがあるのは、15に2月15日とあるので（C）に一致。jazz concertという同一語が2番目と3番目の文書で見られます。

22ページの『TOEICテストPART7を解くポイント』を確認して、タイマーとマークシート用のエンピツを出してね。

Question 1-5 refer to the following notice, memo, and e-mail.

NOTICE
CARPET CLEANING

Wednesday, July 16, 2015

Residents,

Here is the carpet cleaning schedule for the public space in this building.

The 8th floor will be done this Saturday morning so please make sure that you have no personal items outside your unit door as well as welcome mats.

Floors 1-7 and 9-11 will be done next week so please make sure that you have no personal items outside your unit door and no welcome mats as well.

After the carpets are cleaned please be careful with your trash when bringing it to the trash room and if you spill anything please take the time to clean it up.

Should you have any questions, please contact me 10AM-5PM on the 9th floor.

Chris Hyunn
Condominium Property Manager
Bestselling Corporation

To: Chris

A tenant named John Adams visited

you this afternoon and told me to tell you that the carpet which has just been cleaned on his floor is dirty due to a dog who had an accident. He wants you to let all the tenants know what happened and to give everyone a warning.

2:15PM Lucy

From: Chris Hyunn <chrishynn@bestselling.com>;

Subject: Carpet Cleaning

Sent: Sat, Jul 19, 2015   10AM

Tenants,

The other day we had some confusion regarding the cleaned carpet and what is to be expected and I just want to clarify.

Now that the carpet cleaning is being done on the 8th floor, we just want to remind everyone who has a dog not to allow your dog to run off the leash through the cleaned carpet area.

Also should your dog have an accident on the carpet please pick it up and dispose of it correctly.

Please be considerate of others using the area; this is everyone's apartment and the association spends money on beautifying this area for all residents to enjoy so let's keep it looking nice.

Should you have any questions, please do not hesitate to contact me.

Chris Hyunn
Condominium Property Manager
Bestselling Corporation

Q1. How are residents responsible for the environment in their apartment condominium?
    (A) They should not put anything on the carpet
    (B) They should keep the garbage away from the trash room
    (C) They should clean the carpet in front of the trash room
    (D) They should take the time to clean the carpet

Q2. Where most likely does Chris Hyunn work?
    (A) A real estate company
    (B) A pet shop
    (C) A housing finance company
    (D) An apartment management company

Q3. When most likely did Lucy write this memo to Chris? （複数文書）
    (A) June 18th
    (B) July 15th
    (C) July 18th
    (D) July 19th

Q4. On which floor most likely does John Adams live? （複数文書）
    (A) The 8th floor
    (B) The ground floor
    (C) The 9th floor
    (D) The 10th floor

Q5. What advice is given to pet owners?
    (A) Spend money to make your pets beautiful
    (B) Do not let your pets run on the carpet
    (C) Avoid collision accidents
    (D) Owners are allowed to pick up their pets

	A	B	C	D		A	B	C	D
Q1	○	○	○	○	Q4	○	○	○	○
Q2	○	○	○	○	Q5	○	○	○	○
Q3	○	○	○	○					

45ページの「TOEICテストPART7点数UPのための練習手順」を繰り返してね。

「トリプルパッセージ」「全体設問」「部分設問」「冒頭設問」「末尾設問」の解説

- ─Q1に関連する部分
- ─Q2に関連する部分
- ─Q3に関連する部分
- ─Q4に関連する部分
- ─Q5に関連する部分

Question 1-5 refer to the following notice, memo, and e-mail.

NOTICE
Carpet Cleaning

Wednesday, July 16, 2015

Residents,

Here is the carpet cleaning schedule for the public space in this building.

The 8th floor will be done this Saturday morning so please make sure that you have no personal items outside your unit door as well as welcome mats.

Floors 1-7 and 9-11 will be done next week so please make sure that you have no personal items outside your unit door and no welcome mats as well.

After the carpets are cleaned please be careful with your trash when bringing it to the trash room and if you spill anything please take the time to clean it up.

Should you have any questions, please contact me 10AM-5PM on the 9th floor.

> Q2は氏名が入った設問です。
> 固有名詞は文書の中では容易に見つけることができます。

Chris Hyunn
Condominium Property Manager
Bestselling Corporation

To: Chris

A tenant named John Adams visited you this afternoon and told me to tell you that the carpet which has just been cleaned on his floor is dirty due to a dog who had an accident.
He wants you to let all the tenants know what happened and to give everyone a warning.

2:15PM Lucy

From: Chris Hyunn <chrishynn@bestselling.com>;
Subject: Carpet Cleaning
Sent: Sat, Jul 19, 2015   10AM

Tenants,

The other day we had some confusion regarding the cleaned carpet and what is to be expected and I just want to clarify.

Now that the carpet cleaning is being done on the 8th floor, we just want to remind everyone who has a dog not to allow your dog to run off the leash through the cleaned carpet area.

> Q5のpetの換言がdogです。

Also should your dog have an accident on the carpet please pick it up and dispose of it correctly.

Please be considerate of others using the area; this is everyone's apartment and the association spends money on beautifying this area for all residents to enjoy so let's keep it looking nice.

Should you have any questions, please do not hesitate to contact me.

Chris Hyunn
Condominium Property Manager
Bestselling Corporation

> 設問1問目なので1文書目に正解のヒントがあると推定します。全体設問なので、解答に時間はかかりますが、複数文書を読まねばならないトリプルパッセージの設問に比べると、難易度の低い設問です。

Q1. How are residents responsible for the environment in their apartment condominium?（1文書目）（全体設問）
 (A) They should not put anything on the carpet
 (B) They should keep the garbage away from the trash room
 (C) They should clean the carpet in front of the trash room
 (D) They should take the time to clean the carpet

問1．居住者はアパートの環境に対して、どのような責任を負っていますか？

(A) カーペットの上に何も置かない。
(B) ゴミ置き場にゴミを近づけない。
(C) ゴミ置き場の正面のカーペットをきれいにする。
(D) カーペットを掃除する時間を取る。

正解　（A）

> Chris Hyunnが固有名詞なので、文書の特定が容易です。選択肢も短いので解答も容易です。トリプルパッセージはWパッセージと同様、「解ける設問」の見きわめが大切です。Q2のように「解ける設問」は諦めずに落ち着いて正解を目指しましょう。

Q2. Where most likely does Chris Hyunn work?（1文書目）（部分設問）
　　(A) A real estate company
　　(B) A pet shop
　　(C) A housing finance company
　　(D) An apartment management company

問2．クリス・ヒュンはどこで働いていると思われますか。
(A) 不動産会社
(B) ペット店の店主
(C) 住宅金融会社
(D) アパート管理会社

正解　（D）

Q3. When most likely did Lucy write this memo to Chris?（1・2・3文書目）（全体設問）
　　(A) June 18th
　　(B) July 15th
　　(C) July 18th
　　(D) July 19th

> 固有名詞Lucy, Chris,は文書中では探すのが容易。選択肢も短く、日付なので、容易に探せると推定するが、内容を把握する必要があるため解答に時間がかかる。解答する途中で「複数文書」＆「全体設問」だと判明したときに、潔く捨てる勇気も必要。

問3．いつルーシーはこのメモをクリスに書いたと思われますか。
(A) 6月18日
(B) 7月15日
(C) 7月18日
(D) 7月19日

正解　（D）

> 固有名詞John Adamsは、2文書目にあります。まず2文書目を読み、クレームの内容を把握し、1&3文書目の日付を確認すれば正解が出ます。トリプルパッセージは焦ることなく、設問と選択肢を見て、設問と選択肢の中の語句の同一語や同義語を本文中で探し、解ける設問にていねいに解答してけば正解が出ることが多いです。

Q4. On which floor most likely does John Adams live?（1・2・3文書目）（部分設問）
 (A) The 8th floor
 (B) The ground floor
 (C) The 9th floor
 (D) The 10th floor

問4．ジョン・アダムスさんは、どの階に住んでいると思われますか。
(A) 8階
(B) 1階
(C) 9階
(D) 10階

正解　(A)

> petの換言dogを3文書目で探すことができれば、解答を出すことができます。シングルパッセージやWパッセージの時と同様、換言に注意してください。

Q5. What advice is given to pet owners?（3文書目）（部分設問）
 (A) Spend money to make your pets beautiful
 (B) Do not let your pets run on the carpet
 (C) Avoid collision accidents
 (D) Owners are allowed to pick up their pets

問5．ペットの飼い主に対して、何が忠告されていますか。
(A) 飼い主が犬をきれいにするためにお金を使う。
(B) カーペットの上で犬を自由に走らせない。
(C) 衝突事故を避ける。
(D) 飼い主がペットをつまみ上げることを許可する。

正解　(B)

英文和訳

Question 1-5 refer to the following notice, memo, and e-mail.

NOTICE
Carpet Cleaning
Wednesday, July 16, 2015

Residents,

Here is the carpet cleaning schedule for the public space in this building.

The 8th floor will be done this Saturday morning so please make sure that you have no personal items outside your unit door as well as welcome mats.

Floors 1-7 and 9-11 will be done next week so please make sure that you have no personal items outside your unit door and no welcome mats as well.

After the carpets are cleaned please be careful with your trash when bringing it to the trash room and if you spill anything please take the time to clean it up.

Should you have any questions, please contact me 10AM-5PM on the 9th floor.

Chris Hyunn
Condominium Property Manager
Bestselling Corporation

問1〜5は、次のお知らせ、メモ、Eメールに関するものです。

1 お知らせ
2 カーペットの掃除
3 2015年7月16日水曜日
4 全居住者様
5 こちらが、建物の公共スペースのカーペット掃除のスケジュールです。

6 8階はこの土曜日の朝に行われる予定なので［直訳：予定です、だから］、玄関マットはもちろんのこと、あなたの部屋の外に私物を保管しないことを確実に行ってください。

7 1階から7階と、9階から11階は来週行われますので、同様に、玄関マットも部屋の外の私物も置かないように確認してください。

8 カーペットが掃除されたあと、ゴミ置き場にゴミを持って行くときに、ゴミには注意して、もし何かをこぼしてしまったら、それを掃除してください［直訳：それを掃除する時間を取ってください］。

9 万が一、何かご質問がございましたら、午前10時から午後5時までの間に9階にいる私まで連絡を取ってください。

クリス・ヒュン
コンドミニアム　管理者
ベストセリング　コーポレーション

---

10 To: Chris

A tenant named John Adams visited you this afternoon and told me to tell you that the carpet which has just been cleaned on his floor is dirty due to a dog who had an accident.

11 He wants you to let all the tenants know what happened and to give everyone a warning.

2:15PM Lucy

10　クリスへ
今日の午後、ジョン・アダムスという名前の賃借人が、あなたを訪問し、彼の階で、犬のフン［直訳：犬の事故］が原因で、掃除されたところだったカーペットが汚れているということを、あなたに伝えるように、私に言いました。
11 彼は、全居住者に起こったことを知らせて、注意してほしいということです。
午後2時15分　ルーシー

12 From: Chris Hyunn <chrishynn@bestselling.com>;
Subject: Carpet Cleaning
Sent: Sat, Jul 19, 2015 10AM (Q2(C)参照)

13 Tenants,

14 The other day we had some confusion regarding the cleaned carpet and what is to be expected and I just want to clarify.

15 Now that the carpet cleaning is being done on the 8th floor, we just want to remind everyone who has a dog not to allow your dog to run off the leash through the cleaned carpet area.

16 Also should your dog have an accident on the carpet please pick it up and dispose of it correctly.

17 Please be considerate of others using the area;

₁₈ this is everyone's apartment and the association spends money on beautifying this area for all residents to enjoy so let's keep it looking nice.
₁₉ Should you have any questions, please do not hesitate to contact me.

₂₀ Chris Hyunn
Condominium Property Manager
Bestselling Corporation

₁₂ 送信者：クリス・ヒュン
件名：カーペットの掃除
送信されたのは：2015年7月19日土曜日

₁₃ 居住者様

₁₄ 先日、清掃されたカーペットについて、お願いしていること［直訳：何が要求されているか］について、いくつか曖昧な点があったので、少し明確にしたいと思います。

₁₅ カーペットの掃除が8階で行われつつある今、犬を飼っている皆さんは、掃除されたカーペットの部分で、犬をヒモから放して走らせないということを、ちょっと自覚してほしいのです［直訳：私どもは皆さんに、犬をヒモから放して走らせないということを、ちょっと思い出させたいのです］。

₁₆ また、万が一、犬がカーペットにフンをしたら（=Also if your dog should have an accident on the carpet,のこと。9と同様、婉曲にフンをすることを述べている）、それを拾ってきちんと捨ててください。

₁₇ この場所を使うとき、他人に配慮してください。₁₈ これは、皆さんのアパートであり、すべての居住者が楽しく過ごすこの場所を、きれいにすることに対して、アパート組合［直訳：協会］がお金を使っています。ですから、この場所をきれいに見えるようにしておきましょう。

19 万が一、何かご質問があれば、遠慮なく私に連絡を取ってください。

20 クリス・ヒュン
コンドミニアム　管理者
ベストセリング　コーポレーション

Words & Phrases
（動）動詞　（名）名詞　（形）形容詞　（副）副詞　（接）接続詞　（前）前置詞

resident[rézidənt]（名）居住者
carpet[káːrpit]（名）じゅうたん
cleaning[klíːniŋ]（名）清掃
8th　8番目の
floor[flɔ́ːr]（名）階
Saturday[sǽtərdèi]（名）土曜日
so[sóu]（接）だから
make sure ~　~を確実にする
personal[pə́ːrsənl]（形）個人的な
item[áitəm]（名）品物
unit[júːnit]（名）（マンションの）部屋
B as well as A　AだけでなくBもまた
=not only A but also B
welcome[wélkəm]（動）~を歓迎する
mat[mǽt]（名）マット
next week　来週
careful[kɛ́ərfl]（形）注意深い
trash[trǽʃ]（名）ゴミ
spill[spíl]（動）~をまき散らす
clean up　~を掃除する
as for ~　~に関して言えば
owner[óunər]（名）持ち主
kind[káind]（名）種類
contact[kɑ́ntəkt]（動）~と連絡を取る

name[néim]（動）~と名づける
visit[vízət]（動）~を訪問する
this afternoon　今日の午後
tell 目的語 to V原形　目的語にVするよう言う
just[dʒʌ́st]（副）ちょうど
dirty[də́ːrti]（形）汚れている
due to ~　~が原因で
want 目的語 to V原形　目的語にVしてほしいと思う
let 目的語 V原形　目的語にVさせる
happen[hǽpn]（動）起こる
warning[wɔ́ːrniŋ]（名）警告
condominium[kɑ̀ndəmíniəm]（名）コンドミニアム・マンション
property[prɑ́pərti]（名）財産・資産
manager[mǽnidʒər]（名）管理者
corporation[kɔ̀ːrpəréiʃən]（名）会社
yesterday[jéstərdei]（名）昨日
confusion[kənfjúːʒən]（名）混乱
expect[ikspékt]（動）~を期待する
clarify[klǽrifài]（動）~を明確にする
now (that) ~　今や~なので・~である今では

remind[rimáind]（動）〜に思い出させる（※注　思い出す、ではありません）
everyone[évriwÀn]（名）全員
off[ɔ́(:)f]（前）〜から離れて
leash[líːʃ]（名）ひも
accident[ǽks(i)dənt]（名）事故
pick up　〜を拾う
dispose of 〜　〜を処分する
correctly[kəréktli]（副）正確に
be considerate with 〜　〜に配慮する
apartment[əpáːrtmənt]（名）マンション
association[əsòusiéiʃən]（名）協会
spend[spénd]（動）〜を費やす
money[mÁni]（名）お金
beautify[bjúːtəfài]（動）〜を美化する
area[ɛ́əriə]（名）地域
enjoy[endʒɔ́i]（動）〜を楽しむ
so[sóu]（接）だから
let's V原形　Vしましょう
look[lúk]（動）〜のように見える
nice[náis]（形）素敵な
hesitate to V原形　Vすることをため

らう
resident[rézidənt]（名）居住者
be responsible for 〜　〜に責任を持つ
environment[enváiərənmənt]（名）環境
garbage[gɑ́ːrbidʒ]（名）ゴミ
trash room　ゴミ収集部屋
in front of 〜　〜の正面に
take time to V原形　Vする時間を取る
real estate　不動産
owner[óunər]（名）　所有者
housing finance　住宅金融
management[mǽnidʒmənt]（名）経営・管理
floor[flɔ́ːr]（名）階
ground floor　1階
memo[mémou]（名）メモ
beautiful[bjúːtəfl]（形）美しい
avoid[əvɔ́id]（動）〜を避ける
accident[ǽks(i)dənt]（名）事故
allow 目的語 to V原形　目的語がVすることを許可する

解答＆解説　（音読用英文はp.382）

Q1. How are residents responsible for the environment in their apartment condominium?
　(A) They should not put anything on the carpet
　(B) They should keep the garbage away from the trash room
　(C) They should clean the carpet in front of the trash room
　(D) They should take the time to clean the carpet

問1．居住者はアパートの環境に対して、どのような責任を負っていますか？
(A) カーペットの上に何も置かない。
(B) ゴミ置き場にゴミを近づけない。
(C) ゴミ置き場の正面のカーペットをきれいにする。
(D) カーペットを掃除する時間を取る。

正解　(A)
解説　6、7、8、9の内容が(A)に一致。(B)について、8の記述と、(B)のゴミ置き場に「ゴミを近づけない」という記述は異なります。(C)は記述がありません。(D)について、8のように、何かをこぼしてしまったとき限定で、掃除する時間を取ってください、と書いてあります。

Q2. Where most likely does Chris Hyunn work?
　　(A) A real estate company
　　(B) A pet shop
　　(C) A housing finance company
　　(D) An apartment management company

問2．クリス・ヒュンはどこで働いていると思われますか。
(A) 不動産会社
(B) ペット店の店主
(C) 住宅金融会社
(D) アパート管理会社

正解　(D)
解説　9、20にCondominium Property Manager（管理者）と書かれてあり、内容全体が管理会社が述べるべきものですから(D)に一致。(A)は主に不動産を売るのが業務なので、このEメールの内容に一致しません。(B)(C)の業務内容は述べられていません。

Q3. When most likely did Lucy write this memo to Chris?　（複数文書）
　　(A) June 18th
　　(B) July 15th
　　(C) July 18th
　　(D) July 19th

問3．いつルーシーはこのメモをクリスに書いたと思われますか。
(A) 6月18日
(B) 7月15日
(C) 7月18日
(D) 7月19日

正解　(D)
解説　8階は、6にある通り、7月19日（土曜日）朝に掃除が行われている。3つ目の文書が、19日に送信されているので、19日の朝に掃除が行われ、7月18日以前ということは考えられないため(D)が正解。

Q4. On which floor most likely does John Adams live?（複数文書）
　　(A) The 8th floor
　　(B) The ground floor
　　(C) The 9th floor
　　(D) The 10th floor

問4．ジョン・アダムスさんは、どの階に住んでいると思われますか。
(A) 8階
(B) 1階
(C) 9階
(D) 10階

正解　(A)
解説　3つ目の文書が7月19日に送信されています。19日に送信された時点で、カーペットが掃除されているのは、6より、8階のみです。11の通り、アダムスさんがルーシーに依頼するためには、8階の居住者でなければ、自分の階で起こった出来事として、依頼できません。

Q5. What advice is given to pet owners?
　　(A) Spend money to make your pets beautiful
　　(B) Do not let your pets run on the carpet
　　(C) Avoid collision accidents
　　(D) Owners are allowed to pick up their pets

問5．ペットの飼い主に対して、何が忠告されていますか。
(A) 飼い主が犬をきれいにするためにお金を使う。
(B) カーペットの上で犬を自由に走らせない。
(C) 衝突事故を避ける。
(D) 飼い主がペットをつまみ上げることを許可する。

正解　(B)
解説　15が (B) に一致。(A) (C) (D) は記述がありません。

STEP6のまとめ

Wパッセージ・トリプルパッセージを学習したSTEP6のチェックシート

☐ 「見出し」「太字」は、本文の内容を推定する大きなヒントになる。
☐ 「ticket（チケット）」は「視覚的にわかりやすい」ので、やさしい問題ではないか、と推定できる。
☐ 設問1問目は1文書目に正解があることが頻発する。
☐ 選択肢と本文の冒頭部分を照合しただけでは、正解が出ないとわかるのは「全体設問」。
☐ 選択肢中の「名詞」を「キーワード」として、「キーワード」を本文中で探す。
☐ 「記事」「長いEメール」「手紙」「仕様書・保証書・取り扱い説明書」などの「視覚的に見難い」本文&「全体設問」で「選択肢が長い設問」である場合は「捨てる設問」。
☐ 「NOT問題」は「全体設問」です。「NOT問題」は選択肢3つを消去するため、選択肢3つすべてを本文と照合する必要があります。選択肢が長いので、解答に時間がかかる場合は「捨てる設問」。
☐ たとえ「複数の文書を見て正解を出す設問」でも、「選択肢が短い」&「部分・冒頭・末尾問題」の場合は、解答時間は短時間ですむ。
☐ 常識に反する選択肢は不正解とするのが定番。

□「逆接」を示す、以下のような語句を含む文は、設問で問われることが頻発する。
however, though, although, but, yet, など。
□Unfortunately, Regrettablyなどのマイナス要因を表す副詞や形容詞が本文にある場合、その部分は設問で問われることが多いです。
□「手書きの部分」「アンケートのコメント部分」「クレーム部分」は設問になる場合が頻発します。
□設問内で「1文書目」か「2文書目」かを限定している場合は、解答時間が短縮できます。
□トリプルパッセージを解くときは、まず設問を落ち着いて読んでください。設問と選択肢の中の語句の、同一語や同義語を本文の中で探してください。探すことにより、3つの本文の、どれを読めばいいのかが推定できます。
□トリプルパッセージの、設問の選択肢全部を見ると、3つの本文すべてに関わりがあっても、正解を出すだけなら、2つの本文を読めば良い設問もあります。
□正解の選択肢は、本文の「言い換え」が頻発します。
□常識で内容を推定することも大切です。

チェックを入れたら、色を塗ってね。

STEP7

ヨンドク？ オンドク？

やり方を間違えている？
復習の音読なし？

STEP7
ヨンドク？ オンドク？
やり方を間違えている？ 復習の音読なし？

ポイント！
1. 音読の効果を理解して音読できる体制を整える。
2. 復習の音読の正しい方法を知る。

1. 本当に大切?? 音読への誤解 CD2-11

　このSTEPには、これまでに解いてきた設問の「音読用英文」が掲載されています。

「復習の音読」って、そんなに大切なの??

　大切です！ せっかく苦労して解いた問題を「復習の音読」をせずに放ったらかしておくのは、**ミシュラン3つ星レストランで、名シェフが料理したご馳走を前にして、まったく食べずに腐らせてしまう**くらいもったいないことですよ。

ええ、そうなの?? 音読にはどんな効果があるの??

　脳の働きについて、**「音読」は脳全体を活性化**するそうです。目に入る情報を理解して読むのは左脳の役割、声に出して読むこと自体は右脳の役割です。**音読は両側の脳を働かせることができる**ため、片側の脳が働いている状態よりも、より**勉強法として効果的**です。
　音読するときは、脳の「前頭前野」部分が働きます。東北大学の川島隆太教授によると、「**前頭前野は創造・記憶・コミュニケーション・自制力などの源**

泉となっている」ということです。まさに『脳の中の脳』と呼ばれるにふさわしい働きをするそうです。また、『勉強にハマる脳の作り方』（篠原菊紀著・フォレスト出版）によると、「ワーキングメモリで『深い』処理をしたほうが、前頭前野外側部や側頭葉内側部を強く活性化され、長期記憶化も促進されるのではないか」ということです。「音読」するときは、頭の中で言葉を繰り返すので、「前頭前野」を使い、鍛え、記憶も定着することにつながります。

　何度も音読を繰り返すと、英語の語順で理解することが定着し、「英文の文章構造」に慣れて、「速く」英文の内容を理解することができるようになります。

　TOEICの点数UPにつながる音読の効果は以下の3つがあります。

①　速読力がつく
②　語彙力がつく
③　リスニング力がつく

①　速読力がつく

　どの言語でも「文を読む」のは、「読み戻ることなく理解する」ことです。黙読では無意識で「読み戻る」ことがあっても、音読では「読み戻る」ことができません。「読み戻ることができない」ため、半ば強制的に速読の回路を作ることになります。音読を繰り返すと、**「英語の語順」で理解する回路が頭の中に構築されます**。中学・高校の授業を思い出してみてください。中学1年では"This is a pen!"と大声で練習していても、高校になったときには英語を大声で読むのが恥ずかしかったのではないですか？　そして、和訳するために「日本語の語順」と合わせようと、英文を何度も「読み戻る」ことを続けませんでしたか？　だから、日本人の和訳レベルは相当高いです。**速読力が低いのは、単に訓練不足なだけなのです**。「読み戻る」ことができない「音読」を何度も行えば、速読力はつきます。

②　語彙力がつく

　Admission fee is refunded.（アドミッション　フィー　イズ　リファンディド）と何回も声に出して言ってみてください。意味は「入場料が払い戻される」なので、今度はその意味を頭に映像で浮かべながら、7回声に出して言ってみてください。

　admission（入場）、fee（料金）、refund（〜を払い戻す）、をバラバラに1つずつ見て覚えるよりも、記憶に長く定着する感覚が起こりませんか？

英文にはストーリーがあります。**PART7の1つの英文には数十個の重要単語が入っています。それをバラバラに覚えるよりも、音読するほうが、ストーリーとして記憶に定着し、「忘れない」**という効果があります。

③　リスニング力がつく

拙著『たった4時間でTOEICテストリスニング完全攻略』（フォレスト出版）でも述べましたが、**「発音できる音は聴き取れる！」**のです。このSTEPでは、難易度の高い単語には「カタカナ」をふり、読めるようにしています。CDではネイティブスピーカーの音声を聴くこともできます。**ネイティブスピーカーの発音をまねて音読をすることにより、TOEICリスニングの点数アップにつながる**のです。

2. ゼロからイチが!!

CD2-12

「音読」は具体的に
どうしたらいいのでございますか？

「音読」の手順

①　英語を声に出して読みながら、頭の中では、その英文の内容をできる限り映像で思い浮かべます。
　　この本では横に和訳が書かれてあるので、最初は和訳を見ながら音読してください。内容が浮かぶ程度のスピードで読んでください。最初はスピードがゆっくりでもかまいません。
②　英文を何度も読むうちに「内容がすぐに頭に浮かぶ文」と「浮かばない文」が混在します。
③　「内容が浮かばない文」にだけエンピツで丸をつけ、丸をつけた文だけを繰り返し読んでください。内容が浮かぶようになったら、丸は消してください。
④　最終的にすべての丸が消えたら、その文は卒業です。また「新しい文」を音読します。それまでは「同じ文」を読み続けてください。

> マルが消えるまでは、同じ文を読むの?
> そうしたら、復習の音読をするPART7の
> 英文が溜まってきちゃうよ。

　最初はそれで大丈夫です。**同じ英文を読まなければ、英文の内容・語彙・英文の構造、がまったく定着しません。**「英文を理解する回路」が頭の中にできさえすれば、1つの英文を終了させるスピードも速まり、溜まった英文が減ってきます。

> オッケー。わかったよ。

　人間は「ゼロからイチにする」ところが一番大変なのです。まずは、毎日、寝る前の5分でいいですから、音読を始めてください。「音読」は「スポーツやピアノなどの楽器の練習」と同様、**1週間に1度60分音読するよりも、5分**

327

を「毎日」継続したほうが、速読力・語彙力・リスニング力を高めます。

> 5分だったら、きっと3行しか音読できないよ。

かまいません。今日3行目まで音読できたら、そこでエンピツに印をつけてください。明日は4行目から音読してください。まずは7日間毎日続けてください。それが**1カ月、3カ月、と続いてくれば、もうPART7の点数UPは間違いありません。**この本の388ページには、3カ月継続するために「毎日5分音読する表」があります！ぜひ活用して最後に目玉を入れてください!!!

> オッケーわかったよ!!!

「音読の手順」を確認して、赤いシートとエンピツを出してね!!

「音読」の手順

① 英語を声に出して読みながら、頭の中では、その英文の内容をできる限り映像で思い浮かべます。
　この本では横に和訳が書かれてあるので、最初は和訳を見ながら音読してください。内容が浮かぶ程度のスピードで読んでください。最初はスピードがゆっくりでもかまいません。
② 英文を何度も読むうちに「内容がすぐに頭に浮かぶ文」と「浮かばない文」が混在します。
③ 「内容が浮かばない文」にだけエンピツで丸をつけ、丸をつけた文だけを繰り返し読んでください。内容が浮かぶようになったら、丸は消してください。
④ 最終的にすべての丸が消えたら、その文は卒業です。また「新しい文」を音読します。それまでは「同じ文」を読み続けてください。

> /―音読するときの切れ目 （ ）―名詞を修飾する部分
> 〈 〉―副詞（名詞以外を修飾する）　□―関係詞
> 〰〰　・＊―成句

STEP4-1　 CD1-13　CD2-13

Fototek Store
フォトテック・ストア

　　　　　　　サーヴィス　　　　　オンライン
40% OFF any service at Fototek ONLINE Store!
　　　　　　　　　　　　　　　　　ネット上の

フォトテックのウェブページ上のストアでのどのようなサービスも40%割引です。

　ネクス　ヂェネレーション　フォトグラフィ　ラブ
The Next Generation Photography Lab　次世代の写真現像所
　次の　　世代の　　　　　写真　　　現像所

　　フィゥム　プロセスィン
・Film processing　フィルムの現像
　フィルムの現像

　　マシーン　エン　カスタン　プリンティン
・Machine & Custom Printing　機械とカスタマイズされた写真プリント
　機械　　カスタマイズの　　現像

　　スキャニン
・Scanning　スキャン

　　キャンヴァス　プリンテイン
・Canvas Printing　キャンバス（画布）への印刷

　テイク　アドヴァンティヂ　オヴ　ディス　ディスカウントゥ　　　　エンタ　ダ　コードゥ
To take advantage of this　discount ,/ enter the code FOTO324 /
　＊〰を利用する　　　　　　　　　　割引　　　　〰を入力する

when you get a service/ from our website.

この割引を利用するために、私どものウェブサイトwww.fototek.comからサービスを
受けるときに、FOTO324のコードを入力してください。

www.fototek.com

　ディスカウントゥ　コードゥ　ナッ　ヴァリドゥ　　　オーガストゥ　　　　　　ユーズドゥ
＊ Discount　code　/not valid/ after　August　27. To be used for the services/
　　割引　　　　　　　有効である　　　8月

on the　website／only．
　　　ウェブサイトゥ　　オゥンリ

＊割引コードは8月27日以降は有効ではありません。オンライン上のみのサービスに対して使用されます。

STEP4-2　　　　　CD1-14　CD2-14

1 Gomez／Walking Group　1 ゴメス・ウォーキング・グループ
　　ゴメズ　　ウォーキン　　グルー

2 walking／is a　great　way／of keeping　fit．
　　　　　　　グレートゥ ウェイ オヴ　キーピン　フィットゥ
　　　　　　　素晴らしい　方法　　～のままでいる　健康な

2 散歩は健康を維持する素晴らしい手段です。

3 It gets you out／in the fresh air／and gives you／the opportunity／
　　　　　　　　　　新鮮な 空気　　　　　　　　　　機会　ディ　オポチュニティ

to socialize with／those (who also love／walking．) And／
　ソーシャライズ
　＊～と社交する

it doesn't　cost／a thing．
　ダズントゥ コウストゥ ア ティング
　～の経費がかかる

3 ゴメス・ウォーキング・グループは新鮮な空気の中に出て行き、同じくウォーキングを愛する人々と交流する機会をあなたに提供しています。そして、お金はかかりません。

4 On Tuesdays／from 9:00,／Gomez Walking Group／
　　デューズデイズ
　　火曜日

will meet with fellow　walkers／in the plaza／of City Hall．
　　　　　　フェロウ　ウォーカーズ　　　プラザ　　　スィティ ホーゥ
　　　　　　　　仲間の　　　　　　　　　広場　　　　市役所

4 火曜の9時から、ゴメス・ウォーキング・グループは市役所の広場にウォーキング仲間と集まります。

5 Join／our new walking group．
　　ジョイン

5 私どもの新しいウォーキング・グループに参加してください。

6 To register or for more　information,
　　　リヂスタ　　　　　　モー　インフォメイション
　　　登録する　　　　　　　　情報

6 登録あるいはさらなる情報を得るには、

7 Call Sharon Cook at 612-257-2234
　コーゥ　シャロン　　クック
　～に電話する

7 612-257-2234のシャロン・クックに電話してください。

8 We are looking for / a co-leader/ for this group (who drives).
　　　　　ルッキン　フォー　　コゥリーダー
　　　　　*～を探す　　　　　副リーダー

8 私どもは運転できるグループの副リーダーを求めています。

STEP4-3   🔊CD1-15 🔊CD2-15

1 Floor Lamp　1フロアランプ
　フロー　ランプ
　床　　　ランプ

2 Assembly　2 組立て
　アセンブリィ

3 1. Remove/ lamp parts/ from box.
　　リムーヴ　　　　パーツ
　　～を取り除く　　部品　　　箱

3 箱からランプの部品を取り出してください。

4 2. Remove/ plastic covering/ from lamp parts.
　　リムーヴ　ブラスティッ　カヴァリン　　　　ラン　パーツ
　　～を取り除く　ビニールの　覆い　　　　　　　　部品

4 ランプの部品からビニールのカバーを取り外してください。

5 3. Place/ lamp base/ on a flat surface.
　　プレイス　　ベイス　　　　　フラッ　サーフェス
　　～を置く　　土台　　　　　平らな　表面

5 平らな床の上に土台を置いてください。

6 4. Screw bottom pole/ down/ onto base.
　　スクリュウ　バタム　ポウ　　　　　　オントゥ　ベイス
　　ネジを回す　底の　棒　　　　　　　～の上に　土台

6 土台の上に下部の棒をネジ回しで下向きに取りつけてください［直訳：下部の棒をネジ回しで回し下げてください］。

7 5. Screw/ middle pole/ down/ onto pole.
　　　　　　ミドゥ　ポウ　　　　　　オントゥ
　　　　　　真ん中の

7 その棒に真ん中の棒をネジ回しで下向きに取りつけてください［直訳：真ん中の棒をネジ回しで回し下げてください］。

8 6. Screw/ socket/ onto upper pole.
　　　　　　ソケット　　　　　上部の

8 ソケットを上部の棒の上にネジ回しで取りつけます。

9 7. Place/ shade/ over socket section.
　　　　　シェイドゥ　　　　　　　セクション
　　　　　〜を置く（ランプの）傘　　　　部分

9 傘をソケット部分の上に置きます。

10 8. Screw/ socket ring/ onto socket section.
　　　　　　　　　　リング
　　　　　　　　　　輪

10 ソケット部分の上にソケットの輪をネジ回しで取りつけます。

11 Cleaning Instructions　　11 掃除の説明
　　クリーニン　インストラクションズ
　　掃除　　　　指示

12 Do not use/ polishers or cleaners.　　12 磨き粉や洗剤を使わないでください。
　　　　　　　ポリシャ　　　クリーナーズ
　　　　　　　磨き粉　　　　洗剤

13 Wipe clean/ with a cloth.　　13 布できれいに拭いてください
　　ワイプ　クリーン　ウィドゥ　クロゥ
　　〜を拭く　清潔な　　　　布

14 Important　　14 重要事項
　　インポータン

15 The excess cord/ in the pole/ should be pulled out/
　　　ディ　イクセス　　　　　　シュッ　　　　プゥダウトゥ
　　　　　余分な　　　　　　　〜すべきだ　〜を引っ張り出す

    from the base of the lamp.

15 棒の中の（長さが）余ったコードはランプの土台から引き出さねばなりません［直訳：ランプの土台から引き出されるべきです］。

16 Warning　　16 重要
　　ウォーニン

17 If you install / any single watt bulb/ in this lamp,/
　　　　　インストーゥ　　　スィンゴゥ　ワッ　バゥブ
　　　　　〜を装備する　　　　　　　　　ワット　電球

   there is a possibility/ of bulb malfunction/ leading to danger of fire .
　　ポッスィビリティ　　　　マゥファンクション　　リーディン　　デインヂャ　　ファイア
　　*〜がある　可能性　　　　　　　　誤作動　　*〜に至る　　　危険

17 もし、ランプの中で単一電球を設置すれば、火災の危険に至る電球の誤作動の可能性があります。

332

18 We recommend that/ you 〈visually〉 check/ every bulb/
　　　　　　　　　　　　　　　　　　　　　
to ensure that/ you install the correct bulb type.

18 正しい電球を設置していることを、確実にするために、すべての電球を目で見てチェックすることを薦めます。

STEP4-4　　　　　　　　　　CD1-16　CD2-16

1 Fenway/ High School　1 フェンウェイ高校

2 Memorandum　2 連絡票

3 From:/ Bruce Allen　3 ブルース・アレンから

Saturday,/ May 23,　5月23日土曜日

4 Trash Dumpster　4 題目：ゴミ入れ

5 Students,　5 学生の皆さん

6 Today/ when Jack,/ a school janitor,/ was to empty/
the trash dumpster/ two of the wheels broke/ making it impossible/
for him to move the dumpster back/ 〈inside〉.

6 本日、学校の管理人のジャックが、ゴミ箱を空にしようとしたとき、（ゴミ箱の）車輪のうちの2つが壊れており、彼がゴミ箱を中に戻すことができませんでした［直訳：ジャックがゴミ箱を中に戻すことを不可能にさせた］。

7 The dumpster is located/ in front of the cooling tower/ and will be there/

until Tuesday (at which time/ he will make the repairs/ to the wheels.)

7 ゴミ箱は冷却塔の正面に位置しており、火曜日までそこにあり、その日にジャックは車輪を修理する予定です。

8 When placing your trash / inside the dumpster/ please make sure that/ it ends up/ inside the dumpster/ and not on the ground / around the dumpster.

8 ゴミ箱の中にゴミを入れるとき、そのゴミが、ゴミ箱の周りの地面でなく、ゴミ箱の中にきちんと入っている［直訳：そのゴミが最後はゴミ箱に落ち着いている］ことを確かめてください。

9 Thanking everyone/ for their full cooperation/ in this matter.

9 このことについて、皆さんが十分に協力してくださることに感謝いたします。

Bruce Allen　ブルース・アレン

STEP4-5　　CD1-17　CD2-17

1 LAN/ Set Up 1 無線LANの設定	2 How to Use/ Your Personal Computer 2 パソコンの使い方	3 LAN Setup/ Troubleshooting Tips 3 無線LAN設定トラブル解決作業のヒント

4 Your Personal Computer/ LAN Setup/ Troubleshooting Tips

4 あなたのパソコンの無線LAN設定トラブル解決作業のヒント

5 Forgot / or do not Know / the Access Point Network name?

5 アクセスポイントネットワークの名前を忘れたか知らないのではありませんか。

6・Check / the access point / settings.

6・アクセスポイントの設定をチェックしてください。

7 For more details / on how to check the access point settings, / please refer to / the manual (supplied with the access point) / or contact its manufacturer.

7 アクセスポイントの設定をチェックする方法に関するさらなる詳細については、アクセスポイントに関して提供されているマニュアルを参照するか、そのメーカーに連絡を取ってください。

8 The machine is not detected / after the Network Environment changed?

8 ネットワーク環境が変わったあと、機器が検波されませんか。

9 Wait / until the IP address is assigned / to the computer.

9 IPアドレスがコンピューターに割り当てられるまで待ってください。

10 Or / restart your computer.

10 あるいは、コンピューターを再起動させてください。

11 The IP address is / a numerical identification / for each device.

11 IPアドレスとはそれぞれの機器に対する数字の識別（番号）です。

12 Error Message/ "LANZO"/ is displayed ?
　　エラー　　　　　　　　ランゾ　　　　　デイスプレイドゥ
　　間違いの　　　　　　　　　　　　　　　～を表示する

12 エラーメッセージ「LANZO」が表示されましたか。

13 Wait / for a while/; ⟨then⟩/ restart setup.
　　ウェイトゥ　　　　　　　デン
　　　　　しばらくの間　　それから　～を再起動する　設定

13 しばらく待って、それから設定を再開してください。

14 Need help/ setting up your computer?
　　　　手助け　　　＊～を設定する

14 コンピューターを設定する手助けが必要ですか。

　　ヴィジットゥ
　Visit www.canada.mitsu.com/settinghelp
　～を訪問する

www.canada.mitsu.com/settinghelpを訪問してください。

　　ステッパイステッ　インストゥラクションズ　　アヴェイラボゥ
　Step-by-step　instructions　/ are available.
　　段階的な　　　　教示　　　　　　　手に入れられる

段階的な使用説明が可能です。

　You can also call/ 099-2274-5858

099-2274-5858への電話も可能です。

STEP4-6　　　　　　　　　　　　　CD1-18　CD2-18

　　ウィシャート　ポートゥ　サイスィーイン　ボウトゥ
1 Wishart Port / Sightseeing Boat　1 ウィシャート港　観光ボート
　　　　　　　港　　　観光

　　　スケジューゥ　エンドゥ　レイツ
　Schedule/　&　Rates　スケジュールと料金
　　　　　　　　　　　料金

　　　ディパーティン　　　　セントゥラゥ　ポートゥ　コヴェントリィ
2 Departing from/ Wishart Central Port ,/ Coventry
　　出発する　　　　　　　中央の　　　港

2 コヴェントリー、ウィシャート中央港を出発

336

3 Period ピアリアドゥ 期間 3 期間	4 Weekdays ウィークデイズ 平日 4 平日	5 Weekends ウィーケンズ 週末 5 週末
6 Mar 3-Mar 31 =March/ 3rd -/ マーチ タードゥ 3月 March/ 31st マーチ ターティファースト 6 3月3日〜3月31日	8:00 AM エイトゥエイエム	8:00AM 2:00 PM トゥーピーエム
7 Apr 1-June 30 = April / 1st -/ エイプリゥ ファーストゥ 4月 June / 30th ジュウン ターティアトゥ 6月 7 4月1日〜6月30日	10:00 AM テン エイエム	10:00AM 2:00PM
8 July 1-Aug 31 = July / 1st -/ ジュライ ファーストゥ August / 31st オーガストゥ ターティファーストゥ 8 7月1日〜8月31日	8:00AM 10:00AM	8:00AM 10:00AM 2:00PM
9 Sep 1-Nov 30 =September/ 1st -/ セプテンバー ファーストゥ November/ 30th ノウヴェンバー ターティアトゥ 9 9月1日〜11月30日	8:00AM	2:00PM

10 Summer Holiday/ Schedule:
　　　　　　　　ホリディ
　　　　　　　　休日

10 夏休みのスケジュール：

11 And　also / on Bank Holidays/ and National Labor Day
11 そして、バンクホリデーと国民勤労の日も

　　8:00AM, 10:00AM, 11:00AM, 1:00PM, 2:00PM

12 Winter Holiday/ Schedule:　12 冬休みのスケジュール:

　　10:00AM, 2:00PM

13 General Admission　13 自由席入場料

	14 Price　14 価格
15 Adults　15 大人	$50
16 Seniors　16 シニア	$25
17 Students　17 学生	$30
18 Children ages 3-11 18 3歳〜11歳の子供	$20
19 Children Under 3 19 3歳未満の子供	$15
20 Family Pack (4　people) 20 家族パック（4人）	$130
21 Group (6 people)　21 団体（6人） 団体	$165

22 ＊Students must show/ their　ID / to get the　discount .

22 ＊学生:割引を得るためには身分証明書を提示しなければなりません。

23　At the ticket counter,/ please　present / your identification/ with proof of

　　age.

23 券売所では、年齢を証明する身分証明書を見せてください。

24 *An additional $2 fee / applies to/ lockers.
　　　アディショノゥ　　　　トゥダラー　　フィー　　アプライズ
　　　余分な　　　　　　　料金　　　　＊〜に適用される

24 *ロッカーを使うのに2ドルの追加料金が要ります［直訳：追加の2ドルの料金がロッカーに適用されます］。

25 Full refunds/ are available/ for reservations (canceled or changed)
　　フゥ　リファンズ　　　アヴェイラボゥ　　　　リザヴェーション　　キャンスゥドゥ
　　完全な　返金　　　　　入手できる　　　　　　予約　　　　　　〜をキャンセルする

　　20　minutes/ before the departure time.
　　トゥエンティ　ミニッツ　　　　　　　　　ディパーチャ
　　　　　　　　分　　　　　　　　　　　　出発

25 出発の20分前までの、予約のキャンセルや変更［直訳：キャンセルされたり変更された予約］に対して、全額返金が可能です。

STEP4-7   CD1-19 CD2-19

1 Join us/ on Friday,/ January 12 (　12th　)/ at 4:00 pm.
　 ジョイン　　　フライディ　　ジャヌワリィ　　　　トゥウェルヴトゥ
　 〜に参加する　金曜日　　　1月

1 1月12日金曜日午後4時に参加してください。

2 to hear/ speaker Dr. Lindsay/ (who) is 〈currently〉 working/
　　　　　　　　　　ドクタ　リンゼイ　　　　　　　　　　カラントゥリ
　　　　　　　　　　　　　　　　　　　　　　　　　　　　　最近

　on research/ with Dr. Copley at MIT/ on the social aspects/ of aging).
　　リサーチ　　　　　　コプリ　　　　　　　　　ソーシャゥ　アスペクツ　　　エイヂン
　　調査研究　　　　　　　　　　　　　　　　　　社会の　　局面　　　　　高齢化

2 加齢の社会的局面について、近年、MITのコプリー博士とともに、調査研究をしている講演者、リンゼイ博士の講演を聞くために。

3 Their questions/ focus on/ what our aging population will need/
　　　　　　　　　　フォーカス　　　　　　　　　　　　　ポピュレーション
　　　　　　　　　＊〜に焦点を当てる　　　　　　　　　高齢化　人口

　and how it will improve/ their quality of life/ and independence.
　　　　　　　インプルーヴ　　　　　クオリティ　　　　　　　インディペンデンス
　　　　　　　〜を改善する　　　　　　質　　　　　　　　　　独立

3 彼らの問題点が焦点を当てているのは、高齢化する人々が何を必要とするか、また、どのように生活の質を上げ、自立を促すのかということです。

339

4 The focus is/ not on/ what products and services will be 〈technologically〉 appropriate/ over the coming decades,

4 これは、来たる数十年で、どんな製品やサービスが技術的に適切かということに焦点を当てているのではありません。

5 but 〈rather〉, this focuses on /what will be 〈socially〉 and 〈personally〉 acceptable/ to this population,/ with ① its 〈changing〉 demands/ for transportation, / ②need for re-design of physical spaces (including the home and workplace),/ and ③power/ in the consumer and employment markets.

5 むしろ、①交通機関に対する需要の変化、②物理的な空間の再構築の必要性（家庭と仕事場を含む）、③消費と雇用マーケットの力がある場合、高齢者の人々に対して、社会的に個人的に何が受け入れられるのか、に焦点を当てています。

6 Open to all/ at no cost to register,/ call 617-730-2770

6 誰でも参加登録が無料です［直訳：登録登録するために無料で誰をも受け入れています］。電話してください：617-730-2770

7 Sponsored/ by the (founding) members/ of the New England Community Aging Network,/ the New England Council on Aging,/ and Beekham House in New England.

7 ニューイングランド高齢化ネットワーク団体の創設メンバー、高齢化に関するニューイングランド協議会、ニューイングランドのビーカムハウスにより協賛されています。

STEP5-1　　　　　　　　　　　　CD1-23　CD2-20

1 Donation/ for kids!!　1 子供たちへの寄付を！

2 Bonnies Hyper Association　2 ボニーズハイパー協会

3 We Need/ Your Reusable Items !

3 私どもは、[あなたの] 再利用できる品物を必要としています。

4 We need/ your donations for kids/ in Cambodia.

4 カンボジアの子供たちへの寄付を必要としています。

5 We 〈especially〉need/ stationery .

5 [私どもは] 特に、文房具を必要としています。

6 Please call 〈now at〉 1-800-774-3424

6 さあ、1-800-774-3424に電話してください。

7 Call/ or go online/ to schedule a pick-up!

7 引き取りの予定を組むために、電話するか、インターネットをつないでください。

www.bonnieshyper.com

8 To schedule a pick up,/ scan / with a cellular phone.

8 引き取りの予定を組むために、携帯電話でスキャンしてください。

9 What We Need　9 私どもが必要とするもの

10 Stationery, Clothing (all types & sizes), Shoes, Curtains, Houseware
　　& Glassware, Bedding Items , Jewelry, Cosmetics, Toys and Games,
　　Small Furniture, Small Appliances ,

341

10 文房具、衣類（すべてのタイプとサイズ）、靴、カーテン、家庭用品とガラス製品、寝具、宝石類、化粧品、おもちゃやゲーム、小さな家具、小さな器具、

11 SORRY/ NO COMPUTERS/ OR MONITORS.
　　　　　　　　　　　　　　　　　　モニタズ

11 すみませんが、コンピュータやモニターは不要です。

12 Next Pick-Up Day: / March 26th
　　　　　　　　　　　マーチ　トゥウェンティスィクトゥ
　　　　　　　　　　　3月

12 次の引き取り日：3月26日

13 What You Must Do
　　　　　～こと　　～しなければならない

13 皆様［直訳：あなた］がしなければならないこと

14 Call 1-800-774-3424/ or go 〈online〉/ to schedule a pick-up from our truck at www.bonnieshyper.com
　　　　　　　　　　　　　　　　　　　　　　　　　　　　　　　トラック

14 トラック（の予約のため）に1-800-774-3424に電話をするか、www.bonniehyper.comでインターネットをつなぎます。

15 Put the items/ in front of your house/ by 9 AM/ on the 〈scheduled〉 day (Rain or Shine)/
　　　～を置く　　　＊～の正面に　　　　　　　　　　　　　　　シャイン

15 予定が組まれた日の、朝9時までに、あなたの家の前に品物を置いてください（雨でも晴れでも）。

16 〈Clearly〉 mark/ your bags and boxes/ "Bonnies hyper".
　　　クリアリィ　マーキュア　　　　　　　バグズ

16 「ボニーハイパー」と袋や箱に印をつけてください。

17 Our truck/ will pick up/ your donation.

17 私どものトラックがあなたの寄付を引き取りに行きます。

18 No cash donation/ needed.　18 現金の寄付は必要ありません。
　　　　キャシュ
　　　　現金

19 For general information / about Bonnies Hyper,/ please contact
　　　　　チェネロゥ　インフォメィション　　　　　　　　　　　　　　　　　　　　コンタクトゥ
　　　　　　　　一般的な　　　情報　　　　　　　　　　　　　　　　　　　　　　～と連絡をとる

19 ボニーハイパーについての総合案内は、（以下に）連絡を取ってください。

20 Bonnies Hyper Association　20 ボニーハイパー協会

　　　　　　　　　　　　　　　　　　　スィクスティーン　スィクスハンドレド　ビーコン　ストゥリートゥ　ワシントゥン　スクエア
　　　　　　1600　　　　　Beacon St.　Washington Sq.
　　　　　　1600　　　　　　ビーコン通り　　ワシントンスクエア

　ブルックライン　マタチューセッツ
Brookline　　MA　　　ブルックライン　MA

www.bonnieshyper.com

STEP5-2　　　　　　　　　　●CD1-24　●CD2-21

　ウォランティ　サテイフィケイトゥ
1 Warranty　Certificate　　1 保証書
　　保証　　　　証書

　　　　　　　　　　　　　　グループ　　リミティッドゥ　ウォランティ　ニュージーランドゥ　オウンリィ
2 The Inagawa Group TV Limited Warranty （New Zealand Only ）
　　　　　　　　　　　　　　　　　　　　有限の　　　　保証

2 イナガワグループ有限保証（ニュージーランドのみ）

　　　　プロダクト　　ウォランティド　　　　　　ディフェクツ　　　マティリオゥズ
3 This product is warranted/ against defects / in materials /
　　　　製品　　　～を保証する　　　　　　欠陥　　　　　　物
　　　　　　　　　ノーモゥ　ユース　　　　　　　　　　　　　　　　　　　　修理
　　under normal use / and may be subject to our repair services/
　　　　　　　普通の　　使用
　　　　　ピアリアドゥ　　　　　　　　　　デイトゥ　　　オリジナル　　バーチェス
　　for a period of 2 years/ from the date of / original purchase.
　　　　　　　　期間　　　　　　　　　　　　日付　　　　元の　　　購入

3 この製品は、正常使用の下での物品の故障、最初に購入した日から2年間の修理に
　対する保証がされます。

　　　リミティッド　ウォランティ　セトフォートゥ　アバヴ
4 The limited warranty/ set forth above/ is given/ by The Inagawa
　　　　　有限の　　　保証　　　　～を設定する　　上に
　　　　　　　　　　　　　　　　　　　ウィドゥ　リスペクト　　　　　　　　　　　　　ブランドゥ
　　Group New Zealand/ with respect to the new Inagawa brand
　　　　　　　　　　　　　　　　　　　　＊～に関して
　　　プロダクトゥ　　　パキヂドゥ　　　　　　　　　　　　　　　　　　　　　　バーチェストゥ
　　product (packaged/ with this limited warranty,) / when purchased
　　　製品　　　　～を梱包する　　　　　　　有限の　　保証　　　　　～を購入する
　　and used/ in New Zealand only.
　　　　　　　　　　　　ニュージーランド

343

4 この有限保証書とともに、製品が梱包されている新品のイナガワブランドに関して、ニュージーランドで購入され利用されたときに、上記に明記された有限保証がイナガワニュージーランドによって付与されます。

5 This limited warranty/ shall only apply/ if the product is used/ with compatible Inagawa DVD players, speakers and equipment etc.

5 製品が互換性のあるイナガワのDVDプレーヤー、スピーカー、機器などとともに使われる場合のみ、この有限保証が適用されます。

6 The Inagawa Group New Zealand shall have/ no responsibility / for such items/ except for compatible Inagawa brand equipment (covered by a separate warranty).

6 イナガワニュージーランドは、これとは別の保証で対象とされている、互換性のあるイナガワブランドの機器を除く製品に対しては、責任を負いません。

7 Non-Inagawa brand equipment and software (that may be distributed with the product)/ are without warranty/ of any kind/ by The Inagawa Group New Zealand.

7 この製品とともに配達された可能性のある、イナガワブランドではない機器やソフトウェアは、どのような種類のものもイナガワニュージーランドによってまったく保証されません。

8 This warranty covers/ all defects (encountered in normal use of the product)/ and does not apply/ in the cases below;

344

8 この保証は、製品の正常利用で起こる［直訳：思いがけなく遭遇された］、すべての故障を対象としていますが、以下の場合においては、適用されません；

9
(1) Use of parts (other than those/ sold by The Inagawa Group New Zealand),
　　ユース　　パーツ　　アダ　ダン　ドウズ
　　　　　　　　　　　　　　＊〜以外
　　　　　　部品
(including non-Inagawa software (that causes damage to the product/
　インクルーディン　　　　　　　　　　　ダミヂ　　　　　　プロダクト
　〜を含む　　　　　　　　　　　　　〜を引き起こす　故障　　　製品
or causes ⟨abnormality⟩ frequent service problems.))
コーズィズ　アブノーマリィ　フリークエントゥ　プロブラムズ
〜を引き起こす　異常に　　　頻繁な　　　　問題

9
(1) 製品の故障や、何度も修理することになる［直訳：頻発する修理の原因となる］イナガワブランド以外のソフトウェアを含む（イナガワニュージーランドによって販売された部品以外の）部品の使用。

10
(2) Loss of or damage/ to the product/ because of ①abuse, ②mishandling,
　　ロス　　　ダミヂ　　　　　　　　　　ビコーズ　　　アビュース　　ミスハンドゥリン
③neglect, ④improper use by you, ⑤failure (to follow operating or
　ニグレクトゥ　インプロパ　ユース　　　　　フェイリャ　　フォロウ　オペレイティング
　　　　　　　　　　　　　　　　　　　　　失敗　　〜に従う　操作すること
maintenance instructions)
メインテナンス　インストラクションズ
　保守　　　　説明

10
(2) ①悪用、②取扱いミス、③放置、④使用者による不正使用、⑤操作やメンテナンスの説明に従わないことが原因の製品の紛失や故障。

11
(3) When the product/ has its (attached) serial number defaced, altered,
　　　　　　　　　　　　　　アタチト　　スィアリォウ　ナンバ　ディフェイスト　オゥタド
　　　　　　　　　　　　　　〜貼付する　シリアル番号　　〜を汚す　　〜を変える
marked or removed.
マークト　　リムーヴド
〜に印をつける　〜を取り除く　　＊have 目的語 Vpp「目的語＝Ｖされる、状態にする」

11
(3) 製品が貼付されている通し番号が、汚されたり、変えられたり、塗られたり［直訳：印をつけられたり］、外されたりしているとき。

12 Attach/ your Store Receipt/ below:
　　アタチ　　　　　　リスィートゥ　　ビロウ
　　〜を貼付する　　　レシート　　　下に

12 以下に、店のレシートを添付してください

```
              ヂェラウドゥ    アプライアンスィズ
        Gerald   HOME APPLIANCES
        ジェラルド家電

                ターンパイク    スィスコ
        11 Turnpike, Cisco,2111

                  パーチェス デイトゥ  オクトウバ
        Purchase Date : October 20, 2020


        Reciept Number:74915
```

郵便番号2111、シスコ、ターンパイク11番地
購入日：2020年10月20日
注文番号：74915

13
The Inagawa Group New Zealand

　イレヴン　オームスビ　ロヂ アヴェニュ
　11　Ormsby Lodge Av．New England
51119

13
イナガワグループニュージーランド
郵便番号51119、ニューイングランド、オムスビーロッヂ通り　11番地

STEP5-3　　　　　　　　　　CD1-25　CD2-22

　　コヴェントハウス　　　　夏服
1 Covent House SUMMER CLOTHING　1コヴェントハウス

　　　　　　　　　　　　　リノヴェイション　　　ストックト
2 We've just finished/ our renovation/ and stocked up/ on
　　　　　　　　　　　　　　改装　　　　　　～を仕入れる
　　　ウェア　　　　　ウライトゥ ナウ　　　インクルーディン
　what you want to wear/ right now,（including dresses, shirts, shorts,
　　　　　　　　　　　　　　　　　　　　　　　　　　　　　シャツ　　パンツ
　　　　　　　　　　　　　たった今　　～を含む

346

　　　　　スカーツ　　　　アクセサリィズ
skirts and accessories/ to get you through summer).
　　　　　　　　　　　　　　　　　　　　　　　スカート

2 私どもはちょうど改装を終えたところで、皆さんを夏に向かわせるワンピース、シャツ、パンツ、スカート、アクセサリーを含む、まさに今あなたが着たいと思うものを仕入れました。

　　アヘド　　　　ダイヴ
3 Go ahead/ and dive 〈right〉 in/ at Coventhouse.com
　　　　　　　　　＊（海など）に飛び込む

3 さあどうぞCoventhouse.comにまっすぐ飛び込んでください［コヴェントハウスのウェブページを見てください、の比喩］。

　　　　　　　　　　　　　　ウォードロウブ　アップデイツ
4 Without a few wardrobe updates,/ you could get through/ this summer,/
　　　　　　　　　　　　　　　　　　　　　　　　　　＊～を終える・過ごす

　　　　　　　　　　　リコメンドゥ
but/ we would not recommend it.
　　　　　　　　　　　　　　～を推薦する

4 持ち衣装を新しくせずに、この夏を過ごすこともできますが、私どもはそれをお薦めしません。

　　　　　　　　　　　　　　シュ　　シュ
5 "Chou-Chou Dress"　5「シュー・シュー　ワンピース」

　　フィーチャリン　　　　　　　　　　　フレンチ　　ブランズ
6 Featuring/ one of the top French Brands (called "Chou-Chou"),
　　～を目玉にする
　　　　　　　　　　　　　　　　　　　　　　　　　フランスの

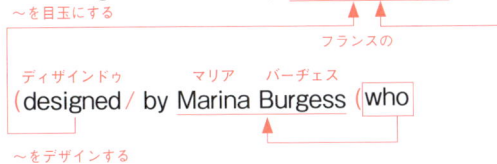

　　　ディザインドゥ　　　　マリア　　バーチェス
(designed/ by Marina Burgess (who
　　～をデザインする

6 最近、イタリアの有名なファッションの賞を獲得したマリナ・バージェスによりデザインされた「シュー・シュー」と呼ばれるフランスの一流ブランドの1つを目玉にし、

　　　リイセントゥリイ　ウォン　　ファイマス　　　　　　プライズ　　イタリィ
〈recently〉 won/ a famous fashion prize / in Italy),/ we used/
　　　最近　　　　～を勝ち取る　　　有名な　　　　　　　賞　　　　イタリア

　スペシャウ　ヘンド　　ウヴン　ファブリク　　　　アーティスティク　　パタン
special hand-woven fabric / with an artistic pattern (that
　　特別な　　　　手織りの　　　布地　　　　　　　　芸術的な　　　　　柄

　マイトゥ　インスパイア　　　　　　　ウェア
might inspire you/ to wear it out in the sun).
　　　　～を啓発する

347

私どもは、皆さんに、着用して太陽の中に出る気分にさせるような趣のある柄の、特別な手織りの生地を使いました。

7 "Summer Cashmere Collection"　7「夏のカシミヤコレクション」

8 We have 12 different colors hand-dyed,/ so/ get another color/ if you want.

8 手染めの12の違った色がございます、ですから、もし、よろしければ、他の色もお求めください。

9 Our Summer Cashmere is a revolutionary / and keeps you warm/ in a cool air-conditioned room.

9 私どもの夏のカシミアは、涼しいエアコンのきいた部屋で、皆さんを温かく保つ革命なのです。

10 You will love its smooth touch/ and how it is hand-dyed for subtle color variations .

10 なめらかな手触りと微妙な色のバリエーションの手染めを気に入っていただけるでしょう。

11 No two are 〈exactly〉 alike.　11 2つとしてまったく似たものはありません。

12 "Summer Dress"　12「夏のワンピース」

13 Do you have enough dresses/ for all the invites / throughout this summer?

13 この夏中すべてで受けたご招待に対して、十分（な数の）ワンピースを持っていますか。

14 When it comes to summer dresses,/ we have a variety of them.
　　*～という段になると　　　　　　　　　　　　ヴァライアティ
　　　　　　　　　　　　　　　　　　　　　　　　*様々な

14 ワンピースということになると、私どもは様々なワンピースを取り揃えています。

15 So/ you can find the one 〈 exclusively 〉 for you.
　　　　　　　　　　　　　　　イクスクルーシヴリィ
　　　　　　　　　　　　　　　もっぱら・排他的に

15 ですから、あなただけに特別なものを見つけることができます。

16 Don't pack for the weekend/ without our summer dresses.
　　　～を荷造りする　　　　　　　～なしで

16 私どもの夏のワンピースなしで、週末の荷造りをしないでください。

17 You can find/ various patterns and colors/ in the basement of our shop.
　　　　　　　　ヴェアリアス　　　　　　　　　　　　　　　ベイスメン
　　　　　　　　　様々な　　　　　　　　　　　　　　　　　　地下

17 私どもの地下に様々な柄と色のものを見つけることができます。

18 We'd love it/ if you'd come and visit us at
　　ウィド　　　　　　　　　　　　ヴィジトゥ
　　　　　　　　　　　　　　　　　～を訪問する

18 もし私どもを訪問してくださったらうれしいです。場所は、

19 The Mall on Beacon Hill
　　モゥ　　ビーコンヒゥ

　　200 Boylston Street
　　トゥハンドレド ボイルストン ストリートゥ

　　Cambridge Side
　　ケンブリヂ　サイドゥ

19 ビーコンヒル・ショッピングモール
　　ケンブリッジ側、ボイルストン通り200番地

STEP5−4　　　　　　　　　CD1-26　CD2-23

1 Dandelion Apartment Handbook　1 ダンデライオンマンション便覧
　ダンデライオン アパートゥメントゥ ヘンブク
　　　　　　　　　　　　　　　　　便覧

2 Welcome to the Dandelion Apartment.

2 ダンデライオンマンションにようこそ。

3 This handbook has been compiled/ to familiarize you with① the day-to-day operation, ②management structure, ③emergency procedures and ④the rules and regulations / within this apartment.

3 この便覧は、マンションの中の、①毎日の運営、②経営構造、③非常時の手順、④規則、について皆さんに知っていただく［直訳：皆さんに普及させる］ために編集されました。

4 It is recommended that/ you 〈thoroughly〉 read through this information,/ and use it for reference/ as future questions arise.

4 皆様はこのお知らせに徹底的に目を通して、今後、質問が出たとき［直訳：将来的な質問が起こったとき］、それを参照することを推奨します［直訳：参照文献として使ってください］。

5 In addition,/ if you are renting/ your apartment unit,/ please implement the rules within this handbook/ as part of the lease agreement.

5 さらに、もしマンションの部屋を貸しているなら、この便覧の中の規則を賃貸契約に入れてください［直訳：規則を履行してください］。

6 Included in this handbook/ are key phone numbers. (=Key phone numbers are included in this handbook.)

6 この便覧には主要な電話番号が含まれています［=Key phone numbers are included in this handbook.］。

7 It is suggested/ that you keep these numbers/ in a convenient location/
and update them/ as changes occur.

7 この電話番号を手の届くところに置いて［直訳：便利な場所に保管し］、変更があれば［直訳：起これば］、その番号を更新してください。

8 Among these numbers/ are those of the Management Company/ and your local police and fire departments. (=Those of the Management Company and your local police and fire departments are among these numbers.)

8 管理会社と地元の警察・消防署の電話番号がこの番号の中にあります。

9 We recommend that/ all owners consent to the (outlined) procedures and suggestions/ in order to maintain the highest possible quality of living/ for every resident/ at Dandelion Apartment.

9 すべての所有者は、ダンデライオンマンションの全居住者の生活の質を可能な限り最高の状態に保つため［直訳：最高の可能な生活の質を維持するため］、手順と忠告の概要［直訳：概要を述べられた手順と忠告］に従うことをお薦めします。

10 Should you have any questions (=If you should have any questions) / while reading this handbook,/ please do not hesitate to contact us.

10 万が一、この便覧を読んでいる間に何かご質問がある場合［=if you should have any questions while reading this handbook］遠慮なく私どもに連絡をしてください。

11 Thank you.
　　Dandelion Management Corporation

11 ありがとうございます。ダンデライオン管理会社

STEP6-1　　　CD 2-2　CD 2-24

1 Next Weekend/ -Annual Farm Festival（held/ by Barclay Town Farming Association）

1 次の週末 バークレー市農業協会によって開催される年一度の農場祭

2 Autumn's best　2 秋の最高のイベント［直訳：秋の最高の］

3 We're〈really〉proud of/ the fresh organic and regional ingredients/ ((which) we're able to offer) and there's no better time/ than autumn/ to enjoy them!

3 私たちが提供できる新鮮な有機で地元の素材のことを、非常に誇りに思っており、それを味わうために秋ほど素晴らしい時期はありません！

4 We〈really〉couldn't talk about/ fresh fruits and vegetables/ without talking about the great suppliers ((which) we are very proud of).

4 新鮮な果物と野菜について話すと、必ず、私どもが誇りに思っている素晴らしい生産元［直訳：（果物と野菜の）提供者］についてお話しすることになります［直訳：私どもが誇りに思っている素晴らしい提供者について話をすることなしに、新鮮な果物と野菜について話すことはできません］。

5 From family fruit and vegetable farmers/ to our partners in New Zealand (who send us/ fresh fruits and veggies)—you can meet/ all the suppliers

here/ at this Farm Festival.

5 家族経営の果物と野菜の農家から、私たちに新鮮な野菜や果物を届けてくれるニュージーランドのパートナー農家まで――この農場祭では、すべての生産元にこの場で会うことができます。

6 From its beginning,/ Barclay Town Farming Association/ has been developing best practices / with their partner growers.
　　ビギニング　　　　　　　　　　　アソスィエーション
　　始め　　　　　　　　　　　　　　協会
　　ディヴェロピン　　プラクティスィズ　　パートゥナ　グロワズ
　　〜を発展させる　　実践

6（設立）当初から、バークレー市農業協会はパートナー経営の生産者とともに、最善の実践を進めてきました。

7 Their (shared) goal is/ to extend / Barclay's brief (growing) season.
　　　シェアドゥ　ゴウル　　　イクステンドゥ　　　　　　ブリーフ　グロウイン　スィーズン
　　　〜を共有する　目標　　　〜を伸ばす　　　　　　　　　　　　　〜を栽培する

7 その共通の目標は、バークレーの短い生産期を伸ばすということです。

8 The Association selects/ organic farm partners/ with great care/ for the Farming Festival.
　　　アソスィエーション　セレクツ　　オーガニック　　　　　　　　　　　　ケア
　　　協会　　　　　　　　〜を選択する　　　　　　　　　　　　　　　　　　注意

8 協会は農場祭のために、細心の注意を払って有機農場のパートナー農家を選んでいます。

9 Partners must ①share/ consumers' passion/ for organics,
　　　　　　　　　　シェア　コンシューマーズ　パション
　　　　〜せねばならない　　消費者　　　　情熱
② meet certain criteria , ③ be open to innovative (growing) techniques,
　　サートゥン　クライティリア　　　　　　　イノヴェイティヴ　　　　　　　テクニークス
　　ある・一定の　基準　　　＊〜を受け入れる　革新的な　　　　　　　　　技術
④ be family owned and operated, and ⑤ follow eco-friendly farming methods.
　　　オウンドゥ　　オペレイティド　　　　　フォロウ　エコ　フレンドゥリィ
　　家族経営の　　〜を運営する　　　　　　　〜に従う　地球環境にやさしい
メソズ
方法

9 パートナー農家は、①有機に対する消費者の情熱を共有し、②一定の基準を満たし、③革新的な生産テクニックを受け入れ、④家族所有で運営され、⑤地球環境にやさしい農業手法に従わなければなりません。

10 The Farm Festival schedule is/ as below:

10 農場祭のスケジュールは以下のようになっています：

11 September 16(=16th) , Sunday　11 9月16日日曜日

10:00 AM Gate Opening　午前10時　開門

12:00 PM Lunchtime Performance/ on the Main Stage

午後12時　本舞台での昼食時のパフォーマンス

2:00 PM Fruit and Vegetable Contest/ in the Festival Plaza

午後2時　フェスティバルプラザでの果物と野菜のコンテスト

3:00 PM New Zealand Show/ in the Festival Plaza

午後3時　フェスティバルプラザでのニュージーランドショー

4:00 PM Fruit and Vegetable Contest Award Ceremony/ on the Main Stage

午後4時　本舞台での果物と野菜のコンテストの授賞式

5:30 PM Gate Closing

午後5時半　閉門

12 Ticket prices: Adult　$10 , チケットの価格：大人10ドル、

Children (7 - 1 8) $ 6 , Senior (6 0 +) $ 6 ,

子供（7才～18才）6ドル、シニア（60才～）6ドル、

Association member　$3

協会メンバー　3ドル

13 Tickets for the Farm Festival/ are available online/ as of tomorrow.

13 農場祭のチケットは明日からネット上で入手できます。

　　　www.barclaytfa.com

14 We offer readers/ a $3 discount coupon./
　　Enter the code:BBC1F

14 私どもは読者の方に3ドルの値引きクーポンを提供いたしております。コードを入力してください。BBC1Fです。

15 Annual Farm Festival Ticket　15年一度の農業祭のチケット

16 Sunday, Sep (=September) 16 (=16th), 2020

16　2020年9月16日日曜日

17 Gate Opening: 10:00AM Enter: Gate G （Reborn　St　.）

17 開門：午前10時　入場：G門（リボーン通り）（から入場してください）

18 Venue: Cleveland Circle, 50 Lakeview Point

18 会場：レイクヴューポイント50番地。クリーヴランドサークル

19 Ticket #: 14140   Price: $6

19 チケット番号：14140　価格：6ドル

20 Name: Jim Hawkins
　　　　　ジム　ホーキンズ

20 名前：ジム・ホーキンス

21 NO SMOKING・NO RE-ENTRY
　　ノウ　スモーキン　　リエントリィ
　　　　　　　　　　　　　　再入場

21 禁煙・再入場不可

22 Note: This ticket does not give/ any property rights or interests/
　　　ノウトゥ　　　　　　　　　　　プロパティ　ゥライツ　　インタレスツ
　　　　　　　　　　　　　　　　　　　資産　　権利　　利子
　　to the holder.
　　ホウルダ
　　所有者

22 このチケットは所有者側に、財産権や利益を与えるものではありません

23 The Barclay Town Farming Association/ reserves the right/ to void the
　　　　　　　　　　　　　　　　　　　　　リザーヴズ　　　　　　ヴォイド
　　　　　　　　　　　　　　　　　　　（権利）を有する　権利　～無効にする
　　license (granted /by this ticket/ at any time for any reason/ in its sole
　　ライセンス　グランティド　　　　　　　　　　　　　　リーズン　　　　ソウル
　　　　　　　認可　　～を与える
　　discretion),
　　ディスクレション

23 バークレー市農業協会は、独自の決定権により、いかなるときでもいかなる理由
　　でも、このチケットによって得られた使用権を無効にする権利を有しており、

　　インクルーディン　　　　　アテンプティド　トランスファ　　リセイゥ
　　including / if any (attempted) transfer or resale of the ticket/ does not
　　コンプライ　ウィドゥ　　　　　　　　　　　　　　　　　　　　　ポリスィズ
　　comply with The Barclay Town Farming Association's policies.
　　　＊～に適合する　　　　　　　　　　　　　　　　　　　　　　　方針

そして、それは、チケットの意図的な譲渡や再販売がバークレー市農業協会の方針に
適合しないものかどうか、ということも含みます。

STEP6-2

CD 2-3 CD 2-25

1 Carlos, 　1 カルロスへ
　カルロス

2 It was great/ to meet you today. 　2 本日、お目にかかれて、うれしかったです。
　　　素晴らしい　　　～に会う

3 The ESL classes take place/ at Bristol Street Church.
　　ディ　イーエルエス　　　　授業　*起こる=happen　　　　ブリストゥ　ストゥリートゥ　チャーチ
　　　　　　　　　　　　　　　　　　　　　　　　　　　　　　　　　　　　　　　教会

3 ESLの授業はブリストル通り教会で行われます。

4 I do not know/ if it is too late / to sign up for the summer classes.
　　　　　　　　～かどうか　　レイトゥ　　サイン　アップ
　　　　　　　　　　　　　*too ～ to v原形「あまりに～なのでVできない」

4 夏の授業には、申し込むのに時期が遅すぎるのか［直訳：あまりに時期が遅すぎて申し込めないか］どうかは、私はわかりません。

However,/ I know/ new English classes will be starting / in the fall .
ハウエヴァ　　　　　　　　　　　　　　　　　　　　　スターティン　　　　　フォーゥ
しかしながら　　　　　　　　　　　授業　　　　　　　　　　　　　　　　　　秋

しかしながら、新しい英語の授業は秋に始まります。

5 The exact cost of the class/ varies depending on which type of
　　　イグザクトゥ　コウストゥ　　　　　　　　ヴェリィズ　ディペンディン　オン　　　　タイプ
　　　正確な　　費用　　　　授業　　　　　変わる　*～次第で・～による

class (conversational English, academic English, Grammar etc.),
　　　　カンヴァセーショノゥ　　　　　アカデミック　　　　　　　　　グラマ　　　エトセトゥラ
　　　　　　会話の　　　　　　　　　　　学術的な　　　　　　　　　　文法

5 正確な授業料はどの形態の授業か（英会話、英語理論、文法など）によって変わります

but/ I think / it is around 　　　　　　$100-$150
　　　ティンク　アラウンドゥ　ワンハンドレッド　ダラーズ　トゥ　ワンハンドレッド　フィフティ　ダラーズ
　　　　　　　　　　　約

(which includes the cost of all class materials).
　　　　　インクルーズ　　コウストゥ　　　　　　　　マティリオゥズ
　　　　　　を含む　　　　経費　　　　　　　　　　材料・物

が、私が思うに授業料は、授業のすべての教材費［直訳：材料費］を含め、約100ドルから150ドルです。

6 During the summer,/ classes are on Tuesdays and Thursdays/
　　ドゥアリン　　　　　　　　　　　　　　　　　トューズデイズ　　　　ターズデイズ
　　　～間　　　　　夏　　　　　　　　　　　　　　火曜日　　　　　　木曜日

9:30-11:30 am .
6 夏の間、授業は火曜日と木曜日の午前9時半～11時半です。

7 The classes are all taught/ by volunteers (including me).
　　　　　　　　　　　teachのVpp　　　　　　　ボランティア　　～を含む

7 授業は私を含めすべてボランティアで行われて［直訳：教えられて］います。

8 You should email/ the director of ESL/ at Bristol Street Church,/
　　～すべき　　　　　　　理事長　　　　　　　　　　　　　　　　　　教会
Karen Arnold ,/ to ask questions, /and sit for an online exam/
　　　　　　　　　　　　　質問　　＊（試験）を受ける　　　　試験
before you register.
　　　　　登録する

8 質問をするためには、ブリストル通り教会のESL理事長、カレン・アーノルドさんにEメールをしなければなりません。そして、（授業の）登録前には、インターネット上でテストを受けなければなりません

(email: karen@bristolstreet.org)

9 Karen will be able to answer/ all your questions!
　　　　　　　＊～できる

9 カレンはあなたのすべての質問に答えることができますよ！

10 I hope to see you again.　10 また、お目にかかれるのを祈っています。
　　　　　　　　　　再び

11 Best , Lauren　11 では。ローレン

(Wパッセージ2つ目)

12 ESL/ at Bristol Street Church　12 ブリストル通り教会のESL

13 Summer ESL　13 夏のESL

14 Tuesdays & Thursdays/　9:30　AM　-　11:30　AM
　　　火曜日　　　　木曜日

14 火曜日と木曜日の9時半〜11時半

Starting Date: May 4th　開始日：5月4日

15 Fees vary / depending on the course.

15 料金はコースによって変わります。

(for detailed information :/ www.bristolst.esl.com)

（詳細の情報は：www.bristolst.esl.com）

16 No enrollment fee.　16 入会金はなし

17 Autumn ESL Course　17 秋のESLコース

Wednesdays & Fridays / 6:00 PM - 8:00 PM

水曜日と金曜日の午後6時から午後8時

18 Fee & Starting Date:/ to be announced

18 料金と開始日は：まだ公表されていません。

19 Before starting your course;　18 コースを開始する前に：

20 (1) Pick the course ((which) you want to apply for).

20 (1) 申込みしたいコースを選んでください。

21 (2) Visit our website / or ⟨just⟩ visit Bristol Street Church/
to complete your payment.

21 (2) 支払を完了させるためには、私どものホームページに訪問するか、ブリストル通り教会にちょっとお立ち寄りください［直訳：単に訪問してください］。

22 (3) Take a level-check test/ online.
　　　　　レヴェゥ　　　　　　　　　オンライン
　　　　　レベルのチェック　　インターネット上で

22 (3) インターネット上でレベルをチェックするテストを受けてください。

23 If you have any questions,/ don't hesitate to email/ the director of ESL/
　　　　　　　　　クエスチョンズ　　　ヘジテイトゥ　　　　　　　　ディレクタ
　　　　　　　　　　　　　　　　　　＊～することをためらう　　　　理事長
　　at Bristol Street Church, /Karen Arnold.
　　　　　　　チャーチ　　　　　カレン　アーノルドゥ
　　　　　　　　教会

23 もし、何か質問があれば、ブリストル通り教会のESL理事長、カレン・アーノルドに遠慮なくEメールしてください。

email: karen@bristolstreet.org

STEP6-3　　　CD 2-4　CD2-26

1 〈Newly〉(Published) Books/ for Booklovers
　ニュウリィ　パブリッシュト　　　　　ブクラヴァーズ
　新しく　　～を出版する　　　　　　　愛読家

1 愛書家のために新しく出版された本

2 Published November 11 (11th)
　パブリッシュト　ノヴェンバ　　イレヴントゥ
　～を出版する　　11月

2 11月11日出版［直訳：出版された］

3 "James Brian" /by Timothy Roth
　ジェイムス　ブライアン　　ティモティ　ロトゥ

3 『ジェームス・ブライアン』ティモシー・ロス著

4 A chronicle of James Brian's campaign/ to secure equal voting
　　クロニコゥ　　ジェイムス ブライアンズ キャンペイン　　セキュア イーコゥ ヴォウティン
　　年代記　　　　　　　　　　　　　　　運動　　　　～を確保する　平等な　投票権
　　rights/ via an epic march/ from Brook Bay Bridge /to Montray City.
　　ゥライツ　ヴァイア　エピック　マーチ　　　　ブルク　ベイ　ブリヂ　　　モントレイ
　　権利　　～を通じて　壮大な　更新　　　　　　　　　橋

4 ブルック湾橋からモントレー市までの壮大な行進を通じて、平等な選挙権を確実に

360

手に入れるための、ジェームス・ブライアンの運動の年代記。

5 Published November 12（　12th　）　5 11月12日出版

6 "I will be here" /by Nela Kings　6『私はここにいるだろう』ネラ・キングス著

7 After a near-fatal plane crash/ on the Atlantic Ocean,/ Nela Kings spends/ a catastrophic 35 days/ in a raft / with 2 other passengers/ before he's found / by the Navy.

7 大西洋上で、危うく命を落とすような飛行機墜落のあと、ネラ・キングスは、海軍に見つけられるまで、他の2人の乗客とゴムボートの中で悲惨な35日を過ごす。

8 Published November 13（　13th　）　8 11月13日出版

9 "Never let it go" /by Heidi Young

9『決してあきらめないで』ハイジ・ヤング著

10 In an American coastal town,/ Heidi is forced / to fight the corrupt mayor/ when she is told that/ her house will be destroyed / because of a political measure.

10 アメリカの海沿いの町で、政策が理由で自分の家が破壊されると告げられたとき、ハイジは賄賂にまみれた市長と戦うことを余儀なくされる。

11 She hires a lawyer friend/ to help her,/ but the woman's recruitment brings/ further misfortune / for Heidi.

11 彼女は自分を手助けする弁護士の友人を雇うが、その女性を雇ったことが、ハイ

361

ジにさらなる不幸をもたらす。

12 Published November 14 (14th[フォーティーントゥ])　12 11月14日出版

13 "Sorry[ソゥリ], you are right[ウライトゥ] " /by Jonas[ジョナス] Wu[ウ]

13 『ごめんなさい、あなたが正しいわ』ジョナス・ウー著

14 A sickly[スィクリィ] woman overhears[オヴァヒアズ]/ what〈she thinks〉is a murder[マーダ] plot[プロトゥ] /
　　　病弱な　　　　　　～を小耳にはさむ　　　　　　　　　　　　　　殺人　　策略
　and attempts[アテンプツ] to prevent[プリヴェントゥ] it.
　　　＊～しようと試みる　～を防ぐ

14 病弱な女性が、殺人の策略と思えることを小耳にはさみ、それを防ごうとする。

15 Published November 15 (15th[フィフティーントゥ])　15 11月15日出版

16 "The Code[コウドゥ]"/ by Naomi[ナオミ] Emmerich[エマーリク]　16 『暗号』ナオミ・エマーリック著

17 During[ドゥアリン] the[ダ] First[ファーストゥ] World[ワーゥドゥ] War[ウォー],/ a physicist[フィジスィストゥ] named Kennith[ケニトゥ] tries to
　　～間　　　　　　　第一次世界大戦　　　　　　　　　物理学者　　　　　＊～しようと試みる
　break a mysterious[ミスティアリアス] code/ with the help from fellow[フェロウ] mathematicians[マティマティシャンズ].
　　　　不可解な　　　　　暗号　　　　　　　　　　　　　　仲間の　　　　　数学者

17 第一次世界大戦中、物理学者ケニスは、仲間の数学者の援助を受け、不可解な暗号を解こうとする。

(Wパッセージ 2つ目)

18 X Y Z[エクスワイズィ]/ BOOKSTORE/ Bestsellers[ベストゥセラーズ]: /The first[ダ ファーストゥ] week of December			
18 XYZ書店　ベストセラー：12月1週目　　　　　　ベストセラー　　　第1番目の			
19 Ranking[ランキン] ランキング	20 Ranking Last[ラストゥ] Week 先週のランキング	21 Title[タイトゥ] 書名	22 Price[プライス] 価格

362

1 ファースト (=1th)	4 フォートゥ (=4th)	23 *"Never let it go"* by Heidi Young 23 『決してあきらめないで』ハイジ・ヤング著 　　　　　　コラプトゥ　　メイヤ　　　　コウトゥ 24 Take a corrupt mayor/ to court 　　　腐敗した　市長　　　　　法廷 24　腐敗にまみれた市長と法廷で争う 　　　　　　　ケイス　　　　　　　　ミスフォーチュン 25 The case brings her/ misfortune 　　　　事件　　　　　　　　　不幸 25 その事件は彼女に不幸をもたらす	トゥウェンティ トゥ ダラーズ エン フォーティ ファイヴ センツ $22.45
2 セカンドゥ (=2nd)	2 (=2nd)	ビジネス　　　　ディ インタネット　　　ヂョーヂ 26 *"Business on the Internet"* by George 　　　　　　　　　　　カーペンタ 　　Carpenter 26 『インターネットでのビジネス』ジョージ・ 　　カーペンター著 　　　　　　　　　　　　　　　　　ビジネス 27 How to start a business/ 　　　　　　　　インターネット 　　on the　Internet 27 インターネットでビジネスを始める方法	ターティ ファイヴ ダラーズ エン スィクスティ ファイヴ センツ $35.65
3 サードゥ (=3th)	5 フィフトゥ (=5th)	エイジアン　ダイエト　　　　　ジョアン 28 *"Asian　Diet"* by Joanne Suzuki 　　　　アジアの　　食生活 28 『アジアの食生活』ジョアン・スズキ著 　　　　　　　イクスクウィジト　ジャパニーズ　ダイエト 29 The　exquisite　Japanese　diet 　　　　　　　　　　　　　　極上の 29 日本の極上の食生活	ナインティーン ダラーズ $19.00
4	3	エマーリク 30 *"The Code"* by Naomi Emmerrich 　　　　暗号 30 『暗号』ナオミ・エマーリック著 　　　　　　　フィジスィストゥ 31 A　physicist　(cracks the code in 　　　　　物理学者 　　　　　　　　ワールド ウォー ワン 　　　　　WWI　　) 31 第一次世界大戦で暗号を破る物理学者	フィフティー ン ダラーズ エン フィフティ ファイヴ センツ $15.55

363

5	6 スィクトゥ (=6th)	32 "Cookbook for Food Enthusiasts" by ククブッ エントゥージアスツ 熱狂する人・大ファン Hudson Dikstra ハドスン デイクストゥラ 32 『食べ物の大ファンへの料理本』ハドソン・デイクストラ著 33 Hudson's "Easy-Fast" Recipes ハドスンズ イーズィ ファストゥ レスィピズ 33 ハドソンの「簡単—早い」調理法	$12.19 トゥウェルヴ ダラーズ エン ナインティー センツ
6	1	34 "With King John" by Murray Keith キン ジョン マレイ キートゥ 34 『ジョン王と一緒に』マレー・キース著 35 The love story/ of a woman and a king 35 女性と王の恋物語	$21.55 トゥエンティ ワン
7 セヴントゥ (=7th)	22 トゥエンティ セカンドゥ (=22nd)	36 "I will be here" by Nela Kings 36 『私はここにいるだろう』ネラ・キングス著 37 Surviving in a plane crash/ on the Atlantic Ocean サヴァイヴィング プレイン クラッシュ ディ アトランティック オウシャン 37 大西洋上の飛行機墜落での生存	$20.55 トゥエンティ
8 エイトゥ (=8th)	40 フォーティトゥ (=40th)	38 "Super Fit" by Mark Karl スーパーフィット マーク カーゥ 38 『スーパーフィット』マーク・カール著 39 Audio book/ about fitness オーディオ ブク フィトネス 39 運動による健康のオーディオ本	$14.55 フォーティーン

STEP6-4   ● CD 2-5   ● CD 2-27

1 Terra Art Museum   1 テラ美術館
テラ アートゥ ミューズィアム
美術館

2 Summer Contemporary Art Exhibition —Room 252 —
コンテンポラリイ エキシビション トゥ フィフティ トゥ
現代的な 展覧会

2 夏の現代美術展—252番の部屋—

3 This summer/ Terra Art Museum features/ 21st century pottery.

3 この夏、テラ美術館は21世紀の陶磁器を特集しています。

4 You can see/ fascinating and fantastic pottery/ with flower patterns.

4 花柄がついた、魅力的で素晴らしい陶磁器をご覧になって［直訳：見つけて］ください。

5 Walk around the room/ to look at all the details.

5 一部始終をご覧になるために、部屋を歩き回ってください。

6 We are sure/ you will enjoy the ⟨elaborately⟩ decorated pottery (shown/ in this room).

6 皆さんが、この部屋で展示されている念入りに装飾された陶器を見るのを楽しむことを、私どもは確信しています。

7 Compare/ the flower patterns/ on the pottery/ to the patterns (which you have seen in Room 251).

7 このような陶磁器の花柄と、251番の部屋で皆さんがご覧になった柄を比べてください。

8 How are the flower patterns/ similar to/ or different from/ those (=patterns) in Room 251?

8 251番の部屋の花柄とどのように類似していて、どのように異なりますか。

9 Some of the pottery/ was repainted/ due to exposure to the weather/

for some unknown reasons.

9 陶磁器の中には、なぜかわからないのですが、外気にさらされたため、再着色されたものもあります。

10 Flowers are/ in so many works of art/ around the Museum.

10 美術館じゅうの芸術作品の非常に多くに、花が使われています [直訳：花があります]。

11 You can purchase/ postcards and ceramic replicas/ in the museum shop/ on the ground floor/ near the east entrance.

11 東入場口の近くの1階の美術館ショップで、ハガキや磁器の複製を購入することができます。

12 From August 11th / to November 21st , / an exhibition (called "Thailand Batik") is coming/ to our Autumn Exhibition.

12 8月11日～11月21日まで、「タイのろうけつ染め」と呼ばれる展示会が秋の展示会として行われます [直訳：やって来ます]。

13 Give us/ your feedback! 13 あなたのフィードバックを私どもにください。

Based on this visit, what is the likelihood that you will recommend this Museum to others in the next 30 days?
*be based on ～ 「～に基づく」

今回の来館を基準にすると、これから30日間でこの美術館を他の方に薦める可能性はどれくらいですか。

☐Highly likely　☐Likely　☑Somewhat likely
　ハイリイ　ライクリイ　　　　　　　サムワト
　可能性がある

☐Not very likely　☐Not at all likely
　　　　　　　　　　　　　　＊全く〜ない

☐高い可能性がある　☐可能性がある　☑いくぶん可能性がある
☐あまり可能性はない　☐まったく可能性はない

14 Will you return to this Museum/ in the next 30 days?
　　　　　リターン
　　　　　戻る

14 これから30日間でこの美術館を再来館しますか。

☐Highly likely　☐Likely　☑Somewhat likely
☐Not very likely　☐Not at all likely

☐高い可能性がある　☐可能性がある　☑いくぶん可能性がある
☐あまり可能性はない　☐まったく可能性はない

15 Please rate / your overall satisfaction / with your visit.
　　　　　レイトゥ　　　　オヴァオーゥ　サティスファクション
　　　　　〜を評価する　　全体的な　　　満足

15 来館に対する総体的な満足度を評価してください。

☐Highly satisfied　☐Satisfied　☐Neither satisfied nor dissatisfied
　　サティスファイドゥ　　　　　　　　　　　ニダ　　　　　　　　　ノア　ディスサティスファイドゥ
　　満足である　　　　　　　　　　　　　　　　　　　　　　　　＊neither A nor B 「AでもBでもない」

☑Dissatisfied　☐Highly dissatisfied
　不満足な

☐非常に満足している　☐満足している　☐満足してもいないし、不満足でもない
☑不満である　☐非常に不満である

16 In the survey ⟨above⟩/ if you said/ you were less than satisfied/ with
　　　サーヴェイ　アバヴ　　　　　セド　　　　　　　　　レス　ダン
　　　アンケート　上に　　　　　　　　　　　　　　　　　満足である

　 your overall experience/ at our Museum.
　　　　　　　　イクスピリアンス
　　　　　　　　体験

16 上記のアンケートで、もし美術館で全体的に感じたことに関して、満足している、よりも悪い評価をされた［直訳：美術館での全体的な体験に関して、満足度が低かったとあなたが答えた］なら。

Please tell us/ why.　理由を教えてください。

17 I had to　wait　/ in a long line/ to purchase postcards.

17 ハガキを買うために長い列に並ばなければなりませんでした。

There was　wi-fi　/ ⟨only⟩ in the museum cafe.

美術館のカフェでのみしか、無線インターネットが通じませんでした。

18　Including　this visit,/ how often do you visit us?

18 今回の来館を含め、どれくらいの頻度であなたは当館に来館していますか。

☐ Almost　every day/ or more　☐4 to 6 times per week

☐2 to 3 times per week　☐Once a week

☐ほとんど毎日かそれ以上　☐1週間に4〜6回

☐1週間に2〜3回　☐1週間に1回

☐2 to 3 times per month　☐Once a month　☑Less than once a month

☐This was my first visit

☐1カ月につき2〜3回　☑1カ月につき1回　☐1カ月につき1回未満

☐今回が初めての来館

19 Are you　enrolled　/ in the Museum　Loyalty　Program　(where you earn

points/ towards free beverages/ at the museum cafe?)

19 美術館のカフェでの無料の飲み物がもらえる［直訳：無料の飲み物に向けての］ポイントを獲得する美術館のお得意様サービスに入会しますか。

☐Yes ☑No　　☐はい　☑いいえ

20 These final questions are / for classification purposes 〈only〉.

20 この最後の質問は分類目的のためです。

21 Please indicate / your gender

21 性別を示してください

☑Male ☐Female ☐Prefer not to answer

☑男性 ☐女性 ☐未回答［直訳：答えることを好みません］

22 Please indicate / your age.

22 年齢を示してください。

☐Under 18 ☐18 to 24 ☐25 to 34 ☑35 to 44
☐55 to 64 ☐65 and over ☐Prefer not to answer

☐18歳以下 ☐18〜24歳 ☐25〜34歳 ☑35〜44歳
☐55〜64歳 ☐65歳以上 ☐未回答［直訳：答えることを好みません］

23 Please indicate / your annual household income.

23 世帯年収を示してください。

☐Under $20,000

☐$20,000 to less than $50,000   ☐$50,000 to less than $80,000

☐20,000ドル未満
☐20,000ドル〜50,000ドル未満 ☐50,000ドル〜80,000ドル未満

☐ $80,000   to less than $ 100,000

☐ $ 100,000 or more ☑ Prefer not to answer

☐ 80,000ドル〜100,000ドル未満
☐ 100,000ドルあるいはそれ以上　☑ 未回答

STEP6−5　CD 2-6　CD2-28

1 Dolphin Watching Tour　1 イルカ観察ツアー

2 With Experts/ from Marlborough Aquarium
2 マルボロ水族館からの専門家と一緒に

3 Get schooled/ by experts！　3 専門家に教えてもらおう！

4 Experts（ trained　by Marlborough Aquarium）will be onboard/ each cruise/ to explain/ all about the dolphin's remarkable life.
4 驚くべきイルカの生活のすべてについて説明をするために、マルボロ水族館で訓練を受けた専門家が毎回の航行で船に乗っています。

5 Our destination / for every weekday morning cruise/ is Coventory Bay,/ in the world heritage area ,/ one of the world's famous wildlife (viewing) spots/ right in Coventry City's backyard.
5 平日の毎朝の航海の目的地は、世界遺産地域にあるコベントリー湾で、それは、コベントリー市を真後ろに控えた野生生物を観察する有名な場所のうちの1つです。

Many white- sided dolphins/ may put in an appearance.
多くのカマイルカが姿を現す可能性があります。

6 You will learn: 6 あなたが学ぶのは

7 How to track／ individual animals 7 個々の動物を追跡する方法
　　　　トゥラック　　　インディヴィジュオゥ　エニモゥズ
　　　　〜を追跡する　　個々の　　　　　動物

8 How to identify ／ species 8 種を識別する方法
　　　　　アイデンティファイ　スピーシーズ
　　　　　〜を確認する　　　種

9 The habitat of dolphins 9 イルカの習性
　　　習性　　　ドルフィンズ
　　　　　　　イルカ

10（Guaranteed）Sightings
　　ギャランティードゥ　サイティングズ
　　〜を保証する

10 イルカを見る保証がされています［直訳：保証されている目撃］。

11 If you don't see anything,／ we will reticket you／ for a future trip ／
　　　　　　　　　　　　　　　　　リティケット　　　　　　　　フューチュア トゥリプ
　　　　　　*全く〜ない　　　　　再発券する　　　　　　将来の

　 or reimburse you.
　　リインバース
　　払い戻し

11 もし何も見えなかったら、次のツアーへの再参加［直訳：将来のツアーへの再発券］、
　 あるいは払い戻しをします。

12 Call or〈just〉visit ／ our concierge desk.
　　コーゥ　　ヴィジッ　　コンスィエゥチュ

12 我々の（ホテルの）コンシェルジュデスクに電話するか、訪問してください。

13 Concierge desk 13 コンシェルジュデスク
　　コンスィエゥチュ

14 Coventry Hotel 14 コヴェントリーホテル
　　コヴェントゥリィ

15 Message 15 メッセージ

16 Message for: Karen Allen 16 メッセージの宛先：カレン・アレン
　　　　　　　　カレン　アレン

　 Message from: Kim Chan Gill メッセージの差出人：キム・チャン・ギル
　　　　　　　　キム　チャン　ギゥ

　 Date: November 14 日付：11月14日
　　　　ノゥヴェンバ　フォーティーントゥ

　 Time: 4:30 PM 時刻：午後4時半

17　Details : 18 The Dolphin Tour ((which) you asked me) to book is all
　　set and confirmed . 19 The tickets'

17 詳細：
18 お客様が私に予約するように頼まれたイルカツアーはすべて完了し確約されました。

　　price (2adults and your 2 kids) amounts to $180/ and you can pay/
　　by credit card on the spot / as you requested .

19 チケットの価格は（大人2名とお客様のお子様2名）合計180ドルで、お客様が要望
　　されたように現地でクレジットカードでお支払いになれます。

20 (Tomorrow's pick up time is 10:30AM/ in the lobby of "Casanova Hotel")
　　(which is located 〈just〉 next to us.

20 明日のお迎え時間は、私どものちょうど隣に位置する「カサノヴァホテル」のロ
　　ビーに午前10時半です。

21 Make sure/ you bring your own lunch
　　(you can order your lunch/ through our breakfast restaurant (named
　　Silver Star) /on the ground floor/ by calling ex.224 by 0:00 tonight)
　　and your passport.

21 ①お客様ご自身の昼食（1階にある、シルバースターという名前の［直訳：シルバ
　　ースターと名づけられた］朝食レストランを通じて、あるいは、今晩深夜0時まで
　　に内線224に電話することで、昼食を注文することができます）、と②パスポート
　　をお持ちになることを忘れないでください。

22 If you have any questions/ please don't hesitate to call our concierge desk/ at ex.226.

22 もし何か質問がございましたら、内線226の私に遠慮なく電話なさってください。

23 Thank you and goodnight.　23 ありがとうございました、おやすみなさい。

24 From: Karen Allen　24 差出人：カレン・アレン

　　To:　Coventry　Hotel Customer Service Manager
　　受取人：コヴェントリーホテル顧客サービス部長

　　Date: November 20　日付：11月20日

　　Subject: Dolphin Tour　件名：イルカツアー

25 I'm e-mailing/ to complain about the Dolphin Tour ((which) I joined through your concierge desk on November 15.)

25 11月15日に、コンシェルジュデスクを通じて参加したイルカツアーについてクレームをするためにEメールを送信しています。

26 I had ordered our lunch/ the night before,/ but it was not ready/ on the day of the tour. 27 We were

26 前夜に昼食を注文したのですが、ツアー当日に準備されていませんでした。

27 very disappointed and had to rush to look for a place (where we could buy our lunch).

27 非常にがっかりし、昼食が買える場所を探すために焦らねばなりませんでした。

28 Even though/ we arrived at the meeting point/ 10 minutes earlier/

373

than the scheduled time, /nobody came to pick us up.

28 予定時刻の10分前に集合場所に到着したのに、誰も私たちを車で迎えに来てくれませんでした。

29 And/ we ⟨ourselves⟩ had to check with the tour desk/ to see [if somebody would ⟨ really ⟩ come and pick us up.]

29 ですから、私たちは、自分たちでツアーデスクに確認し、誰かが本当に我々を迎えに来てくれるかどうか確かめなければなりませんでした。

30 We were ⟨already⟩ tired / before the tour started because of the disorganization (which I mentioned/ above.)

30 上記に述べた不手際が原因で、ツアーが始まる前に私たちはすでに疲れていました。

31 I ⟨ frequently ⟩ stay/ at your hotel, /so I would welcome the opportunity (to discuss matters/ further) and (to learn of [how you propose] / to prevent a similar situation from recurring.)
　　*prevent 目的語 from Ving 目的語がVすることを妨げる
I look forward to hearing from you.
　　*Vすることを楽しみに待つ　*hear from ～　～から便りがある

31 私は頻繁に御ホテルに滞在します。ですから、①このことについて話し合いを重ね、同じような状況が再発することを防ぐために、②どのような提案をされるのかを知る機会があればうれしいです [直訳：事態について、さらに話し合い、同じような状況が再発することを防ぐために、御ホテルがどのような提案をされるのかを知る機会を歓迎するでしょう。あなたからの返事を楽しみにしています]。

Sincerely,

33 よろしくお願いします。

カレン　アレン
Karen Allen

STEP6-6　　　　　　　　　　　　　CD 2-7　　CD 2-29

インコーポレイティドゥ
1 Taitan　　　Inc　　　. June Meeting Room A Schedule
1 タイタン社　6月の会議室Aスケジュール

マンデイ 2 Monday 2 月曜日	テューズデイ 3 Tuesday 3 火曜日	ウェンズデイ 4 Wednesday 4 水曜日	ターズデイ 5 Thursday 5 木曜日	フライデイ 6 Friday 6 金曜日
	7 マーケティング部 月例会議	**2** 9:00-11:00 マーケティン 7 Marketing ディパートゥメン Department マントゥリィ Monthly Meeting	8 終日 セミナー： 機密保持契約	**4** All Day セミナー 8 Seminar: コンフィデンシャリティ Confidentiality アグリーメントゥ Agreement
	8 14:00-16:30 ビリン 9 Billing ディパートゥメン Department Staff Meeting 9 経理部 スタッフ会議		**10** All Day 10 リクルートゥメン Recruitment インタヴュ Interview 10 終日 採用面接試験	**11** 16:30- ワイトゥボードゥ 11 Whiteboard クリーニン Cleaning 11 ホワイトボード清掃
				18 16:30- キャビネットゥ 12 Cabinet Cleaning 12 戸棚清掃

	22 12:00-13:00		24 15:00-	
13 社内交流委員会 昼食会	13 In-Company ソーシャライズィン Socializing コミティ Committee ランチョン Luncheon ギャダリン Gathering	14　広報部月例会議	14 コミュニ Communi- ケーションズ cations ディヴィジョン Division マントゥリィ Monthly Meeting	
26 アフタヌーン All Afternoon 15 ディパートゥメントゥ Departmental ディレクターズ Directors' Meeting 15 午後すべて 部門別取締役会議		28 10:00-12:00 16 Meeting With エンプロイメントゥ Employment エイヂェンスィーズ Agencies 16 人材紹介会社様との会議	29 13:00- イグゼキュティヴ 17 Executive Directors' Meeting 17 専務取締役会議	30 All Day 18 Room Cleaning 18 終日 部屋清掃

プロスィージャ　　　　ブク
19 The Procedure/ to book a meeting room
19 会議室を予約するための手順

　　　　　　　　　　　　　　コンタクトゥ リチャードゥ　ディレクトゥリィ
20 To book a meeting room, contact Richard 〈　directly　〉/
　　ヴィズィティン　　　　　グラウンドゥ フロー
　by visiting him/ on the ground floor/ or e-mailing him.
20 会議室を予約するためには、1階に訪問するかEメールをして、直接リチャードに
　　連絡を取ってください

　　　ハウ　ブク　　　　　　　　　　　　　　リチャードゥ
21 How to book a meeting room/ by e-mailing Richard

　　　　アドゥミニストゥレイティヴ　アスィスタントゥ
　　　(Administrative　Assistant):
21 リチャード（管理アシスタント）にEメールして会議室を予約する方法

　　　　　セレクトゥ　ユア　デイトゥ
22 (1) Select/ your date and time.
22 日時を選んでください。

　　(2) E-mail Richard.
　Eメールをリチャードに送信してください。

　　　　　　コンファーム　ユア　　　　　　　　　　　　　　ダン
　　(3) Confirm/ your meeting room. →You are done!
　会議室の予約を確定してください［直訳：会議室を確約してください］。→完了です！

　　　　ワイトゥボードゥ　　　　　　プレイヤーズ　プロジェクタ　　　　　ウォータ　ピチャーズ
23 (Whiteboard, Music players, Projector, and Water Pitchers and

　　　グラスィーズ　　アヴェイラボゥ　　　リクウェストゥ
　　Glasses/ are available/ on request .)

23（ホワイトボード、音楽プレーヤー、プロジェクター、水差しとグラスは、ご要望に応じて提供可能です。）

　　　　　リチャードゥ　ウィリアムズ
24 To: Richard Williams　24 受信者：リチャード・ウィリアムズ

　　　　　　　リンゼイ
　　From: Lindsay Kato　送信者：リンゼイ・カトウ

25 Time: 10:30AM　25 時間：午前10時半

　　　　　　　　　　　　　　　　　　　　　　　　　フライディ　ジューン
26 I want to request Meeting Room A/ on Friday/ June 25th.

26 6月25日金曜日に会議室Aを使うリクエストをしたいと思います。

　　　　　　　　　　　　エンプロイズ　　　　　　　　　　　マントゥ
27 We have some new employees (coming next month)/ and we would like

　　　　　　　　パーソネゥ　ディパートゥメントゥ　オリエンテイション　　　　　　　オファ
　　to hold a Personnel Department Orientation Program/ and to offer
　　 V①　　　　　　　　　　　　　　　　　　　　　　　　　　　　　　　　 V②

them some training ,/so we are planning to occupy the room/ all day.
＊Vすることを計画する

トゥレイニング／プラニング／オキュパイ

27 来月、数名、新入社員が来るので、人事部のオリエンテーションプログラムを開催し、訓練も行いたいのです［直訳：新入社員に訓練を提供したいのです］。ですから、終日、部屋を使うつもりです［直訳：部屋を占拠することを計画しています］。

28 But we can move to Room B/ if that is not possible.
ポスィボゥ

28 しかし、無理であれば［= if it is not possible 直訳：可能でなければ］、会議室Bに移動することが可能です。

29 We want to use a projector and 50 glasses.
プロジェクタ

29 プロジェクターとグラス50個も使用したいと思います。

30 I hope [that day will work].

30 その日が大丈夫であればと願っております。

31 I want to know [if I could confirm our meeting room as soon as possible,]
コンファーム／ポスィボゥ
＊できるだけ〜
/so ⟨just⟩ call me on EXT   212, (which is quicker/ than e-mail.)
イクステンション

31 できるだけ早く、会議室の予約が確定したかどうかを知りたいので［直訳：私どもの会議室が確約できるかどうかを知りたい、だから、］内線212に、とりあえず電話をかけてください。そのほうがEメールよりも速いので［直訳：内線212に、電話をちょっとかけてください。なぜなら、それはEメールよりも速いからです］。

32 I will be in the office/ all this afternoon.

32 今日の午後はずっと会社におります。

Thank you.　ありがとうございます。リンゼイ。
Lindsay

STEP6-7 CD 2-8 CD2-30

1 Free Fun Saturdays!　1 無料のFun Saturdays!（愉快な土曜日）

2 The Pam Foundation is underwriting free Saturday admissions/ at a wide variety of museums, historical sites and other attractions / throughout the town/ this winter!

2 パム財団は、この冬、町中の、非常に様々な美術館（博物館）、名所旧跡、そして、その他の催し物で、土曜無料の入場料を負担しています。

3 The following programs will be offered/ this Saturday, Feb 1.

3 次のプログラムは、この土曜日2月1日に提供される予定です。

4 These events are very popular/ so to register early / call or go to our website : http://www.maryfoundation.com

4 このような催しはとても人気が高いので［直訳：人気が高いです。だから］、早く登録するために電話かウェブサイトを見てください：http://www.maryfoundation.com

5 This Saturday's Free Admissions

5 この土曜日の入場料無料（の場所）

Worcester Art Museum　ウスター美術館

Lenox Theater　レノックス劇場

Tanglewood Movie Theater　タングルウッド映画館

The Pam Foundation　パム財団
〔ファウンデイション〕

1 Beacon St. Marlborough　1番地　ビーコン通り、マルボロ
〔ビーコン〕　〔マルボロウ〕

TEL 614-655-6000　電話 614-655-6000

6 Welcome to The Pam Foundation〔ウェゥカム〕〔ファウンデイション〕 6 パム財団へようこそ			
7 News & Events〔ニューズ〕〔イヴェンツ〕 7 ニュースとイベント	8 About Us〔アバウタス〕 8 私どもについて	9 Who's Pam 9 パムは誰のことか	10 Contact Us〔コンタクタス〕 10 問い合わせ〔直訳：私どもにご連絡ください〕

11 Free Fun Saturdays!!　11 無料のFun Saturdays!!
〔フリー〕〔ファン〕〔サタデイズ〕

12 ~Calendar~　12 ~カレンダー~
　　〔キャレンダ〕

13　Feb　1　13 2月1日
　〔フェビュアリィ〕

Worcester Art Museum　ウスター美術館
〔ウスタ〕〔ミューズィアム〕

Lenox Theater　レノックス劇場
〔レノックス〕〔ティアタ〕

Tanglewood Movie Theater　タングルウッド映画館
〔タンゴゥウッドゥ〕

14　Feb　8　14 2月8日
　〔フェビュアリィ〕

Riverside Classical Concert　川沿いのクラシックコンサート
〔リヴァサイドゥ〕〔クラシィコゥ〕〔コンサートゥ〕

Lecture by Neal Chang (Mental Therapist) at Hovert University
〔レクチュアー〕　〔ニール〕〔チャン〕〔メントゥ〕〔テラピストゥ〕　〔ホヴァートゥ〕〔ユニヴァスィティ〕
ホヴァート大学での（精神療法家）ニール・チャンによる講義

Maine Historical Museum　メイン歴史博物館
〔メイン〕〔ヒストゥリコウ〕

15 Feb 15　15 2月15日

Funfair in Lenox Park　レノックス公園の遊園地
〔ファンフェア〕〔レノクス〕

Jazz Concert in City Hall　市役所のジャズコンサート
〔ジャズ〕　　　〔スィティ〕〔ホーゥ〕

16 Feb 22　16 2月22日

Natural History Museum　自然史博物館

Fine Art Museum of Tanglewood　タングルウッド美術館

Lecture by Jinny Chou (Fashion Designer)
（ファッションデザイナー）ジニー・チョウによる講義

17 Click here to register for a free ticket→Enter
17 無料チケットのための登録はこちらをクリック→Enterボタン

18 *Your free ticket will arrive/ about 2 business days/ after registration． 18 登録から約2営業日で無料チケットは届きます。

19 Welcome to The Pam Foundation　19 パム財団にようこそ			
20 News & Events	21 About Us	22 Who's Pam?	23 Contact Us
20 ニュースとイベント	21 私どもについて	22 パムとは誰のことか。	23 問合せ

24 Name　Kate Morris　24 名前　ケイト・モリス

25 ☐Male ☑Female　25 ☐男性 ☑女性

26 Zip Code　02446　26 郵便番号　02446

27 E-mail address　kmorris@or.net　27 Eメールアドレス　kmorris@or.net

28 Confirm e-mail address　kmorris@or.net
28 Eメールアドレスの確認　kmorris@or.net

29 Message　29 問合せ内容［直訳：メッセージ］

30 I registered/ to get a free ticket/ 5 days ago/ for the Jazz Concert,/ but
30 私は5日前に無料チケットを入手するために登録しましたが、

I haven't had any answer yet．　Is my ticket coming?
まだ返信をいただいておりません。　私のチケットはくるのでしょうか。

→Enter →エンターボタン

32 *We will try to contact you／ within 48 hours.
　　　　　　トゥライ　　　コンタクトゥ　　　　　　アウワズ

32 *48時間以内に連絡するよう努めます。

Thank you. ありがとうございました

The Pam Foundation. パム財団.

STEP6-8　CD 2-9　CD 2-31

1 NOTICE　1 お知らせ
　　ノウティス

2 Carpet Cleaning　2 カーペットの掃除
　　カーペット　　クリーニン

3 Wednesday, July 16, 2015　3 7月16日水曜日
　　ウェンズディ　　ジュライ

4 Residents,　4 全居住者様
　　レジデンツ

5 Here is the carpet cleaning schedule／ for the public space／
　　ヒア　　　　　　　　　　　　スケジューゥ　　　　　　パブリク　スペイス

　in this building.
　　　　　ビルディン

5 こちらが、建物の公共スペースのカーペット掃除のスケジュールです。

6 The 8th floor will be done／ this Saturday morning／ so please make sure
　　　　エイトゥ　フロー　　　ダン　　　　サタデイ　　　　　　　　　　　　　シュア
　　　　　　　　　　　　　　　　　　　　　　　　　　　　　　　　　　　*〜を確実にする
　[that you have no personal items ／ outside your unit door／
　　　　　　　パーソノウ　アイテムズ　　アウトゥサイドウ　　　ユニッ　ドー

　as well as welcome mats.]
　アズ ウェゥ アズ　　マッツ

6 8階はこの土曜日の朝に行われる予定なので［直訳：予定です、だから］、玄関マットはもちろんのこと、あなたの部屋の外に私物を保管しないことを確実に行ってください。

7 Floors 1-7 and 9-11 will be done/ next week/ so please make sure
　　フローズ　　　　　　　　　　　　　　　　　　　　　　　　　　シュア
　　　　　　　　　　　　　　　　　　　　　　　　　*～を確実にする
　　[that you have no personal items / outside　your unit door/ and no
　　　　　　　　パーソノウ　アイテムズ　　アウトゥサイドゥ　　　ユニッ
　　welcome mats as well.]
　　　　　　　マッツ アズ ウェゥ
　　　　　　　　　　　　　*同様に

7　1階から7階と、9階から11階は来週行われますので、同様に、玄関マットも部屋の外の私物も置かないように確認してください。

8　After the carpets are cleaned/ please be careful/ with your　trash　/
　　　　　　　　　　　　　　　　　　　　　ケアフォウ　　　　　　　　トゥラッシュ
　　when bringing it/ to the　trash　room/ and if you spill anything/
　　　　　ブリンギン　　　　トゥラッシュ　　　　　　　　　　スピゥ
　　*Vするときに
　　please take the time to clean it up.

8　カーペットが掃除されたあと、ゴミ置き場にゴミを持って行くときに、ゴミには注意して、もし何かをこぼしてしまったら、それを掃除してください［直訳：それを掃除する時間を取ってください］。

9　Should you have any questions (=If you should have/ any questions),/
　　　シュジュー　　　　　　クエスチョンズ
　　please contact me/ 10AM-5PM on the 9th floor.
　　　　　　コンタクトゥ

9　万が一、何かご質問がございましたら、午前10時から午後5時までの間に9階にいる私まで連絡を取ってください。

Chris Hyunn
クリス　ヒュン

Condominium Property Manager
コンドゥミニアム　プロパティ　マネヂャ

Bestselling Corporation
ベストセリン　コーポレイション

クリス・ヒュン
コンドミニアム　管理者
ベストセリング　コーポレーション

10 To: Chris　10 クリスへ

A tenant (named John Adams) visited you/ this afternoon/ and told me/ to tell you [that the carpet (which has 〈 just 〉been cleaned/). on his floor is dirty due to a dog (who had an accident).]

10 今日の午後、ジョン・アダムスという名前の賃借人が、あなたを訪問し、彼の階で、犬のフン［直訳：犬の事故］が原因で、掃除されたところだったカーペットが汚れているということを、あなたに伝えるように、私に言いました。

11 He wants you to let all the tenants know what happened/ and to give everyone a warning.

＊want 目的語　to V　原形　　目的語にVしてほしいと思う　　＊let OC　O=Cにさせる

11 彼は、V①全居住者に起こったことを知らせて、V②注意してほしいということです。

2:15PM　Lucy　午後2時15分　ルーシー

12 From: Chris Hyunn <chrishynn@bestselling.com>;

12 送信者：クリス・ヒュン

Subject: Carpet Cleaning

件名：カーペットの掃除

Sent: Sat, Jul 19, 2015　10AM

送信されたのは：2015年7月19日土曜日午前10時

13 Tenants,　13 居住者様

14 The other day/ we had some confusion / regarding [the cleaned carpet and what is to be expected] /and I ⟨just⟩ want to clarify .

14 先日、清掃されたカーペットと、お願いしていること [直訳：何が要求されているか] について、いくつか曖昧な点があったので、〈少し〉明確にしたいと思います。

15 Now that the carpet cleaning is being done/ on the 8th floor,/ we ⟨just⟩ want to remind everyone (who has a dog) not to allow your dog to run/ off the leash/ through the (cleaned) carpet area .

15 カーペットの掃除が8階で行われつつある今、犬を飼っている皆さんは、掃除されたカーペットの部分で、犬をヒモから放して走らせないということを、ちょっと自覚してほしいのです [直訳：私どもは皆さんに、犬をヒモから放して走らせないということを、ちょっと思い出させたいのです]。

16 ⟨ Also ⟩ should your dog have an accident / on the carpet (＝if your dog should have an accident/ on the carpet)/ please pick it up and dispose of it ⟨correctly⟩.

16 また、万が一、犬がカーペットにフンをしたら [＝Also if your dog should have an accident on the carpet,のこと（10と同様、婉曲にフンをすることを述べている）] それを拾ってきちんと捨ててください。

17 Please be considerate / of others using the area ;

17 この場所を使うとき、他人に配慮してください。

18 this is everyone's apartment/ and the association spends money/

　　　　　ビューティファイング　　　エアリア　　　　　レズィデンツ　　　エンジョイ
on　beautifying　this　area / for all residents to　enjoy /

　　　　　キーピッ　ルッキン　ナイス
so let's keep it looking nice.
　　　　　　　　　O目的語　C補語

＊let's V原形　　Vしましょう　　　＊keep OC　O=Cにしておく

18 これは、皆さんのアパートであり、すべての居住者が楽しく過ごすこの場所を、きれいにすることに対して、アパート組合［直訳：協会］がお金を使っています。ですから、この場所をきれいに見えるようにしておきましょう。

　　　シュッジュー　　　　　　　クエスチョンズ
19 Should you have any questions (=If you should have any questions), /

　　　　　　　　　　ヘズィテイトゥ　　　コンタクトゥ
please do not　hesitate　to contact me.
　　　　　　　　　＊Vすることをためらう

19 万が一、何かご質問があれば、遠慮なく私に連絡を取ってください。

　　　クリス　　ヒュン
20 Chris Hyunn

　　　コンドミニアム　　プロパティ　　マネヂャ
Condominium Property Manager

　　　ベストセリン　　コーポレイション
Bestselling Corporation

20 クリス・ヒュン
コンドミニアム　管理者
ベストセリング　コーポレーション

STEP7のまとめ
・音読は、口に出すのは英語、頭の中で音読した内容を映像で浮かべられるようにする。
・音読しても内容がわからない文章のみに○をつけ、○をつけた文章だけ音読し、最終的に○が全部消滅したら、その英文は卒業。
・音読すべき英文が溜まっていても気にせず、焦らず、音読を続けよう。
・1週間に1度、60分の音読をするよりも、毎日10分音読するほうが、英語力や速読力を高める効果がある。
・最初の1カ月が一番大変。音読を習慣にするために、この本の388ペー

ジの表を利用しよう。

全部の英文を音読できたら、目玉を塗ってね!!!!

bono★パンダと音読を「習慣」にしよう！～毎日5分「音読」する表～

あなたが今までに、スポーツや楽器、学校のクラブ活動、受験勉強で練習や勉強をした経験があるなら、「最初（ゼロからイチにする部分）が非常に大変である」と気づいているでしょう。

STEP7にある「復習の音読」は、最初はたとえ毎日5分でもかまいません。英文全部を読むことができなくてもかまいません。今日、5分読んだところで印をつけておいて、明日はその続きから音読すればいいのです。

音読がすんだら、以下の表のbono★パンダのコーヒーカップにコーヒーを入れてください。コーヒーカップに日付を書いてもいいでしょう。この表のコーヒーカップすべてにコーヒーが入ったら、あなたにとって、「復習の音読」は、まるで毎日の歯磨きのように「習慣」となっています。そうなったら、今度は、「復習の音読」をしないことが不自然に思えるでしょう。TOEIC600点超えも手中にあるはずです☆

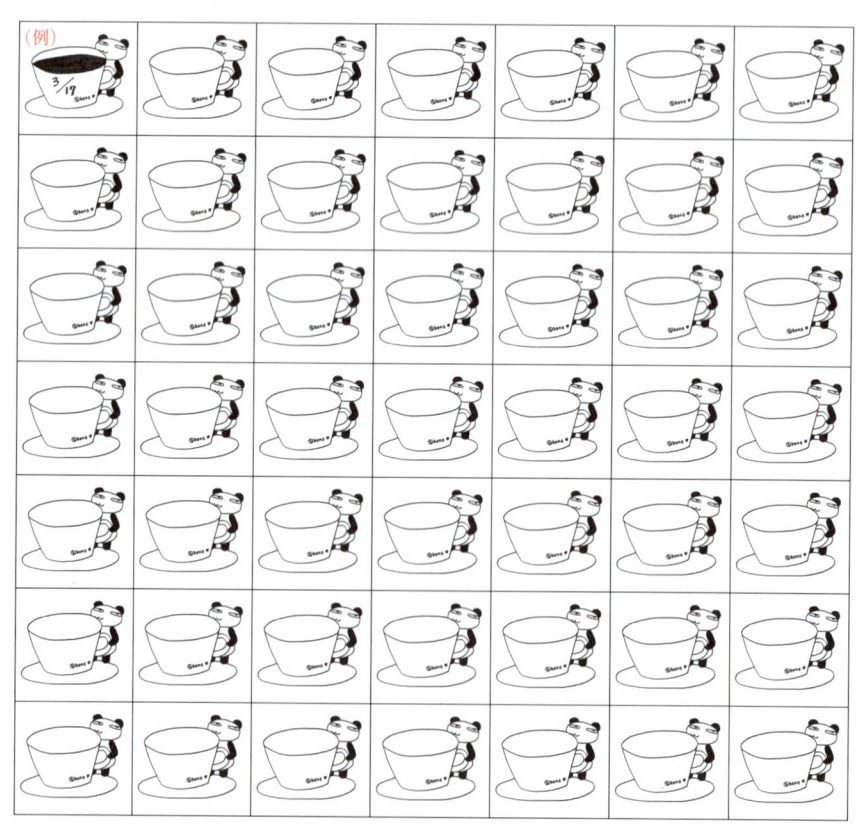

あとがき

　この本を手に取っていただき、本当にありがとうございます！
「黄色いパンダ本」と、今では愛称までつけていただいた『たった4時間でTOEICテスト完全攻略』（フォレスト出版）を出版した5年前、3冊目を出版する！　という今日のドキドキがあるとは思いませんでした。
　処女作の執筆時は、私の人生を変えてくれた1冊、『「心のブレーキ」の外し方』（石井裕之著、フォレスト出版）と同じ出版社から出版できる！　うれしい！と、「最小限の時間でTOEICの点数が最大限に上がる」ように黙々と筆を進めたものでした。
　この3冊目の出版は、私の力ではなし得ません。『たった4時間でTOEICテスト完全攻略』『たった4時間でTOEICテストリスニング完全攻略』をご購入くださった読者の方々、出版社の方々、書店の方々、協力してくれた生徒さん、そして、応援してくださった方々のおかげによるものです。
　今回も読者の方々に恥ずかしくないように、確実にTOEICテストの「リーディングの力をUPする」ように書きました。
　「TOEICの点数が高いから英語がベラベラなわけではない」と耳にし、そのためにTOEICの勉強を避けている人もいます。しかし、TOEICの点数をUPさせることによって、海外留学経験がまったくなくても、ネイティヴとコミュニケーションが十分取れるようになるのです。市井の英会話学校に行くよりも、TOEICの点数を着実に上げることが、ネイティヴとのコミュニケーション能力をUPさせることである、と最後に念を押しておきます。
　そして、「英語ができる」ことが、新しい扉を開くケースがあると、TOEICの点数を伸ばした生徒さんを見て実感しています。
　もし、拙著によって、あなたのTOEICの点数が上がり、あなたが「ワクワクした、新しい扉が開いた」と言ってくださったら、こんなにうれしいことはありません。
　拙著をきっかけに、フォレスト出版の「あなたの人生を変える書籍や講座」を見つけてくださることも願っています。私も、前述の石井裕之先生の「パーソナルモチベーター養成講座」をきっかけに輪が広がっていきました。
　本の中で「パンダの耳を描く」のアイデアをいただいた森下裕道さん（著書に『自分の居場所の作り方』など）、「話し方」を習得させていただいた麻生けんたろうさん（著書に『しゃべる技術』など）にも出会うことができました。
　さらに、同出版社の太田宏社長が開催された「コンサルタント講座（講師：マーク・ムネヨシ先生）」を受講し、独立することができました。

フォレスト出版の小池亜以さん、衛藤淳さん、土屋芳輝さん、渡部洋平さん、高野直人さん、本当にありがとうございます。
　1冊の本との出会いで人生を変えるという、情熱を持つ同社の方々には常にご尽力いただき、感謝の言葉がありません。電子書籍の時代、個人で出版のできる時代と言われますが、稲川編集長に編集していただいた本を見るたびに、プロの編集者さんなしに書籍は輝き得ない！　と痛感いたします。前作ともども度重なるご苦労を強いて恐縮・感謝に耐えません。
　また、英語教材作成について、私が海のものとも山のものともつかないときから作成をまかせてくださった、古藤事務所の古藤晃先生、阪本京子さん、片岡信さんにお礼を申し上げます。
　最後までお読みいただきありがとうございました。いつかどこかで読者の方とブログやウェブページ上、あるいは、直接お話できるのを楽しみにしています!!

ボストンにて　　中尾 享子

Special thanks／兒島奈那子、福本梢、古田三千代、秋山あずさ、齋藤公美子（敬称略）

PS：イラストbono★さんの、ちょっと怠け者のキャラクター「パンダのbono★」が、読者の方々のおかげで人気者となり、LINEスタンプになりました。このことは、私にとって深い喜びです。検索して色つきのボノパンダをご覧になってみてください！
https://store.line.me/stickershop/product/1212559/ja
（ ボノパンダ　LINEスタンプ ➡ 検索 ）

〈著者プロフィール〉
中尾享子（なかお・きょうこ）

アーキイデアLLC社長。パーソナルモチベーター。中尾享子CA（客室乗務員）合格＆TOEIC200点UP塾、塾長。CA合格率は在籍月謝生の92％、と驚異のCA合格率を誇る。CA受験に欠かせないTOEIC点数UPも、短期間でUPできると就活生の間で評判に。
NTT総合職入社後、敬愛するリチャード・ブランソン率いるヴァージンアトランティック航空入社。ロンドンベースCAとして世界の空で最高のサービスマインドを学ぶ。
逐次通訳としては、98年京都議定書締結時の京都エコ会議会場通訳、清水宏保選手金メダル獲得時の長野オリンピックスピードスケート会場（Mウェーブ）で、会場最高責任者直属通訳などを務める。
代々木ゼミナール在籍時に英語DVD教材を執筆作成し、ベネッセより「映像特講」として発売。現在、その教材が「アットウィル@will」英語教材『ゼロからの英文法』『ベイシック英文読解・読解の戦略』『早大理系英語』『慶大理系英語』として、関西、静岡、埼玉、などの塾・予備校で放映されている。
代々木ゼミナール、東京都北区成立学園高等学校、北九州予備校に勤務後、起業、独立する。
神戸親和女子高等学校、関西学院大学法学部政治学科卒。AFS奨学生YP30期生。
著書に『たった4時間でTOEIC®テスト完全攻略』『たった4時間でTOEIC®テストリスニング完全攻略』がある。
中尾享子ブログは 中尾享子 ブログ ➡ 検索 で。

●パンダのbono★（ボノパンダ☆bonoパンダ☺®）
（本名）ぼのぼの★
（出身）ACO星雲MASA−CITY
（血液型）チヨ型
（性別）なし
（年齢）9歳
（特技）ぷにぷにダンス
（好きなもの）ポテトチップス、生ウニ、チョコレートケーキ
（好きな場所）高い所なら、どんな所でも好き
（好きな言葉）LOVE♥

●カチカチさん（本編初登場！）
（本名）カチカチ・カッチーニ
（出身）ACO星雲Kaccini−CITY
（血液型）アコ型
（性別）なし
（年齢）8歳
（特技）bono★の腹肉つまみ
（好きな物）黒いシッポの動物
（好きな場所）bono★の部屋
（好きな言葉）友情

ボノパンダがLINEスタンプになりました！
ボノパンダ　LINEスタンプ ➡ 検索 で。
https://store.line.me/stickershop/product/1212559/ja

カバーデザイン／関原直子　イラスト／bono★
編集協力＆本文デザイン＆DTP／株式会社ラパン
CD編集／佐藤京子（東京録音）　ナレーション／Dominic Allen, Carolyn Miller

新TOEIC®テスト リーディング完全攻略

2016年4月2日　　初版発行
2023年10月29日　　2刷発行

著　者　中尾享子
発行者　太田　宏
発行所　フォレスト出版株式会社
　　　　〒162-0824 東京都新宿区揚場町2-18　白宝ビル 7F
　　　　電話　03-5229-5750（営業）
　　　　　　　03-5229-5757（編集）
　　　　URL　http://www.forestpub.co.jp

印刷・製本　日経印刷株式会社

© Kyoko Nakao 2016
ISBN978-4-89451-696-0　Printed in Japan
乱丁・落丁本はお取り替えいたします。

『新TOEIC®テスト リーディング完全攻略』

読者限定 2大無料プレゼント!!

●無料プレゼント1
「TOEIC®テストリーディング頻出単語集」（PDFファイル）

これで単語は心配ナシ！

本文掲載の「Words & Phrases」を1つのファイルにまとめた、携帯可能な完全攻略単語集。

- TOEICテスト200点UPに必要な頻出単語に特化。
- 最小限の時間で最大の効果を生む。
- 電車などの移動中、スキマ時間にも勉強できる。
- テスト当日にパラパラと読み返せる。……など

●無料プレゼント2
「TOEIC®テスト前日、当日にすること」（PDFファイル）

これでテスト直前も不安ナシ！ 600点超えが目前に！

今すぐアクセス↓
http://www.forestpub.co.jp/readword

【アクセス方法】　フォレスト出版　　検索　（半角入力）

★ヤフー、グーグルなどの検索エンジンで「フォレスト出版」と検索
★フォレスト出版のホームページを開き、URLの後ろに「readword」と半角で入力

※PDFファイルはサイト上で公開するものであり、CD、DVDをお送りするものではありません。
※上記特別プレゼントのご提供は予告なく終了となる場合がございます。あらかじめご了承ください。